LA HOMOSEXUALIDAD A DEBATE EN CÍRCULOS EVANGÉLICOS

LA CALLE

LA HOMOSEXUALIDAD A DEBATE EN CÍRCULOS EVANGÉLICOS

Correo electrónico: cnash.bcn@gmail.com
Internet: www.chrisnash.es

Los textos bíblicos reproducidos en esta obra (marcados «BLP», «NVI», «RV2020», «RVR1960» o «RVR1995») se citan con el permiso correspondiente. Más información en la página 6.

Diseño de la cubierta: Dpto. de Diseño La Calle; ideograma de Júlia Nash
Fotografía del autor: © Kelly Nash (www.kellynashphotography.com)

1ª edición

Editado por: Editorial La Calle
c/ Cueva de Viera, 2, Local 3
Centro Negocios CADI
29200 Antequera (Málaga)
Teléfono: 952 70 60 04
Fax: 952 84 55 03
Correo electrónico: editoriallacalle@editoriallacalle.com
Internet: www.editoriallacalle.com

ISBN: 978-84-19519-28-3
Depósito Legal: MA 2732-2024

Nota de la editorial: La Calle pertenece a Innovación y Cualificación S. L.

Chris Nash

LA HOMOSEXUALIDAD A DEBATE EN CÍRCULOS EVANGÉLICOS

Un análisis de los razonamientos bíblicos a favor y en contra de cambiar la postura tradicional de la Iglesia al respecto

Editorial La Calle
Antequera 2024

SUMARIO

AGRADECIMIENTOS

Bastante gente me ha animado y ayudado a lo largo de los tres años que han pasado desde que empecé a escribir este libro hasta verlo publicado en el presente formato. No hay el espacio aquí para dar las gracias a todo el mundo, pero siento la necesidad de dar un agradecimiento especial a las siguientes personas:

- A mi esposa, Anna, por creer en el proyecto, leer el primer borrador de cada capítulo y mostrar su apoyo —y paciencia— hasta ver el libro hecho realidad.
- A mi hija, Júlia, por su ayuda con la ilustración de la portada.
- A mi hermano Mark, que con su ejemplo me hizo reflexionar mucho, y que siguió con gran interés todo el proyecto.
- A Carmen, que fue la primera persona en leer todo el manuscrito y agradecérmelo.
- A José Luis y Neil, que aplicaron sus conocimientos, rigor académico y ojo crítico al texto, para ofrecerme valiosas sugerencias que me permitieron mejorar y ampliar su contenido.
- A Alfonso y Sílvia por su ayuda práctica con aspectos técnicos de la primera edición.
- A Sílvia y David por mostrar tanto entusiasmo con el mensaje del libro, dándolo a conocer a sus amigos y contactos entre el pueblo evangélico.
- A diferentes lectores, como Álvaro, Lluís, Salva, Jaume, Marga y Xavier, que me escribieron, tras leer la primera edición del libro, para decirme lo mucho que les había gustado; aparte de felicitarme, sé que algunos también lo han recomendado o regalado a otras personas.[1]

---

1 Si algún lector o lectora de la presente edición desea también hacerme llegar sus apreciaciones siempre serán bienvenidas. Lo puede hacer escribiendo un correo electrónico a cnash.bcn@gmail.com

Por último, no puedo sino expresar también mi profundo sentimiento de agradecimiento a Dios. Me llevó a escribir este libro cuando no tenía la más remota intención de hacer tal cosa. Me ha obligado a leer, analizar y reflexionar muchísimo y me ha permitido conocer nuevas realidades y puntos de vista. Si puedo hacerme eco de la carta a los Hebreos,[2] diría que he descubierto una auténtica «nube de testigos», cuya fe ha fortalecido la mía. Gracias al Señor por todo ello.

[2] Hebreos, capítulo 11 e inicio del capítulo 12 (la expresión entre comillas es de Hebreos 12:1).

1. UN DEBATE CRECIENTE

Estoy seguro de que la mayoría de los cristianos evangélicos o protestantes[3] en España tienen la idea de que la Biblia es bastante clara en su condena de las relaciones sexuales entre personas del mismo sexo. Y si hay que puntualizar un poquito más, quizás dirían que sentir atracción física hacia personas del mismo sexo, lo que algunos llaman una orientación homosexual, no es pecado, pero la práctica homosexual, sí.

Se sorprenderían de saber que en bastantes círculos eclesiales, por lo menos en el mundo de habla inglesa, hay un debate creciente al respecto, y que empiezan a haber voces de peso, no del ala más «liberal» del protestantismo, sino de líderes y teólogos con credenciales evangélicas «impecables»,[4] que ven argumentos sólidos para permitir y bendecir el matrimonio homosexual y para abrir la puerta a estas personas, casadas con alguien del mismo sexo, a todos los roles y ministerios de la Iglesia. Es lo que, en este estudio, denominaré el punto de vista «revisionista» —y que a veces se conoce también como la postura «afirmadora»[5] de la homosexualidad—.

---

3 En España los adjetivos «evangélico» y «protestante», aplicados a los creyentes y a las iglesias, son prácticamente sinónimos, seguramente por razones históricas de cómo se implantó y se desarrolló el movimiento protestante en el país. No es así en todos los lugares, ni en todos los contextos, tal como explico con más detalle en la nota sobre criterios terminológicos al final del libro. Para los lectores poco familiarizados con esta rama de la Iglesia, lo más importante para destacar es que la comunidad evangélica o protestante está integrada por un *conjunto* de diferentes confesiones o «denominaciones», que están de acuerdo en la mayoría de las cuestiones doctrinales, pero que manifiestan ciertas diferencias de énfasis y organizativas entre ellas.

4 Credenciales «impecables» hasta que se ha conocido su posicionamiento revisionista sobre el tema de la homosexualidad, momento en que han recibido un aluvión de críticas y han perdido prestigio, y a veces su trabajo, en el mundo evangélico.

5 Este adjetivo proviene del inglés *affirming*, pero quizás sería mejor hablar, en todo caso, de una postura «aprobadora» de la homosexualidad, más que «afirmadora».

Pues bien, hay destacados teólogos, pastores, líderes y autores de habla inglesa que se han declarado revisionistas en prácticamente todo el espectro de las iglesias evangélicas o protestantes:[6] James Brownson (iglesia reformada), Steve Chalke (bautista), David Gushee (bautista/iglesia independiente), Jen Hatmaker (independiente), Karen Keen (bautista/independiente), William (Bill) Loader (UCA: unión australiana de metodistas, presbiterianos y congregacionalistas), Phyllis Tickle (episcopal/iglesia emergente), Desmond Tutu (anglicano), Ken Wilson (La Viña), entre otros.

Son voces todavía minoritarias, pero lo suficientemente destacadas para que la editorial Zondervan, en el año 2016, decidiera añadir a su colección de libros sobre temas debatidos en círculos evangélicos[7] un nuevo libro: *Two Views on Homosexuality, the Bible, and the Church* (Dos puntos de vista sobre la homosexualidad, la Biblia y la Iglesia).[8]

Hay también un creciente número de voces evangélicas que, aun manteniendo una postura «tradicionalista», reclaman que la Iglesia se arrepienta de su ignorancia, insensibilidad e hipocresía, y que replantee, urgentemente, cómo puede verdaderamente

6 Muchas de las indicaciones que pongo, entre paréntesis, de la denominación o afiliación son *imprecisas* —porque estas personas tienen, o tenían, ministerio en más de un sector de la Iglesia evangélica— o son simplemente de *procedencia*, porque actualmente se han desvinculado —de forma voluntaria o, a veces, de manera forzosa— de aquella denominación o agrupación de iglesias.

7 En esta colección, llamada «Counterpoints: Bible and Theology», respetados teólogos evangélicos presentan argumentos (bíblicos) a favor y en contra de interpretaciones teológicas divergentes. La colección tiene —según Amazon en noviembre de 2021— treinta y siete títulos, con libros sobre temas tan diversos como: la historicidad de Adán y Eva, el infierno, el milenio, la providencia divina, los milagros, la inerrancia de la Biblia, etc. Algunos se han traducido al español.

8 *Two Views on Homosexuality, the Bible, and the Church*, Zondervan, 2016 (serie «Counterpoints: Bible and Theology»), con colaboraciones de cuatro autores: Loader, William; DeFranza, Megan K.; Hill, Wesley; Holmes, Stephen R.; coordinados por Sprinkle, Preston.

comprender, amar e integrar en la Iglesia a personas del colectivo LGTB+.[9] Algunos de estos tradicionalistas son justamente personas que se describen como gays y lesbianas en su orientación, como los escritores Wesley Hill y Jeanette Howard; en cambio, otros son heterosexuales, como los autores William Huckaby, Thomas Schmidt y Andrew Marin.

Este estudio, que se ciñe básicamente al debate en torno a la homosexualidad —con solo unas pocas referencias a la bisexualidad y la intersexualidad y casi ninguna a la transexualidad y la identidad de género—, pretende hacer lo siguiente:

- Describir el estado de la cuestión en la Iglesia evangélica o protestante fuera de nuestras fronteras, particularmente en la literatura reciente en lengua inglesa.
- Presentar los argumentos de destacados autores evangélicos del mundo anglosajón, tanto tradicionalistas como revisionistas, que están a favor de un replanteamiento en profundidad de todo nuestro acercamiento al mundo LGTB+, el lenguaje que usamos y las actitudes que, quizás inconscientemente, mostramos.
- Explicar con cierto detalle los argumentos revisionistas, particularmente sus argumentos hermenéuticos —de interpretación y aplicación de la Biblia— porque, a mi entender, apenas han tenido divulgación en el mundo evangélico de habla española.[10]

---

9 Las letras LGTB se refieren a las personas lesbianas, gays, transexuales —o transgénero— y bisexuales; a veces se añaden también las letras I (intersexuales) y Q (del inglés *queer*, que significa «extraño» o «raro»). El signo + sirve para cubrir las demás posibles identidades sexuales y de género (asexuales, pansexuales, demisexuales...).

10 En enero de 2023 hice una búsqueda extensa de libros evangélicos sobre la homosexualidad, publicados en español, tanto en la web (excelente) de la librería y distribuidora evangélica Abba (https://www.mitiendaevangelica.com) como en Amazon (https://www.amazon.com y https://www.amazon.es).

O sea, la intención de este libro no es ofrecer consejos o recomendaciones a cristianos gays o lesbianas, ni a sus familiares. Espero que, en muchos aspectos, lo que explico les pueda ser de ayuda, eso sí. Sin embargo, el libro va dirigido a la comunidad cristiana en general, y a nuestros pastores, dirigentes, estudiantes de teología y líderes de jóvenes en particular.

Las referencias bibliográficas, casi todas de libros en inglés, las encontraréis en las notas al pie de página y, de forma completa, en la bibliografía al final. En las notas al pie también encontraréis datos, explicaciones y comentarios adicionales, que pueden ser de interés para ciertos lectores, pero que no me han parecido esenciales para seguir y entender los argumentos que presento.

No encontré *ningún* libro evangélico o protestante que presentara el punto de vista revisionista con un mínimo de detalle. No se han traducido al español los libros revisionistas de más calidad que cito en este estudio. Las únicas publicaciones en español que he podido consultar que presentan algunos argumentos revisionistas respecto a la homosexualidad son estas, que me han llegado a las manos gracias a contactos personales: un libro autopublicado por un teólogo evangélico (Sánchez Núñez, Juan: *Ética teológica y homosexualidad,* Bubok Publishing SL, 2016), un cuaderno de dos autores católicos (Escribano Cárcel, Montserrat y Vila i Lanao, Enric, con prólogo de Martin, James: *El reconocimiento de las personas LGTBIQ+ en la Iglesia,* Cristianisme i Justícia, 2022) y, muy recientemente, este libro, también católico: Vila i Lanao, Enric: *Cristian*s rar*s. Senderos para repensar las experiencias LGTBIQ+,* Universitat de Lleida, 2024, que yo adquirí en su versión catalana (más información en la bibliografía).

2. EL PUNTO DE PARTIDA: UN CLARO FRACASO DE LA IGLESIA

En una cosa están de acuerdo casi todos los autores, tanto revisionistas como tradicionalistas, que he consultado: el gran mal que la Iglesia ha hecho, en general, a innumerables gays y lesbianas. Los libros que he leído están llenos de historias, algunas absolutamente vergonzosas, de personas que han sido víctimas de mofa, desprecio, rechazo y condena. Han percibido actitudes claramente farisaicas —moralistas, condenatorias, hipócritas— en las iglesias a las que han asistido, a menudo de parte de los propios líderes y pastores. Y cuando no se ha llegado a tales extremos, igualmente ha habido, y de forma bastante generalizada, mucho desconocimiento, mucha insensibilidad y una gran despreocupación por todas las injusticias y vejaciones que sufren las minorías sexuales.

Diferentes libros explican cómo este comportamiento de la Iglesia ha impactado muy negativamente en la vida de muchos gays y lesbianas. Aquellos que eran creyentes y asistían a una iglesia, pero mantenían en secreto su atracción a personas del mismo sexo, han tenido que sentir comentarios sobre la homosexualidad que venían a decir implícitamente —o explícitamente— que eran unos pervertidos y estaban condenados al infierno. Y aquellos que se han atrevido a compartir las luchas que tenían con su sexualidad, y su necesidad de ayuda, se han visto juzgados y marginados dentro de la propia Iglesia. En los mejores casos, los que han «salido del armario» han sido «ayudados» hasta cierto punto, pero tratados como miembros de segunda clase —si es que podían ser miembros— y, por descontado, descartados totalmente para cualquier ministerio o rol, podríamos decir, «de carácter espiritual»: maestro/a de la escuela dominical, miembro del grupo de alabanza, líder de un grupo de crecimiento o de estudio bíblico, etc. A duras penas podían aspirar a colaborar con alguna tarea de tipo «práctico»: ayudar a servir el café, distribuir y recoger los himnarios, controlar el proyector, etc. ¿Te suena esto? ¿Lo has visto —o sufrido— de primera mano, quizás? O tal vez, desde un puesto de influencia o liderazgo, ¿has contribuido a crear patrones de este tipo? Y estos serían los escenarios «mejores». En los peores casos, las personas gays o lesbianas han sufrido el ostracismo, o el exorcismo, y un trato que los ha llevado a la depresión, el desespero e incluso el suicidio (explico un par de ejemplos más adelante).[11]

Para aquellos gays y lesbianas que han acabado dando la espalda a la Iglesia y se han metido en ambientes LGTB+, a veces el contraste ha sido abismal: se han encontrado con estima, comprensión, aceptación, apoyo y afirmación. No nos debería extrañar que, en general, en estos colectivos exista una opinión muy negativa de la Iglesia —incluida la Iglesia protestante o evangélica—.

Si pensamos —tal y como dijo Jesús, amigo de pecadores— que por nuestro fruto nos conocerán y que por nuestras buenas obras han de alabar a nuestro Padre celestial (Mateo 7:15-20 y Mateo 5:26), y si aspiramos —como nos exhorta el apóstol Pablo— a hacer el bien a todo el mundo y ser conocidos como gente de buen trato (Romanos 12:17 y Filipenses 4:5), el fracaso es evidente.

[11] Un chico norteamericano, Ryan (capítulo 21), y una chica inglesa, Lizzie (capítulo 26).

3. ¿DÓNDE ESTAMOS, AHORA, EN LA IGLESIA EVANGÉLICA O PROTESTANTE, RESPECTO A LA HOMOSEXUALIDAD?

Karen Keen[12] identifica cinco etapas en el abordamiento que la Iglesia ha hecho con el tema de la homosexualidad desde los años 60, etapas que representan en cierta medida una línea cronológica, aunque todas las posturas se pueden encontrar todavía, en la actualidad, en diferentes contextos evangélicos o protestantes alrededor del mundo —y quizás en el pensamiento de los lectores de este libro—.

Con el evidente peligro de simplificar, porque todas las posturas son matizables, creo que vale la pena explicarlas:

a. *Personas invisibles y pacto de silencio:* Hasta los años 70, eran tan pocos los gays o lesbianas dispuestos a «salir del armario» que su problemática era invisible. Por lo tanto, en general los teólogos, líderes y pastores no veían la necesidad de tratar el tema, postura que quedaba reforzada por la incomodidad que generaba en las iglesias.

b. *Personas pervertidas, objeto de denuncia y persecución:* Con la creciente visibilidad de gays y lesbianas, con pocas excepciones la Iglesia protestante —y también la católica— simplemente los denunciaba como personas viciadas y pervertidas, carentes de moral y decencia —y a menudo como

---

12 Keen, Karen R.: *Scripture, Ethics, and the Possibility of Same-Sex Relationships,* Wm. B. Eerdmans Publishing Co., 2018, capítulo 1, particularmente el apartado «Five Stages in the Conservative Church's Response to Gay and Lesbian People», páginas 9 a 16.

adictos al sexo, pedófilos, etc.— que iban a la perdición si no se arrepentían. Un buen ejemplo de este punto de vista lo hallaríamos en el libro *The Unhappy Gays,* de Tim LaHaye, publicado en el año 1978.[13] Visto desde la Europa del siglo XXI, los argumentos y afirmaciones que contiene son chocantes y aberrantes, pero el libro era producto de su época. Por lo menos era un avance respecto a las voces (¡cristianas!) que apoyaban la idea de perseguir criminalmente y encarcelar a los homosexuales, para que no corrompieran a la sociedad.[14] Desgraciadamente esta persecución continúa bien viva en algunas partes del mundo.[15]

c. *Personas rotas que necesitan sanidad y ayuda espiritual:* Esta perspectiva se fundamenta en la idea de que vivimos en un mundo «caído» e imperfecto: todos padecemos nuestra humanidad y necesitamos el poder de Dios para transformarnos y ayudarnos a luchar contra nuestra naturaleza pecaminosa. Seguramente este es el mensaje que más a menudo han recibido las (pocas) personas LGTB+ que se han atrevido a revelar su identidad en las iglesias aquí en España. El movimiento «exgay», que comentaremos más adelante, nació inspirado en esta idea.

---

13 Este libro no lo he leído, pero he visto una crítica con diferentes extractos e imágenes de algunas páginas en: https://awfullibrarybooks.net/the-unhappy-gays/ (consultado en marzo de 2022).

14 Keen explica, por ejemplo, que el comentarista bíblico Matthew Henry aprobaba la sentencia de muerte para los homosexuales *(Scripture, Ethics, and the Possibility of Same-Sex Relationships,* capítulo 1, página 7).

15 Este es el caso no solamente en países musulmanes, sino también en países africanos como Uganda y Ghana, donde hay iglesias —evangélicas y pentecostales— que abanderan la denuncia y persecución de las minorías sexuales.

Una variante de esta posición, que Keen no menciona específicamente, consiste en atribuir los comportamientos homosexuales a influencias malignas (un «espíritu de homosexualidad»). Así, la ayuda espiritual se enfoca más en la liberación —no hasta el extremo del exorcismo, normalmente, pero sí un proceso de renuncia, proclamación de la libertad en Cristo y oración invocando el nombre del Señor—.[16]

d. *Personas admirables, llamadas al celibato:* La creciente comprensión de lo difícil que resulta para las personas cambiar su orientación sexual (actualmente casi todo el mundo, incluida la mayor parte de las voces tradicionalistas, admite que para una inmensa mayoría de las personas el cambio es imposible),[17] ligada a una teología tradicionalista, lleva a la idea de abstenerse de relaciones sexuales y optar por el celibato. No lo ven así solo teólogos heteros, sino también cristianos que se reconocen gays o lesbianas en

---

16 He añadido este párrafo porque un libro muy reciente en español habla de ello: Catari, Carlos: *Inexplicable,* Editorial PanHouse, 2021, capítulo V, página 112 y siguientes. Explico con más detalle el relato personal de Catari —del cual la liberación de un «espíritu de homosexualidad» es solo una pequeña parte— hacia el final del capítulo 16. Catari se limita a explicarlo respecto a su historia personal, que incluía también abusos sexuales en la infancia y adicción al sexo y a la pornografía; él no intenta atribuir más generalmente la homosexualidad a fuerzas espirituales malignas o demoníacas, todo lo contrario (capítulo V, página 113). Deduzco que tal postura sería muy minoritaria, porque no la he visto desarrollada, ni casuística ni teológicamente, en ningún libro. Es más, algunos movimientos carismáticos como La Viña también han tenido líderes destacados que se han declarado revisionistas, por ejemplo, Ken Watson; y conozco personalmente a un pastor y misionero, con experiencia en diferentes países, que combina una teología carismática y de guerra espiritual con una postura revisionista sobre la homosexualidad.

17 Para más información sobre la cuasi imposibilidad de cambiar la orientación sexual, véanse el capítulo 4, sobre Exodus International y el movimiento exgay, y el capítulo 15, sobre los estudios científicos al respecto.

su orientación sexual, pero que han decidido asumir este mandato o llamado, como los autores Wesley Hill y Jeanette Howard, cuyo testimonio analizaré más adelante. Como alternativa dentro del pensamiento tradicionalista, algunas (pocas) voces[18] sugieren también, como posible camino, el matrimonio de un hombre y una mujer, pero de orientación mixta (en que uno de los cónyuges siente atracción física por personas del mismo sexo, y el otro, por personas del sexo contrario). De esta opción también compartiré algún testimonio.

e. *Personas normales, dentro de la variedad humana, a reafirmar e integrar,* a las que hay que aplicar una ética general, adaptada a su realidad. Dicho de otro modo, las minorías sexuales son solamente eso: minorías. Al igual que hoy en día entendemos que no hay que castigar, ni curar, ni alterar la conducta de la minoría de personas que son zurdas, deberíamos tener una actitud similar con el colectivo LGTB+. Según esta perspectiva, vivir ética y cristianamente también debe significar reservar las relaciones sexuales para el matrimonio: no un matrimonio heterosexual tradicional, pero sí un pacto permanente y monógamo de compromiso, amor y fidelidad entre dos personas del mismo sexo que forman hogar.

---

[18] Por ejemplo, Tim Otto, que inicialmente era contrario a los matrimonios de orientación mixta, pero que cambió de opinión al conocer dos ejemplos de éxito (Otto, Tim: *Oriented to Faith. Transforming the Conflict over Gay Relationships,* Cascade Books, 2014, capítulo 13, apartado «Five: Support of Heterosexual Marriage for LGBT People», página 94).

4. EL DESMANTELAMIENTO DE EXODUS INTERNATIONAL, PILAR DEL MOVIMIENTO EXGAY

Algunos lectores quizás estén familiarizados con testimonios de cristianos que afirman haber dejado atrás la homosexualidad con la ayuda de Dios, o bien porque han leído algún libro cristiano o artículo que lo relata,[19] o bien porque han asistido a alguna charla dedicada al tema (como yo hice, hace unos treinta años, cuando representantes de Exodus International visitaron varias iglesias evangélicas en Barcelona). Su mensaje se podría resumir así: con un claro convencimiento de la voluntad de Dios expresada en la Biblia («la verdad os hará libres», Juan 8:32), con la fe en Dios y la ayuda del Espíritu Santo, con la sanidad emocional, la oración, la disciplina, el apoyo de otros creyentes, etc., es posible para los cristianos que solo se han sentido atraídos sexualmente por personas del mismo sexo reorientar su deseo sexual hacia la heterosexualidad.

Exodus International nació en 1975 para aglutinar los esfuerzos de diversos pequeños ministerios y grupos de ayuda que habían ido apareciendo en varios puntos de Estados Unidos, liderados por gays y lesbianas que habían tenido experiencias espirituales que les habían permitido renunciar a las relaciones homosexuales e incluso, a algunos, casarse con alguien del sexo opuesto. Durante bastantes años el movimiento recibía poco apoyo de las iglesias, a

---

19 Bastante recientemente, por ejemplo, la revista catalana *Presència Evangèlica* publicó, en su número 311 (marzo de 2022), un artículo titulado «Extrans impacta a millones a través de TikTok», que empieza así: «Arianna Armor está llegando a millones de personas a través de las redes sociales con el mensaje de que Dios puede *"eliminar los deseos homosexuales y la disforia de género"* de aquellos que luchan con su identidad» (traducción mía).

pesar de defender una ética sexual tradicional, seguramente por todo el estigma asociado entonces al mundo homosexual. Pero en 1998 se asoció con la organización cristiana Focus on the Family, que le dio más proyección y credibilidad, y Exodus acabó contando con más de doscientos ministerios alrededor del planeta. De esta época de expansión del movimiento tenemos, en español, el libro *101 preguntas frecuentes sobre la homosexualidad*[20] de Mike Haley, que tenía cargos importantes tanto en Exodus como en Focus on the Family.

En 2013 vino el cataclismo: el presidente de Exodus, Alan Chambers, anunció su disolución, por decisión de buena parte del liderazgo del movimiento. Sin negar las cosas buenas que habían conseguido (concienciar a las iglesias sobre las luchas y dificultades de las personas gays y lesbianas y ofrecerles una red de apoyo), tenían que admitir que la premisa de reorientación sexual que formaba la base de su ministerio no era real. Con la experiencia de bastantes años y las vivencias de muchas personas tenían que reconocer que las estadísticas de cambio no eran, ni mucho menos, lo que habían parecido: en realidad la inmensa mayoría de exgays y exlesbianas no había experimentado un cambio permanente en su orientación sexual y el intento había sido claramente perjudicial para muchos de ellos. Chambers lo expresó así:

> *La mayoría de las personas con las que me he encontrado, una mayoría que yo diría significa un 99,9 % de ellas, no han experimentado un cambio de orientación ni han llegado a un punto en que ya pueden decir que no son ni*

---

[20] Haley, Mike: *101 preguntas frecuentes sobre la homosexualidad,* Casa Creación, 2005. El libro es producto de su época y del contexto norteamericano del autor, que, por lo que parece, no estaba de acuerdo con la disolución de Exodus, porque continuó promocionando el mismo mensaje sobre las posibilidades de cambio.

serían tentadas de alguna manera, o que no experimentan un cierto nivel de atracción a personas del mismo sexo.[21]

Solo era la confirmación de lo que diferentes estudios médico-científicos estaban también demostrando: las terapias de conversión o reorientación sexual tenían un bajo porcentaje de éxito. Es más, su fundamentación y las técnicas que usaban eran más que cuestionables. Los resultados finales de estas terapias podían ser claramente negativos para bastantes de los participantes, dejándolos con secuelas psicológicas importantes, hasta el punto de que Chambers consideraba que habían hecho más mal que bien promocionándolas y que, si no se disolvía Exodus, continuarían haciendo ese mal:

> *Cualquier bien que pudiéramos hacer en el futuro quedaría enormemente distorsionado por las historias reales de trauma y las historias reales de avergonzamiento. Por lo tanto, decidimos que no podíamos hacer otra cosa que bajar la persiana.*[22]

Un autor que trata en profundidad los postulados del movimiento exgay, analizando las contradicciones y medias verdades

---

21 Citado por Keen: *Scripture, Ethics, and the Possibility of Same-Sex Relationships,* capítulo 1, página 13, traducción mía. Ella cita como fuente este blog, que continuaba disponible en enero de 2024: Warren Throckmorton, «Alan Chambers: 99.9% Have Not Experienced a Change in Their Orientation», personal blog, January 9, 2012, https://wthrockmorton.com/2012/01/09/alan-chambers-99-9-have-not-experienced-a-change-in-their-orientation/.

22 Citado por Huckaby, William, *The Acceptable Sin: Confronting the Cultural Imperative of Homosexuality and the 21st Century Church,* autoedición, 2019, capítulo 7, página 89, traducción mía. Él cita como fuente: Chambers, A. M. (sin fecha): «Exodus Int'l President to the Gay Community: "We're Sorry"», recuperado de Alan Chambers: http://alanchambers.org/exodus-intl-president-to-the-gay-community-were-sorry/.

que defendían, y lo perjudiciales que eran, es Justin Lee.[23] Y en internet, en español, hay el interesante testimonio de Alberto Pérez, promotor durante años de las terapias de conversión hasta que vio lo ineficaces y peligrosas que eran y dio la espalda al movimiento exgay.[24] Por otra parte, la autora y conferenciante Jeanette Howard también habla de Exodus, pero en su caso positivamente, recordando los años que asistió a congresos y a las personas que allí conoció.[25] Keen también escribe bastante sobre Exodus International, pero se centra más en describir los orígenes, el crecimiento y la disolución de la organización en términos históricos.[26]

Tanto Keen como Lee comentan que muchos de los líderes y testimonios implicados en este movimiento correspondían a personas que habían vivido vidas muy promiscuas y desenfrenadas, a menudo con comportamientos adictivos, antes de su conversión. De este modo, su perspectiva era muy diferente de la de Keen, Lee y otras personas nacidas en familias cristianas y convertidas durante su infancia o juventud que descubrían, más tarde, que su orientación no era heterosexual.[27]

No todos los integrantes estaban de acuerdo con la disolución de Exodus, y quedan todavía grupos y autores cristianos que

---

23 Lee, Justin: *Unconditional. Rescuing the Gospel from the Gays-vs-Christians Debate,* Hodder & Stoughton, 2013, particularmente el capítulo 6, «Justin in Exgayland».

24 Ver la entrevista titulada «Las terapias de conversión son un camino a ninguna parte» en el blog de Carlos Osma: https://homoprotestantes.blogspot.com/2020/08/las-terapias-de-conversion-son-un.html (consultado en abril de 2024).

25 Howard, Jeanette: *Dwelling in the Land. Bringing Same-Sex Attraction Under the Lordship of Christ,* Monarch Books, 2015, particularmente el capítulo 1, «Post Exodus».

26 Keen: *Scripture, Ethics, and the Possibility of Same-Sex Relationships,* capítulo 1, páginas 10 a 12.

27 Otro caso parecido sería el del hijo de James Brownson. Véase Brownson, James V.: *Bible, Gender, Sexuality. Reframing the Church's Debate on Same-Sex Relationships,* William B. Eerdmans Publishing Company, 2013, capítulo 1, apartado «Imagination and Biblical Interpretation», página 11 y siguientes.

defienden la posibilidad de la reorientación (de ello hablaremos en el capítulo 16), pero ahora son mayoría las voces que admiten que un cambio de orientación sexual es un objetivo poco o nada realista y han vuelto a centrar el énfasis en el celibato (los tradicionalistas) o el matrimonio gay (los revisionistas). De todo esto iremos hablando en diferentes capítulos de este estudio.

5. LA OPCIÓN TRADICIONALISTA: NUEVOS ABORDAMIENTOS Y TESTIMONIOS INSPIRADORES

Como ya hemos explicado, la creciente visibilidad de la homosexualidad en Occidente en las últimas décadas del siglo XX llegó aparejada de una creciente convicción, en muchos círculos eclesiales, de que la Iglesia no estaba a la altura en su respuesta: por un lado, la Iglesia estaba siendo, en cierto modo, cómplice de los maltratos y discriminaciones contra las personas LGTB+; y, por otro lado, el mensaje que se estaba transmitiendo a este colectivo era de rechazo y condena, no de amor y comprensión, lo cual hacía imposible llegar con el evangelio a este segmento de la población.

En este contexto, un pequeño sector de la Iglesia protestante (inicialmente sus integrantes provenían, mayormente, de lo que podríamos llamar —con el peligro de simplificar demasiado— el ala «progresista» o «liberal»[28]) comenzó directamente a proponer tesis revisionistas: aceptar y bendecir el matrimonio gay y abrir la puerta a la ordenación de sacerdotes o nombramiento de pastores abiertamente gays, si se encontraban en una relación homosexual estable (unión civil o matrimonio).[29]

---

[28] Utilizo estos calificativos con muchas reservas. Por un lado, me he beneficiado, y mucho, de la visión y perspectiva de algunos autores «liberales» como Walter Wink —y también de autores «postevangélicos» como Brian McLaren y Peter Enns— y, por otro, las etiquetas son imprecisas y engañosas y, de hecho, cambiantes. Muestra de ello es la última tendencia, en Estados Unidos por lo menos, de unos cuantos autores y líderes cristianos que rehúyen de la etiqueta «evangélico», porque ven que se ha convertido allí en sinónimo de fundamentalista, anticientífico, de derechas (republicano), etc.

[29] Un buen reflejo de esta primera ola de voces revisionistas lo podemos encontrar en un libro publicado en 1999 que es una recopilación de artículos de dieciséis pastores y líderes, de un amplio abanico de corrientes teológicas

Para contrarrestar y contestar esa tendencia, desde el ala evangélica del protestantismo[30] (eso también es una simplificación), varios autores procuraron reforzar —explicar más claramente e incluso con nuevos argumentos— la postura tradicionalista, eso sí, revisando el lenguaje y el tono, y reconociendo los errores del pasado de la Iglesia, en un intento de no alienar, sino ayudar al colectivo LGTB+. En este grupo podemos encontrar, por ejemplo, a Thomas Schmidt[31] y William Webb,[32] con libros bastante académicos. Trataremos sus argumentos más adelante, cuando hayamos mirado los pasajes bíblicos correspondientes.

Otro libro, tradicionalista en su teología —pero cuesta mucho saberlo, porque no intenta, en absoluto, «vender» un punto de vista teológico—, que a mi juicio merece una mención especial, pese a no ser uno de los más actuales, es *Love Is an Orientation* de Andrew Marin.[33] Como dice el subtítulo de su libro, tenemos que elevar el debate con el colectivo LGTB+, y Marin lo explica con muchas anécdotas y recomendaciones, basadas en cómo Jesús interactuaba con las personas —y esquivaba ciertas preguntas— y en lo que él mismo ha aprendido de sus interacciones con gays y lesbianas de todo tipo. Explica cómo el vocabulario que usamos y las cosas que solemos decir al colectivo LGTB+ se pueden malinterpretar y ser totalmente contraproducentes. Debemos aprender a escuchar, y

---

y eclesiales: Wink, Walter (coordinador), *Homosexuality and Christian Faith. Questions of Conscience for the Churches,* Augsburg Fortress Press, 1999.

30 Para una explicación sobre la diferenciación que a veces se establece entre el protestantismo en general y su sector evangélico, véase la nota sobre terminología al final del libro.

31 Schmidt, Thomas E.: *Straight and Narrow? Compassion and Clarity in the Homosexuality Debate,* InterVarsity Press, 1995. Tiene traducción al español: *Homosexualidad: compasión y claridad en el debate,* Editorial CLIE, 2008 (Colección Teológica Contemporánea).

32 Webb, William J.: *Slaves, Women & Homosexuals: Exploring the Hermeneutics of Cultural Analysis,* InterVarsity Press, 2001.

33 Marin, Andrew: *Love Is an Orientation. Elevating the Conversation with the Gay Community,* InterVarsity Press, 2009.

saber lo que significa amar de verdad e incondicionalmente. Marin habla con mucho conocimiento, porque él y su mujer, siendo heterosexuales, acaban sintiéndose llamados —para sorpresa suya— a hacer una inmersión total en el mundo y subcultura homosexual de Chicago para compartir allí el evangelio. Marin lo consigue hasta el punto de ser invitado como conferenciante cristiano a congresos y encuentros del movimiento gay. También crea la Marin Foundation para ayudar a tender puentes entre el mundo homosexual y la Iglesia y para dar apoyo y recursos a los creyentes que descubren que son gays o lesbianas o que tienen amigos o familiares que lo son.

Hasta aquí, los tres autores tradicionalistas que he mencionado en este apartado son —que yo sepa— heterosexuales. No los considero necesariamente deslegitimados para hablar de la homosexualidad, pero es innegable que tiene más valor una defensa de la postura cristiana tradicional histórica si proviene de personas de orientación homosexual. Esto lo encontramos en varios libros cristianos escritos por personas que se reconocen lesbianas o gays, es decir, admiten que sienten una atracción erótico-emocional únicamente hacia personas del mismo sexo, pero que, a pesar de ello, han asumido la línea teológica tradicionalista y, por tanto, procuran no dar expresión a sus impulsos sexuales. Además de ayudarnos a coger perspectiva sobre el tema de la homosexualidad, algunos de estos autores gays y lesbianas nos ofrecen relatos inspiradores. Son voces muy genuinas con una espiritualidad y un compromiso con el Señor encomiables. Sus testimonios, de descubrimiento personal y de superación de las dudas y la adversidad, tienen mucho que decirnos a todos, sea cual sea nuestra identidad u orientación sexual.

Una de estas voces es la del autor, teólogo y conferenciante Wesley Hill. Su historia, explicada en el libro *Washed and Waiting,*[34]

[34] Hill, Wesley: *Washed and Waiting. Reflections on Christian Faithfulness and Homosexuality,* Zondervan, 2010. Hill dedica este libro a compartir su historia personal (cómo vive su homosexualidad como cristiano). Para una explicación detallada de su comprensión e interpretación de las enseñanzas

es la de muchas personas, a menudo invisibles, en nuestras iglesias: nace en una familia cristiana y de pequeño acepta a Jesús; pero también, de muy joven, descubre que siente atracción por otros hombres, no por las mujeres. Describe muy bien su incomodidad y sus luchas con este hecho, y su necesidad de poderlo compartir —de quitarse la máscara y tener una verdadera comunión con otros creyentes— en un entorno eclesial que percibe como hostil. En su libro se sincera mucho, explicando las crisis de identidad y, sobre todo, de soledad, que ha sufrido, y cómo las entiende como parte de su santificación y de su «participar en el sufrimiento de Jesucristo». Encuentra inspiración en la vida del sacerdote, teólogo y escritor católico Henri Neuwen, al descubrir que él también era de orientación gay —algo que Neuwen, durante su vida (murió en 1996), nunca se atrevió a decir públicamente, por la época en la que vivía— y que también había sufrido temporadas de mucha depresión y soledad.

La autora y conferenciante Jeanette Howard adopta la misma postura que Hill frente a su homosexualidad. Sin embargo, su punto de partida fue diferente. Su proceso de conversión a Cristo empezó cuando vivía en una relación lésbica estable con otra mujer.[35] Para ella, aceptar y seguir a Jesús incluyó forzosamente —así lo sintió, de parte de Dios— abandonar esa relación —aunque su compañera era cristiana—, porque la veía incompatible con seguir a Cristo. Se involucró en Exodus International y, durante unos cuantos años, albergó la esperanza de ver cambiada su orientación sexual y superada su disforia de género (sentimiento de género diferente de su sexo). Pero eso nunca se materializó y ella, no sin muchas luchas emocionales y ejemplos contrarios (vivió desde dentro la desintegración de Exodus), acabó convencida de que Dios la llamaba al

bíblicas es mejor leer su contribución al libro *Two Views*.

35 Howard, Jeanette: *Dwelling in the Land*, capítulo 1, apartado «A turning point», página 18.

celibato y que, de algún modo, su sacrificio tendría recompensa. Ella sería un claro ejemplo de la parábola de Jesús del hombre que vende todo lo que tiene para comprar una perla exquisita que ha encontrado.

Lo que tienen en común estos dos libros —y casi todos los publicados más recientemente— es la confirmación de que, para una mayoría de las personas gays y lesbianas, la esperanza de poder cambiar su orientación es un sueño irrealizable.[36] En el caso de Hill y Howard, sus convicciones sobre la voluntad de Dios les han llevado al celibato; pero son muy realistas con las grandes luchas que les ha comportado y comprensivos con las realidades que viven muchos gays y lesbianas —y otras minorías sexuales e identitarias— y cómo bastantes de ellos se ven incapaces de llevar una vida de abstinencia sexual. Abordaremos todo el tema del celibato más adelante, en el capítulo 21.

Aparte del celibato, la otra opción tradicionalista para aquellos cristianos gays o lesbianas que se reconocen incapaces de cambiar su orientación, pero quieren seguir lo que entienden como la voluntad de Dios, es actuar en contra o sin hacer caso de lo que sienten, y entrar en lo que algunos llaman un «matrimonio de orientación mixta».

El último testimonio de personas lesbianas o gays que he decidido incluir en este capítulo es, justamente, el de un matrimonio de estas características, formado por Laurie y Matt Krieg.[37] Ella era, y es todavía, de clara tendencia lesbiana y, además, sufrió abusos sexuales cuando era pequeña; pero hay que decir que ella

---

[36] Además de la experiencia del movimiento Exodus International, diferentes trabajos científicos también han confirmado que la orientación sexual es casi imposible de cambiar. Para más información, ver el capítulo 15. Las voces cristianas que lo niegan, ofreciéndonos testimonios que parecen contradecir los postulados científicos, se analizan en el capítulo 16.

[37] Krieg, Laurie & Krieg, Matt: *An Impossible Marriage. What Our Mixed-Orientation Marriage Has Taught Us About Love and the Gospel,* IVP – InterVarsity Press, 2020.

no vincula necesariamente una cosa con la otra. Él, siendo heterosexual y sabiendo la preferencia sexual de ella, acepta casarse con Laurie. Pero él también tiene problemas sexuales, porque resulta que tiene una cierta adicción a la pornografía. Como podéis imaginar, con este «cóctel», su vida de pareja es todo menos fácil. Su historia es de sufrimiento, pero también de fe, descubrimiento, superación y una experiencia muy real de la ayuda de Dios en momentos decisivos. Ahora bien, hay que decir que los Krieg dejan muy claro que su opción, de matrimonio de orientación mixta, no es para la mayoría de personas gays o lesbianas. Las parejas que se dispongan a asumir el reto deberían tenerlo muy claro y, por descontado, tener pleno conocimiento de la orientación de cada uno y, a ser posible, el apoyo de cristianos maduros para ayudarlos. Si no, puede ser un auténtico desastre (hay ejemplos en otros relatos personales).[38]

[38] Véase, por ejemplo, la historia de Terry, un hombre viudo de orientación gay que fue empujado, por su pastor, a casarse de nuevo con una mujer, con efectos desastrosos para él, ella y los hijos, explicada en Lee: *Unconditional,* capítulo 6, apartado «Terry's Story», posiciones 1224-1248.

6. LOS TESTIMONIOS Y EL VALOR QUE TIENEN (Y NO TIENEN)

Con relatos personales como los que acabo de describir, más una lectura rigurosa de los textos bíblicos que hablan tan negativamente de la práctica homosexual (no te impacientes, los trataremos ampliamente más adelante), quizás opines, como muchos cristianos evangélicos, que poco debate puede haber, y que evidentemente la postura tradicionalista es la única defendible.

En lo que a los testimonios personales se refiere, yo les doy muchísimo valor, pero como lectura inspiradora o animadora. No veo que los podamos entender como decisivos para resolver el debate. Intentaré explicar el porqué con un par de ejemplos:

a. Podemos leer testimonios impactantes de cristianos que se han sentido llamados a vender todas sus posesiones, dedicar sus vidas a servir a Dios y a vivir «por fe».[39] Quizás hayan sido retados por aquello que Jesús dice al joven rico («anda, vende lo que tienes y dáselo a los pobres... Luego ven y sígueme»)[40] o quizás hayan tomado conciencia de un montón de versículos, sobre todo en el Nuevo Testamento, que nos advierten del peligro de las riquezas y de la necesidad de entregar todo a Dios.

---

39 Hace un par de años, leí la historia impactante de un empresario, con un buen negocio en Alemania, que decidió venderlo todo e ir a la India, donde acabó cuidando y ayudando a los leprosos terminales en un centro de la Madre Teresa de Calcuta. El caso es explicado en Claiborne, Shane: *The Irresistible Revolution, Updated and Expanded. Living as an Ordinary Radical (10th Anniversary Edition)*, Zondervan, 2016 (2015 la edición electrónica).

40 Mateo 19:21 (NVI) y los relatos paralelos en Marcos 10:21 y Lucas 18:22.

Pero ¿pensamos que *todos* los cristianos deben asumir el mismo llamamiento a desprenderse de todo cuanto poseen? ¿Verdad que no? Pero ¿por qué no? ¡Base bíblica para afirmarlo, la encontraríamos con bastante facilidad!

b. En el Antiguo Testamento, en el capítulo 35 del libro del profeta Jeremías, se nos explica el caso del clan de los recabitas. Estos asumen el mandato de su antepasado, Jonadab, hijo de Recab, de ser abstemios y no beber nunca vino, y también de vivir una vida nómada, en tiendas, y no construirse casas ni sembrar cultivos. Escogen, pues, un estilo de vida que Dios no impone a todos los israelitas.

Seguramente era una forma de vivir muy saludable, pero era, al fin y al cabo, lo que podríamos calificar como una «opción personal» —o para ser exactos, en este caso, la opción de una familia, un pequeño clan dentro de todo el pueblo judío—. Ahora bien, es interesante ver, al final del capítulo, cómo Dios aprueba el compromiso que han adquirido y su firmeza en cumplirlo, enviando al profeta Jeremías con este elogio y bendición:

> *Jeremías también les dijo a los recabitas: «Así dice el Señor todopoderoso, el Dios de Israel: "Por cuanto habéis obedecido las órdenes de Jonadab, vuestro antepasado, y habéis cumplido con todos sus mandamientos y habéis hecho todo lo que él os ordenó, así dice el Señor todopoderoso, el Dios de Israel: 'Nunca le faltará a Jonadab hijo de Recab un descendiente que esté a mi servicio todos los días'"».*
>
> (Jeremías 35:18-19, NVI[41])

[41] NVI: *La Santa Biblia, Nueva Versión Internacional ® NVI ® (castellano)* © 1999, 2005, 2017 Biblica, Inc. ®, consultada para este libro a través de

Lo que quiero expresar con estos ejemplos es que parece claro que Dios no llama a todo el mundo a exactamente los mismos compromisos. Los hay que son universales: nos llama a todos a amarlo con todo el corazón, con toda el alma, con toda la mente y con todas nuestras fuerzas, y a buscar primero el reino de Dios, a ser llenos de su espíritu, etc. Y los hay que, bastante claramente, son vocaciones especiales u opciones personales, como por ejemplo un voto de pobreza o la renuncia al alcohol, que acabo de citar. ¿En qué lado está la abstención sexual, para las personas que solo sienten atracción física hacia personas del mismo sexo? Argumentos hay en los dos sentidos, como iremos viendo. Lo que sí tengo claro, con lo que acabo de explicar aquí, es que no nos lo pueden resolver, por sí solos, ni los testimonios inspiradores ni el elogio de Dios mismo.

YouVersion, en: https://www.bible.com/es.

7. LA BASE DE LA TESIS REVISIONISTA: UNA LARGA TRADICIÓN DE REPLANTEAMIENTOS

Uno de los argumentos más contundentes de los revisionistas es que, desde sus orígenes, la Iglesia se ha mostrado dispuesta a replantear su interpretación —y la aplicabilidad, o no— de las Sagradas Escrituras, cuando las circunstancias lo han requerido. Comentaré aquí los cambios doctrinales históricos que más se mencionan, por el hecho de tener paralelismos o similitudes con el debate sobre la homosexualidad:

a. *La circuncisión y el código alimentario judío:* Este primer ejemplo de un replanteamiento lo tenemos en el mismo Nuevo Testamento, en el libro de los Hechos de los Apóstoles y en las cartas del apóstol Pablo. Los líderes de la Iglesia primitiva fueron capaces de discernir que unos mandamientos bien claros, en el Antiguo Testamento, no tenían que aplicarse a los gentiles. Y fue así a pesar de unas palabras de Jesús —que suponemos que ya circulaban en la época— diciendo esto:

> *No penséis que he venido a anular la ley o los profetas [...]. Todo el que infrinja uno solo de estos mandamientos, por pequeño que sea, y enseñe a otros a hacer lo mismo será considerado el más pequeño en el reino de los cielos [...].*
>
> (Mateo 5:17-19, NVI)

Los que somos cristianos gentiles en el siglo XXI no lo captamos fácilmente, pero este cambio no era solo una cuestión teológica. A los judíos, particularmente los que vivían en Judea —quizás no tanto los de la diáspora—, les era repugnante, les daba repelús, que los gentiles pudiesen comer «toda clase de cuadrúpedos, como también reptiles y aves» (lo que el apóstol Pedro vio en una visión antes de ser llamado a visitar al gentil Cornelio).[42]

Con ese trasfondo, a partir del momento en que empezaron a convertirse personas gentiles, el tema de la circuncisión, y si tenían que evitar los alimentos prohibidos para los judíos, generó un acalorado debate durante unos cuantos años. Lo sabemos porque un primer concilio fue convocado para dictaminar sobre el asunto y, aun así, continuó siendo motivo de controversia, como lo demuestran varias de las cartas del apóstol Pablo que tratan la cuestión, con argumentos que pueden parecer bastante rebuscados, dicho de paso, como por ejemplo la interpretación alegórica que hace de las dos mujeres de Abraham (Gálatas 4:21-31).

b. *El sistema copernicano de astronomía:* Cuando el astrónomo polaco Nicolás Copérnico postuló, en un libro solo publicado en el año de su muerte, 1543, que, de acuerdo con sus observaciones, la Tierra giraba alrededor del Sol, no al revés, se utilizó la Sagrada Escritura para condenarlo. El autor y conferenciante Steve Chalke[43] nos explica como Lutero esgrimió Josué 10:13 y tachó a Copérnico de idiota, mientras

---

42 Hechos de los Apóstoles, capítulo 10 (la cita es de Hechos 10:12, NVI).

43 En principio puede encontrarse su excelente artículo en internet: Chalke, Steve: «A Matter of Integrity. The Church, sexuality, inclusion and an open conversation», 2013: http://www.oasiswaterloo.org/wp-content/uploads/2020/10/A-MATTER-OF-INTEGRITY.pdf (consultado en marzo de 2021).

que Melanchthon, el primer gran teólogo protestante, citó estos versículos de Eclesiastés:

> [4] *Generación va, generación viene,*
> *mas la tierra siempre es la misma.*
> [5] *Sale el sol, se pone el sol,*
> *y afanoso vuelve a su punto de origen*
> *para de allí volver a salir.*
>
> (Eclesiastés 1:4-5, NVI)

Y recomendó «que se adoptasen medidas severas para silenciar» a todos aquellos que se atrevieran a estar de acuerdo con Copérnico, a fin de «preservar la verdad tal y como Dios la ha revelado». Mientras tanto, Francesco Ingoli, un sacerdote católico influyente, publicó un ensayo en el que condenaba la teoría copernicana como «filosóficamente insostenible y teológicamente herética». Casi un siglo más tarde, en 1633 Galileo fue condenado al arresto domiciliario por herejía, por «haber seguido la tesis de Copérnico, contraria al verdadero sentido y la autoridad de la Sagrada Escritura».

Pero más tarde, ante las evidencias abrumadoras, la Iglesia tuvo que aceptar que aquellos versículos, y otros, entendidos de forma tan clara hasta entonces, en realidad no debían interpretarse como lecciones de astronomía.

c. *La esclavitud:* Otro ejemplo, más reciente, de un gran cambio de paradigma, mencionado por muchos autores, es la condena de la esclavitud, que solo se produjo en el siglo XIX.

La tenencia de esclavos estaba contemplada, y regulada con pocas limitaciones, en el Antiguo Testamento, en la Torá (la Ley judía). Y además de estas referencias, los cristianos comerciantes y poseedores de esclavos encontraban justificación divina más que suficiente en otros versículos, en el Nuevo Testamento:

> [22] *Esclavos, obedeced en todo a vuestros amos terrenales [...] con integridad de corazón y por respeto al Señor.*
>
> (Colosenses 3:22, NVI)

> [5] *Esclavos, obedeced a vuestros amos terrenales con respeto y temor, y con integridad de corazón, como a Cristo.* [6] *No lo hagáis solo cuando os estén mirando, como los que quieren ganarse el favor humano, sino como esclavos de Cristo, haciendo de todo corazón la voluntad de Dios.*
>
> (Efesios 6:5-6, NVI)

> [9] *Enseña a los esclavos a someterse en todo a sus amos, a procurar agradarles y a no ser respondones.* [10] *No deben robarles, sino demostrar que son dignos de toda confianza, para que en todo hagan honor a la enseñanza de Dios nuestro Salvador.*
>
> (Tito 2:9-10, NVI)

La lucha incansable de reformadores cristianos como William Wilberforce, que entendían que otros principios y preceptos cristianos, más generales, tenían que prevalecer sobre estos versículos, para condenar la esclavitud, está bien documentada[44] y no es necesario dar más detalles aquí.

---

[44] Hay un artículo muy completo sobre Wilberforce en la Wikipedia en inglés, en: https://en.wikipedia.org/wiki/William_Wilberforce. En cambio, el artículo sobre él en la Wikipedia en español (https://es.wikipedia.org/wiki/William_Wilberforce) es muy escueto, pero se puede completar con otros contenidos disponibles online, como por ejemplo este: https://www.vision.

Simplemente reproduciré dos párrafos del autor David Runcorn sobre el movimiento abolicionista, para que tomemos conciencia de lo revolucionarios que eran sus postulados en aquella época:

> *Los abolicionistas del siglo XIX no tenían textos bíblicos en los que fundamentar su reivindicación según la cual la esclavitud era contraria a la voluntad de Dios. La gente se mofaba de ellos, tachándolos de «revisionistas».*
>
> *Dentro de las páginas de la Biblia, además, el tema de la esclavitud es complejo y la labor de interpretación no es nada sencilla.*[45]

Las similitudes con el actual debate sobre la homosexualidad son más que evidentes.

d. *El pueblo judío:* Este ejemplo es interesante porque, durante unos diecinueve siglos, las tres grandes ramas de la Iglesia (la oriental ortodoxa, la católica romana y la protestante) compartían, con pocos matices, la misma postura de desprecio y rechazo hacia los judíos. Eran considerados personas detestables, hijos de Satanás, responsables de la muerte de Jesús y condenados a la eterna separación de Dios, basándose en versículos como estos:

> *Vosotros sois de vuestro padre, el diablo, cuyos deseos queréis cumplir.*
>
> (Palabras de Jesús a los judíos, Juan 8:44, NVI)

---

org/es/biografia-william-wilberforce-el-parlamentario-persistente-452.

45 Runcorn, David: *Love Means Love. Same-sex Relationships and the Bible,* Society for Promoting Christian Knowledge, 2020, capítulo 3, página 27, traducción mía.

—¡Que su sangre [la de Jesús] caiga sobre nosotros y sobre nuestros hijos!— contestó todo el pueblo.
(Mateo 27:25, NVI)

Vosotros sois iguales que vuestros antepasados: ¡siempre resistís al Espíritu Santo! [52]¿A cuál de los profetas no persiguieron vuestros antepasados? Ellos mataron a los que de antemano anunciaron la venida del Justo, y ahora a este lo habéis traicionado y asesinado.
(Parte del discurso de Esteban, el primer mártir cristiano, en Hechos 7:51b-52, NVI)

Muchos teólogos, a lo largo de los siglos, habían contribuido a construir y mantener este antisemitismo, entre ellos Martín Lutero, que llegó a decir, respecto a los judíos, que había que quemar sus sinagogas y destruir sus libros religiosos e, incluso, que «nos equivocamos cuando no los matamos».[46]

No fue hasta que el horror del Holocausto se hizo patente, después de la Segunda Guerra Mundial, que las iglesias de todo el mundo —y la Iglesia luterana alemana en particular— repudiaron los postulados que habían alimentado el nazismo y revisaron sus doctrinas, para enfatizar la elección del pueblo judío, el pacto irrevocable de Dios, etc.

Los grandes paralelismos entre el tratamiento dado por la Iglesia a los judíos, hasta mediados del siglo XX, y a los homosexuales, hasta nuestros días, son desgranados de

[46] Citado por Gushee, David P.: *Changing Our Mind. Definitive Edition of the Landmark Call for Inclusion of LGBT Christians With Response to Critics,* Read the Spirit Books, 2017, capítulo 20, página 130.

forma magistral por Gushee,[47] en quien me he basado para describir todo este punto.

e. *El papel de la mujer en la Iglesia:* Durante casi toda la historia del cristianismo y en casi todos los contextos se han tomado bastante al pie de la letra las instrucciones que leemos en las cartas paulinas a los corintios y a Timoteo, según las cuales las mujeres deben mantenerse calladas en los cultos y no pueden tomar la palabra o enseñar:

> 34 *las mujeres guarden silencio en la iglesia, pues no les está permitido hablar. Que estén sumisas, como lo establece la ley.* 35 *Si quieren saber algo, que se lo pregunten en casa a sus esposos; porque no está bien visto que una mujer hable en la iglesia.*
> (1 Corintios 14:34-35, NVI)

> 11 *Que la mujer aprenda en silencio con plena sumisión.* 12 *Porque no permito a la mujer enseñar, ni tener autoridad sobre el hombre, sino que debe permanecer callada;* 13 *pues Adán fue formado primero, después Eva.* 14 *Además, Adán no fue engañado, sino que la mujer fue engañada e incurrió en transgresión.*
> (1 Timoteo 2:11-14, RV2020[48])

47 Véase todo el capítulo 20 de Gushee, *Changing Our Mind. Definitive Edition.*

48 RV2020: *Santa Biblia. Traducción de Casiodoro de Reina, 1569, revisada por Cipriano de Valera, 1602* (texto bíblico «Reina Valera 2020»), © Sociedad Bíblica de España, 2020. He citado la RV2020, que usa «en silencio», al igual que varias otras traducciones al español. Otras versiones usan «calladamente». En cambio, la NVI opta por «con serenidad», aunque sí ofrece «en silencio» como alternativa, en una nota al pie. El griego *en hesychia* puede tener todos estos significados.

Históricamente, no había ninguna necesidad de cuestionar la conveniencia o aplicabilidad de estas instrucciones porque, en general, estaban en consonancia con el contexto sociocultural. Toda la liturgia y la enseñanza y todo el liderazgo de la Iglesia estaban exclusivamente en manos de hombres. De hecho, en la Iglesia católica esta situación se ha mantenido, con solo mínimas concesiones, hasta hoy mismo.

Pero una gran mayoría de las iglesias protestantes han cambiado considerablemente su postura. En general, las iglesias evangélicas en Occidente ya no aplican estas normas en sus encuentros, y muchas no ponen ningún impedimento al acceso de las mujeres a todos los roles y ministerios pastorales, didácticos y de liderazgo. Es así, a pesar de que, en la carta a Timoteo por lo menos, la instrucción se vincula a la creación misma («Adán fue formado primero, después Eva»), como si fuese parte de la intención divina y vinculada a la propia naturaleza humana, no una cuestión sociocultural.

No podemos describir y analizar aquí todos los motivos que llevaron a este replanteamiento. Ha requerido un larguísimo debate, de unos cuantos decenios y centenares de libros —y es un debate que resurge esporádicamente en ciertos contextos—. Los argumentos esenciales se pueden sintetizar explicando que, por un lado, ha sido clave el hecho de que la situación sociocultural era completamente diferente en los tiempos bíblicos:

- Normalmente las mujeres tenían un nivel educativo mucho más bajo; solo los hombres, con pocas excepciones, eran instruidos en la lectura y la escritura.
- Las mujeres se casaban bastante más jóvenes que los hombres; lo normal era que chicas de entre doce

y diecisiete años se casaran con hombres de entre veinticinco y treinta años.

- Las instrucciones en las epístolas del Nuevo Testamento reflejaban las normas sociales de su época; si la Iglesia las transgredía, podía ser motivo de escándalo y dificultar la propagación del evangelio.

Y, por otro lado, afortunadamente para las mujeres —y yo diría ¡para toda la Iglesia!—, era relativamente fácil no entender e interpretar las instrucciones paulinas de manera absoluta y taxativa, porque en la propia Biblia se hallaban excepciones:

- En el Antiguo Testamento hubo mujeres que ejercieron de juez (líder) o profeta: Débora (Jueces 4 y 5) y Huldá (Hulda o Juldá en algunas traducciones) (2 Reyes 22 y 2 Crónicas 34).
- El Nuevo Testamento menciona a mujeres que profetizaban: Ana, hija de Fanuel (Penuel, en algunas traducciones) (Lucas 2:36) y las hijas de Felipe (Hechos 21:9); y también a mujeres que aparentemente colaboraban activamente en la enseñanza o incluso ejercían un papel de liderazgo en la Iglesia primitiva: Priscila (o Prisca) (Hechos 18:26, Romanos 16:3 y 1 Corintios 16:19) y probablemente[49] una tal Junia (Romanos 16:7).

---

[49] Probablemente porque, según explica la entrada correspondiente de la *International Standard Bible Encyclopedia,* el nombre en griego, el acusativo *Iounian,* podría corresponder al nombre masculino *Iounias* o al nombre femenino *Iounia.* Hay una explicación similar, en español, en: https://www.coalicionporelevangelio.org/articulo/fue-junias-una-mujer-apostol/. Traducciones recientes como la TLA *(Traducción en lenguaje actual),* del año 2000, la SRV-BRG *(Spanish Blue Red and Gold Letter Edition),* de 2012/2015, y la BCEE (de la Conferencia Episcopal Española), de 2011, han optado por

f. *El divorcio y las segundas nupcias* en casos no previstos en el Nuevo Testamento.

El divorcio estaba regulado y, por lo tanto, permitido —con pocas excepciones— en el Antiguo Testamento, en la Ley judía. Y hay bastante unanimidad entre los expertos sobre el hecho de que esa legislación también implicaba la posibilidad de volverse a casar.[50]

Pero Jesús afirmó, muy claramente, que Dios no aprobaba el divorcio y que equivalía al adulterio:

> *—El que se divorcia de su esposa y se casa con otra comete adulterio contra la primera [...]. Y, si la mujer se divorcia de su esposo y se casa con otro, comete adulterio.*
>
> (Marcos 10:11-12, NVI)

En su conversación sobre el tema con los escribas, Jesús lo argumentó citando pequeñas frases de lo que se lee sobre la creación en Génesis: «Al principio de la creación Dios "los hizo hombre y mujer". "Por eso dejará el hombre

---

el femenino «Junia» y no el masculino «Junias» (o «Junías»), en línea con el consenso académico reciente. Brownson, en *Bible, Gender, Sexuality,* en la nota 5 del capítulo 4, página 281, explica por qué probablemente era una mujer, haciendo referencia a los argumentos de Metzger, Bruce Manning, *A Textual Commentary on the Greek New Testament: A Companion Volume to the United Bible Societies' Greek New Testament,* 4th rev. ed., London / New York: United Bible Societies, 1994, p. 475.

50 Véase, por ejemplo, Instone-Brewer, David: *Divorce and Remarriage in the Bible. The Social and Literary Context,* William B. Eerdmans Publishing Company, 2002, capítulo 2. O también Stott, John: *Issues Facing Christians Today,* Marshall Morgan & Scott, 1984, sección IV, capítulo 14, apartado «Old Testament Teaching» (edición castellana: *La fe cristiana frente a los desafíos contemporáneos,* Nueva Creación, 1991, sección IV, capítulo 2, apartado «La enseñanza del Antiguo Testamento»).

a su padre y a su madre, y se unirá a su esposa, y los dos llegarán a ser un solo cuerpo"» (Marcos 10:6-8, NVI).

Si solamente tuviéramos el evangelio de Marcos, las afirmaciones de Jesús parecerían muy categóricas. Pero Mateo —escrito más tarde, según casi todos los expertos— pone en boca de Jesús[51] una excepción (Mateo 5:32 y 19:9): se permite el divorcio si es «en caso de infidelidad conyugal» (NVI) o «por causa de fornicación» (RV2020).[52]

El apóstol Pablo, por su parte, prevé otra excepción —como opinión suya, sin mandamiento claro del Señor—:

> *[...] si el cónyuge no creyente decide separarse, no se lo impidáis. En tales circunstancias, el cónyuge creyente queda sin obligación; Dios nos ha llamado a vivir en paz.*
>
> (1 Corintios 7:15, NVI)

Pero Gushee explica cómo una mayoría de las iglesias evangélicas han ampliado, si no en su teología, al menos en

---

51 Stott argumenta muy bien que la cláusula de excepción no hay que entenderla como una invención de Mateo, ni mucho menos como un añadido posterior de los copistas, sino una declaración auténtica de Jesús o, en todo caso, una manera de hacer explícito lo que quedaría sobreentendido por todos los oyentes originales. Lo explica en *Issues Facing Christians Today,* sección IV, capítulo 14, apartado «The Teaching of Jesus», página 266 (en español: *La fe cristiana frente a los desafíos contemporáneos,* sección IV, capítulo 2, «La enseñanza de Jesús», página 311). Instone-Brewer también opina que Mateo simplemente clarificaba lo que todo el mundo hubiese sobreentendido (véase *Divorce and Remarriage in the Bible,* capítulo 6, página 134).

52 El término griego *porneia,* traducido por «infidelidad conyugal» y «fornicación» en las dos traducciones que he citado, tiene un significado bastante amplio, de modo que se continúa generando debate entre los expertos sobre la mejor manera de traducir y entender el alcance de esta excepción. Para bastantes comentaristas el significado más probable es el de adulterio. Para un tratamiento magistral de la cuestión recomiendo: Instone-Brewer, David: *Divorce and Remarriage in the Bible.*

su práctica pastoral, el número de excepciones, admitiendo también el maltrato como causa legítima de divorcio, aunque ello pudiera ser considerado «antibíblico»:

> *No hay provisión bíblica alguna para el divorcio en casos de abusos. Ni una. Ni tan siquiera se vislumbra como concepto. Al contrario, se encuentran pasajes que en este contexto aconsejan la sumisión continuada de la mujer, incluso en caso de maltrato (ver 1 Pedro 3:1-7). [...]*
>
> *Pero gradualmente incluso muchos fundamentalistas y evangélicos fueron cambiando de opinión sobre esta cuestión [...] al menos pastoralmente. [...] La Biblia no había cambiado. Pero los pastores habían aprendido de las durísimas experiencias de mujeres lesionadas y atemorizadas [...].*
>
> *Por lo tanto, yo pregunto a aquellos que me critican: ¿el maltrato es motivo de divorcio? Demuéstrenmelo solamente con la Biblia.*
>
> *Si no pueden [...] entonces les pregunto: ¿a las personas maltratadas las hacen volver a su matrimonio? [...] Si no, ¿qué base tienen para esta postura?*[53]

Estos seis ejemplos de replanteamientos teológicos son los que más se comentan en los libros sobre la homosexualidad.

Si la Iglesia ha sido capaz de replantear su postura con tantos temas, dicen los revisionistas, ¿por qué no también con la homosexualidad? La pregunta es buena, y en el siguiente capítulo lo analizaremos un poquito más.

---

[53] Gushee: *Changing our Mind. Definitive Edition,* «Appendix B. Response to Critics», apartado «V. The Question of Christian Theological and Ethical Method», páginas 166 a 167, traducción mía.

8. LOS PARALELISMOS ENTRE LOS REPLANTEAMIENTOS HISTÓRICOS Y EL CASO DE LA HOMOSEXUALIDAD

Hay claros paralelismos entre el debate actual sobre la homosexualidad y los diferentes procesos históricos de reconsideración que acabamos de tratar. Algunas similitudes se han medio comentado y otras pueden haber saltado a la vista para muchos lectores (por lo tanto, pido disculpas si acabo diciendo obviedades), pero algunos aspectos quizás merezcan ser explicitados, porque no son tan evidentes.

Las similitudes más importantes —y las más comentadas—, pues, son estas:

a. Todos los replanteamientos se han producido en contra del sentido, aparentemente muy claro, de determinados versículos de la Biblia. (Pongo este punto primero, pensando que la mayoría de los lectores de este estudio serán cristianos evangélicos y, por lo tanto, tendrán lo que dice la Biblia en alta estima y como fuente principal de doctrina).

   Por este motivo, en casi todos los casos, han sido necesarios muchos esfuerzos y un largo tiempo de debate, hasta que se encontrasen otros versículos o, si no los había, otros principios bíblicos capaces de hacer callar a aquellos que no querían admitir ningún cuestionamiento del *statu quo.*

b. Quizá nos duela admitirlo, pero todavía hoy no son pocas las personas que tienen instintivamente reacciones de rechazo, incluso de repelús,[54] ante ciertas manifestaciones de la homosexualidad,[55] similares seguramente a la revulsión que los judíos sentían viendo la dieta y el estilo de vida en general de los gentiles.

c. Al igual que con la astronomía, y muchas otras ramas del saber, los conocimientos científicos sobre la homosexualidad —y sobre la sexualidad en general— han avanzado mucho. Ciertamente, la discusión sobre el peso que tienen la disposición genética y los factores ambientales sigue bien viva. Pero otras cuestiones están más claras y generan bastante consenso entre los médicos, psiquiatras, sociólogos, antropólogos y demás expertos: el porcentaje aproximado de la población con tendencias homosexuales (entre un 3,5 % y un 5 %, según la mayoría de los estudios); la ineficacia y los efectos contraproducentes de los tratamientos o terapias para cambiar la orientación sexual; y distintos casos de homosexualidad, bien documentados, que se dan en otras especies de mamíferos, entre otras cuestiones. (Dedico todo

---

54 Tim Otto hace unos comentarios interesantes sobre este fenómeno, que el autor Richard Kauffman apoda, en inglés, el *yuck factor* («factor asco»): «Cuando algunas personas ven muestras de afecto en público entre personas homosexuales, su reacción espontánea es "¡qué asco!". ¿Cómo hay que interpretar tales sentimientos? ¿Será un instinto dado por Dios para ayudarles a discernir entre lo que está bien y lo que está mal? ¿O es una respuesta condicionada por factores sociales y culturales?». Para todo el análisis que hace, véase Otto: *Oriented to Faith,* capítulo 10, página 65 y siguientes.

55 Curiosamente, este rechazo se produce, sobre todo, en relación con la homosexualidad masculina. ¿Será porque estamos más acostumbrados a los besos y las muestras de afecto entre mujeres? ¿O porque las relaciones lésbicas no han recibido una condena tan clara, ni bíblica ni histórica ni sociológicamente? No está claro cuáles pueden ser los motivos, pero sí que se nota, en bastantes países, que son los hombres homosexuales los que sufren una mayor represión y condena.

el capítulo 15 a describir, en más detalle, lo que se ha descubierto a nivel científico sobre la homosexualidad humana).

No obstante, con ciertos aspectos de la homosexualidad es triste ver, en algunas de nuestras iglesias, las mismas pocas ganas de aceptar los consensos científicos que las que se evidenciaron con la oposición al sistema copernicano.

d. Con la persecución de los judíos en la Alemania nazi, desgraciadamente algunos sectores de la Iglesia se alinearon con los agresores. Se ha visto lo mismo cuando los poderes públicos y la sociedad en general se han dedicado a demonizar, denunciar, perseguir e incluso encarcelar y ejecutar a personas de las minorías sexuales. Fue así en los siglos XIX y XX en Inglaterra, se ha visto también en la historia reciente de los Estados Unidos y, lamentablemente, todavía se produce en algunos países africanos.

e. Algunos de los replanteamientos que hemos descrito se han producido en contra de una tradición teológica mantenida durante siglos y siglos y compartida, prácticamente sin excepciones, por todas las ramas del cristianismo. Este sería el caso, por ejemplo, con el pueblo judío y con el papel de la mujer en la Iglesia.

f. Algunos de los teólogos, autores y líderes que se han atrevido a cuestionar la postura cristiana tradicional respecto a la homosexualidad se han tratado prácticamente como herejes en el mundo evangélico: se les ha tachado de personas carentes de espiritualidad y de principios, que han claudicado ante la cultura secular dominante. No han sido condenados al arresto domiciliario, como Galileo, pero han dejado de recibir invitaciones como conferenciantes (Chalke y Gushee) o se han visto obligados a abandonar su denominación o movimiento eclesial (Ken Wilson). Y algunos otros, como el célebre autor Eugene Peterson,[56] no han podido aguantar la tormenta que se ha desatado y las presiones de toda clase, y se han retractado, rápidamente, de sus comentarios favorables a los cristianos homosexuales practicantes.

Lo más lamentable de todo esto es que en la mayoría de los casos este rechazo se ha producido con argumentos bíblicos muy superficiales, sin escuchar bien y examinar con profundidad los razonamientos de los revisionistas, que también podían ser bíblicos. Sus críticos han reproducido exactamente el mismo patrón que aquellos que, históricamente, condenaron otros replanteamientos.

g. En la mayoría de los casos (la excepción quizás sería el tema de la esclavitud), los acontecimientos han precedido y precipitado el cambio de postura de la Iglesia: la conversión de gentiles, el horror del Holocausto, los nuevos conocimientos científicos, los grandes cambios sociológicos, etc.

Y entonces el proceso de replanteamiento pasa por diferentes fases. Las primeras voces a favor del cambio son duramente criticadas. Cuando se suma más gente, la nueva postura pasa a ser respetable, pero minoritaria. Mientras tanto el nuevo contexto se va consolidando y, poco a poco, la posición tradicional de la Iglesia resulta más y más difícil de defender. Finalmente, dentro de la Iglesia, el nuevo posicionamiento se convierte en mayoritario. Y al cabo de una o dos generaciones es tan mayoritario que a casi todos

[56] El incidente en cuestión ocurrió cuando Peterson ya estaba jubilado y muy mayor. Para más información, véase Collier, Winn: *A Burning In My Bones. The Authorized Biography of Eugene H. Peterson, Translator of* The Message, Waterbrook (Penguin Random House), 2021.

les parece muy obvio e inevitable, y cuesta entender por qué hubo tanto debate y tanta resistencia a replantearlo.

h. Para algunas cuestiones la experiencia personal ha sido un factor clave en el cambio de opinión. Es decir, si vemos con nuestros propios ojos que Dios aparentemente acepta a personas que nosotros, por nuestras convicciones religiosas, rechazaríamos, nos toca cuestionar nuestro planteamiento teológico. Así fue para el apóstol Pablo, en Hechos 10, cuando conoció a Cornelio y su familia y vio cómo Dios aprobaba a esas personas gentiles, derramando su Espíritu Santo sobre ellas.

Pasó algo similar con el tema de la esclavitud: un factor importante en el cambio de opinión de las personas fue conocer personalmente a esclavos, o a personas negras que habían sido esclavos, que evidenciaban inteligencia y una elevada moralidad y espiritualidad. Fueron viendo, con sus propios ojos, que estas personas eran iguales que ellos, o incluso mejores personas. Y si no las conocían personalmente, podían enterarse a través de libros como *La cabaña del tío Tom,* que ayudaron a cambiar, notablemente, la percepción que la gente tenía de los esclavos.

Este importante cambio de percepción es descrito también, respecto a las personas gays y lesbianas, por varios de los autores revisionistas que he consultado. El contacto personal o bien ha sido un factor que ha contribuido bastante a su cambio de posicionamiento sobre la homosexualidad, o bien ha sido una confirmación, para ellos, de que iban por el buen camino con la postura que habían asumido.

i. A modo de resumen podemos decir que en todos los casos los replanteamientos doctrinales, en diferentes épocas, solo se han producido cuando la Iglesia se ha encontrado ante realidades nuevas (un fenómeno sociológico nuevo, nuevas corrientes de pensamiento, nuevos conocimientos científicos), realidades que acaban siendo incontrovertibles, excepto, quizás, para los más dogmáticos y fundamentalistas.

9. VERSÍCULOS DE LA BIBLIA QUE HABLAN DE LA HOMOSEXUALIDAD (1): ANTIGUO TESTAMENTO

Ahora sí, antes de analizar más a fondo los argumentos a favor de un replanteamiento de todo el tema de la homosexualidad, vamos a hacer un repaso del pequeño puñado de versículos que encontramos en la Biblia que parecen referirse, bastante claramente, a las relaciones homosexuales, o a las personas que las practican.

En el Antiguo Testamento, los pasajes con referencias más o menos claras son estos:

a. Génesis 19 y Jueces 19

Hay una práctica unanimidad, de tradicionalistas y revisionistas, en que estos pasajes, sobre el gran pecado de las poblaciones de Sodoma y Guibeá (Gabaa en algunas traducciones), respectivamente, se refieren a casos de violación grupal para humillar a visitantes forasteros, no a la práctica homosexual en general. Son historias que representan un desprecio absoluto, un ataque frontal, al código de hospitalidad que era una práctica casi sagrada en el Oriente Próximo de la época.

Por otro lado, la vinculación de Sodoma con el coito anal, a través de los términos «sodomita» y «sodomía»,[57] acuñados hace

[57] En el diccionario *online* WordReference las dos acepciones de *sodomía* son: «Coito anal» y «Relación sexual entre hombres» (https://www.wordreference.com/definicion/sodom%C3%ADa, consultado en agosto de 2023). La edición más reciente del *Diccionario de la lengua española* de la Real Academia Española (RAE) da como única definición de *sodomía:* «Práctica del coito anal» (https://www.rae.es/, consultado en septiembre de 2023). Pero su vigésima

siglos en los diferentes idiomas europeos,[58] es desafortunada, e incluso poco bíblica, teniendo en cuenta que las referencias bíblicas posteriores sobre la maldad de Sodoma enfatizan la injusticia social (Isaías 1:9-23); el adulterio, la mentira y la falta de arrepentimiento (Jeremías 23:14); el orgullo, la glotonería y el menosprecio de los pobres (Ezequiel 16:49), o, en todo caso, otros pecados sexuales (Judas 7 y 2 Pedro 2:6-10, textos que comentaremos en un momento).

Por todo eso, son muy poco pertinentes para el debate de hoy día. Prueba de ello es que, aparte de mencionarlos, actualmente la mayoría de los teólogos y expertos, tanto tradicionalistas como revisionistas, no suelen usarlos en su argumentario.

Uno de los pocos autores tradicionalistas recientes que sí intenta dar un mínimo valor al relato de Sodoma es Kevin DeYoung, pero él mismo admite que un académico muy respetado del campo tradicionalista ha descartado toda la historia de Sodoma y Gomorra como «irrelevante para el tema» (de la homosexualidad).[59] Los argumentos de DeYoung a mí me parecen muy forzados: incluyen referencias rebuscadas de escritos rabínicos del periodo intertestamentario y una lectura poco probable de la referencia a los pecados sexuales de Sodoma y Gomorra en Judas, versículo 7.

Este versículo de Judas señala que Sodoma y Gomorra sufrieron «el castigo de un fuego eterno, por haber practicado [...]

---

primera edición (de 1992, en papel) la definía como «Concúbito entre varones o contra el orden natural».

58 Parece que el uso del término «sodomía» para referirse a la actividad homosexual se remonta incluso a la época del Nuevo Testamento. Según Instone-Brewer, los autores judíos contemporáneos con el apóstol Pablo ya lo empleaban con ese sentido (véase Instone-Brewer, David: «Did Paul condemn all homosexuality?», *Premier Christianity,* Premier Christian Communications Ltd., febrero de 2023, página 56).

59 DeYoung, Kevin: *What Does the Bible Really Teach about Homosexuality?* Crossway, 2015, capítulo 2, página 34. El experto tradicionalista al que cita es: Hays, Richard B.: *The Moral Vision of the New Testament: A Contemporary Introduction to New Testament Ethics* (New York: HarperOne, 1996), página 381.

inmoralidad sexual y vicios contra la naturaleza» (Judas 1:7, NVI). La expresión griega traducida por «vicios contra la naturaleza» literalmente dice «carne diferente» *(sarkos heteras)*. La mayoría de los expertos consideran que este comentario críptico de Judas probablemente se refiere no a la homosexualidad, sino al sexo con los ángeles (descrito en Enoc[60] y en Génesis 6:1-4).[61] El pasaje paralelo de 2 Pedro 2:6-10 es todavía más impreciso, hablando simplemente de la «vida desenfrenada de esos perversos» (NVI).

Para acabar de rematar que el pecado principal de Sodoma no era la homosexualidad, sino la falta de hospitalidad, ¿qué mejor que las palabras de Jesús mismo? Según nos recuerda el autor Justin Cannon,[62] cuando Jesús envió a sus discípulos a proclamar el reino de Dios por los pueblos de Judea, les dijo que cualquier pueblo que no los acogiera sería juzgado como Sodoma:

> *10 Pero, cuando entréis en un pueblo donde no os reciban, salid a las plazas y decid: 11 "Aun el polvo de este pueblo, que se nos ha pegado a los pies, nos lo sacudimos en protesta contra vosotros. Pero tened por cierto que ya está cerca el*

---

60 El Libro de Enoc (1 Enoc) es considerado «apócrifo» —por lo tanto, no inspirado— tanto por los protestantes como por los católicos. Hay más información sobre lo que explica 1 Enoc, y las referencias que hay en otras obras apócrifas, por ejemplo el Libro de los Jubileos, en McNeill, John J.: *The Church and the Homosexual* (Fourth Edition), Beacon Press, 1993, capítulo 3, apartado «The Homosexual Interpretation of the Sodom Story», páginas 68 a 72.

61 Es francamente chocante que la BLP *(La Palabra. El mensaje de Dios para mí)* y su traducción hermana, la BTI *(La Biblia. Traducción Interconfesional,* consultada a través de YouVersion, https://www.bible.com), hayan osado traducir *sarkos heteras* de Judas 1:7 por «la homosexualidad». Son las *únicas*, de todas las consultadas (todas las disponibles en Bible Gateway, con la consulta https://www.biblegateway.com/verse/es/Judas%207, más la RV2020, más las traducciones católicas BCdB, BCEE y BUN), que lo han traducido así.

62 Cannon, Justin R.: *The Bible, Christianity, & Homosexuality*, CreateSpace Independent Publishing Platform, 2012, capítulo 3, «The Sodom Account», posición 155.

reino de Dios". [12] Os digo que en aquel día será más tolerable el castigo para Sodoma que para ese pueblo.

(Lucas 10:10-12, NVI)

b. Levítico 18:22 y 20:13

Estos dos versículos se refieren a lo que es una «abominación» o algo «abominable» (otras traducciones usan adjetivos como «aborrecible», «infame», «repugnante» o «detestable»). Dicen lo siguiente:

No te acostarás con un hombre como quien se acuesta con una mujer. Eso es una abominación.

(Levítico 18:22, NVI)

Si alguien se acuesta con otro hombre como quien se acuesta con una mujer, comete un acto abominable y los dos serán condenados a muerte, de la cual ellos mismos serán responsables.

(Levítico 20:13, NVI)

Son versículos muy claros y categóricos, por lo menos en cuanto a las relaciones homosexuales entre hombres.[63] Y el segundo de ellos, al decir «los dos» (NVI) o «ambos» (por ejemplo, RVR1960), contrarresta la idea, muy extendida en la antigüedad, de que el rol «activo» (de penetración anal) en las relaciones hombre-hombre

---

63 Si descartamos, como pura especulación, sin ninguna base en el texto bíblico, que la relación entre Noemí y Rut, suegra y nuera, tuviera tintes lésbicas (ver también la nota al pie número 114), la única (posible) referencia al lesbianismo en toda la Biblia —que comentaremos en el capítulo 11—, se encuentra en Romanos 1.

no era malo o denigrante, como sí lo era el rol «pasivo» (de ser penetrado).[64]

La dificultad para aplicar estos versículos hoy en día, de forma coherente, reside en el hecho de que con otros versículos del Antiguo Testamento, algunos igual de categóricos sobre cosas abominables (hebreo *toevah* o *toebah,* se ven ambas transliteraciones) o que merecen la pena de muerte, existe un consenso bastante generalizado —incluso en iglesias evangélicas muy fundamentalistas— para no aplicarlos a los cristianos —ni mucho menos proponer la aplicación de la pena capital—.

Así, podemos encontrar, entre diferentes pasajes que hablan de cosas «abominables» o que son una «abominación», los siguientes:

- Deuteronomio 14:3-21, un pasaje sobre alimentos prohibidos a los judíos, que empieza diciendo «No comas ningún animal abominable» (NVI), para luego prohibir, entre otras cosas, el cerdo, el conejo y todo el marisco. ¿Qué pastor protestante en España se atrevería a animar a sus feligreses a cumplir esto?
- Ezequiel 18:10-13, donde encontramos, entre otras «abominaciones» (RV2020) o «actos repugnantes» y «actos asquerosos» (NVI) que puede cometer el hijo malo de un padre bueno, que «no devuelva la prenda al deudor» y «preste dinero con usura y exija intereses» (NVI). Es cierto que algunos de los otros posibles comportamientos son más graves, pero todos reciben el mismo calificativo y el hijo «será condenado a muerte» (versículo 13).

[64] Este aspecto de la expresión «los dos» o «ambos» lo destaca DeYoung en *What Does the Bible Really Teach about Homosexuality?,* capítulo 3, página 41. Para más información sobre la diferente concepción que había de los roles activo y pasivo en las relaciones homosexuales, por lo menos en el mundo grecorromano, véanse las explicaciones que ofrezco en el capítulo 14.

Y entre otras acciones que merecían la pena de muerte, en el Antiguo Testamento, podemos encontrar estas:

- Maldecir al padre o a la madre (Éxodo 21:17 y Levítico 20:9).
- Blasfemar usando el nombre del Señor (Levítico 24:11-16).
- Practicar la hechicería o brujería (Éxodo 22:18).
- Desobedecer a los padres (Deuteronomio 21:18-21).

Gushee, en quien me he basado principalmente para comentar estos versículos de Levítico, menciona bastantes otros ejemplos de las 117 veces que *toevah,* o uno de sus derivados, es usado en el Antiguo Testamento, para acabar diciendo esto:

> *He repasado todo este material jurídico del Antiguo Testamento para pedir a aquellos cristianos que sacan citas de ahí de forma selectiva que describan y defiendan su principio de selección, interpretación y aplicación. Dicho de otro modo, a menos que se entienda que cualquier texto legal del Antiguo Testamento ha de ser de obligado cumplimiento para los cristianos de hoy día tal y como fue redactado, ¿qué otro principio hermenéutico (método de interpretar la Biblia) hay que utilizar?*
>
> *Es una cuestión en realidad bien compleja, que ha constituido un reto para los lectores serios de la Biblia durante toda la historia del cristianismo.*[65]

Gushee lo remata diciendo que esta dificultad no se puede resolver fácilmente con las reglas de aplicación que a veces nos quieren vender:

[65] Gushee: *Changing Our Mind,* capítulo 12, página 71, traducción mía.

> *Decir que lo aceptamos todo, pero sin aplicar la pena de muerte, naufraga porque no hay prácticamente ningún grupo cristiano que acepte y aplique absolutamente todo lo que se encuentra en el Antiguo Testamento.*
>
> *Decir que los cristianos aceptamos la ley moral del Antiguo Testamento, pero no la ley ceremonial, dietética y civil, es querer aplicar una diferenciación que a veces es difícil de establecer, y una que es totalmente ajena al propio texto y sin ningún apoyo claro en el Nuevo Testamento.*
>
> *Y decir que podemos no aplicar directamente ciertos mandamientos, pero sí poner en práctica los principios que encontramos en ellos, suena muy bien, pero tampoco es viable en todos los casos. A veces los principios no son claros. Y otras veces sí que lo son, pero son inaceptables, por ejemplo, el principio de responsabilidad colectiva por la que se puede exterminar a todos los habitantes de una población por su idolatría,*[66] *o el principio de excluir del culto cualquier atisbo de impureza (como por ejemplo las mujeres con la menstruación) o cualquier deformidad (discapacidad física).*[67]

En resumen, los dos versículos de Levítico son claros, pero su aplicabilidad es cuestionable. Y tal y como explico más adelante (en el capítulo 14), la poca información que tenemos del contexto social y religioso del Oriente Próximo de la época tampoco nos da pistas claras sobre la lógica que había detrás de esas prohibiciones.

---

[66] Véase Deuteronomio 13:12-17.

[67] Véanse Levítico 15 y Levítico 21:16-21.

10. VERSÍCULOS DE LA BIBLIA QUE HABLAN DE LA HOMOSEXUALIDAD (2): 1 CORINTIOS 6:9 Y 1 TIMOTEO 1:10

Comentaremos estos dos pasajes juntos, por su similitud y porque ambos utilizan el término griego *arsenokoites*. El de 1 Corintios usa además el término *malakos*, que también analizaremos. (He puesto ahora el masculino singular de estos dos vocablos. En los pasajes en cuestión sus plurales tienen terminaciones con una *-i* y, según la posición en la frase, también con una *-s*). Los dos términos son muy problemáticos para traducir, como ahora veremos.

Reproduzco a continuación ambos pasajes, usando la RV2020 —cuya manera de traducir los dos términos es bastante literal y hasta cierto punto razonable,[68] más adelante explicaré el porqué— y resaltando en **negrita** la traducción de cada término, y entre corchetes [ ], el griego:

> [9] *¿No sabéis que los injustos no heredarán el reino de Dios? No os engañéis: ni los lujuriosos, ni los idólatras, ni los adúlteros, ni* ***los afeminados [malakoi]****, ni* ***los que se acuestan con hombres [arsenokoitai]****,* [10] *ni los ladrones,*

---

[68] Se percibe aquí un trabajo muy meditado y cuidadoso por parte de los revisores de la RV2020. Por un lado, han resuelto la incongruencia de la RVR1960, que traducía *arsenokoitai(s)* de forma diferente en cada sitio (con «los que se echan con varones», en 1 Corintios, y con «los sodomitas», en 1 Timoteo). Y, por otro lado, han evitado «los homosexuales», que la RVR1995 usa en 1 Corintios, que es un término moderno y además ambiguo, porque puede referirse simplemente a la *orientación* y no necesariamente a la *práctica* sexual. (Hago más comentarios al respecto más adelante en este capítulo y también en la nota al pie número 80).

ni los avaros, ni los borrachos, ni los difamadores, ni los estafadores heredarán el reino de Dios.
(1 Corintios 6:9-10, RV2020)

[8] *Sabemos que la ley es buena, si se usa legítimamente.* [9]
Y sabemos que la ley no fue dada para el justo, sino para los transgresores y desobedientes; para los impíos y pecadores; para los irreverentes y profanadores; para los parricidas y matricidas, para los homicidas; [10] *para los fornicarios, para* ***los que se acuestan con hombres [arsenokoitais]****; para los secuestradores, para los mentirosos y perjuros; y para cualquier otra cosa contraria a la sana doctrina.*
(1 Timoteo 1:8-10, RV2020)

Si miramos estos pasajes en otras versiones las divergencias en la manera de traducir los dos términos son notables. Aquí hay el pasaje de 1 Corintios según algunas de ellas (omito el resto de los calificativos de la lista, dejando solamente las traducciones de *malakoi* y *arsenokoitai*):

[9] *[...] ni* ***los sodomitas [malakoi]****, ni* ***los pervertidos sexuales [arsenokoitai]****,* [10] *[...] heredarán el reino de Dios.*
(1 Corintios 6:9-10, fragmentos, NVI)

[9] *[...] los [...]* ***lujuriosos [malakoi], invertidos [arsenokoitai]****,* [10] *[...] no heredarán el reino de Dios.*
(1 Corintios 6:9-10, fragmentos, BCEE[69])

[69] BCEE: *Sagrada Biblia. Versión oficial de la Conferencia Episcopal Española*, edición popular, Biblioteca de Autores Cristianos, 2011.

> [9] *[...] ni* ***los afeminados [malakoi]****, ni* ***los homosexuales [arsenokoitai]****,* [10] *[...] heredarán el reino de Dios.*
> (1 Corintios 6:9-10, fragmentos, RVR1995[70] y BLP[71])

No sé tú, pero yo, al leer estos fragmentos, tengo dos reacciones inmediatas. Por un lado: «¡Menudo lío! ¿No podrían los traductores ponerse de acuerdo en el significado de esas palabras griegas?». En su defensa hay que decir que estos versículos de 1 Corintios y 1 Timoteo forman parte de enumeraciones (listas de vicios o, para ser más exactos, de personas viciadas). Todos los traductores sabemos que las palabras que salen en listas pueden ser muy complicadas de traducir con precisión, por falta de contexto y porque las equivalencias a menudo no son exactas. Así es, evidentemente, con estos dos términos.

Y mi otra reacción es: «¡Qué contundente!». Estos versículos, sobre todo en algunas versiones, si los lee una persona de orientación homosexual... ¡menuda bofetada! O como decimos en España: ¡zasca! ¡zasca!

Dedicaré el resto de este capítulo a analizar los posibles significados de *malakos* y *arsenokoites,* según los expertos, y cómo podemos entender lo que dicen estos versículos. Cuando lo hayas leído, quizás estarás de acuerdo conmigo en que el uso de términos como «los afeminados» y «los homosexuales»[72] no solamente es

---

[70] RVR1995: Texto Reina Valera 95®, © Sociedades Bíblica Unidas, 1995, consultado a través de YouVersion: https://www.bible.com/es.

[71] BLP: *La Palabra (La Palabra. El mensaje de Dios para mí),* edición española, Sociedad Bíblica de España, 2010 y 2011.

[72] La combinación de «afeminados» y «homosexuales», para traducir *malakoi* y *arsenokoitai* en 1 Corintios 6:9, parece la opción más escogida entre las versiones relativamente recientes. Es la elección de la RVR1995 y la BLP (que cito), y también de la LBLA *(Biblia de las Américas),* la JBS *(Biblia del Jubileo),* la DHH *(Dios Habla Hoy),* la RVA2015 (Reina Valera Actualizada) y la BCdB (*La Biblia,* Casa de la Biblia).

bastante inexacto, sino también francamente desafortunado, sobre todo para los lectores no heterosexuales de hoy en día.

Podemos empezar nuestro análisis diciendo que unos cuantos comentaristas relacionan *malakos* y *arsenokoites* con los roles «pasivo» y «activo» en el sexo anal entre hombres. Esta es una interpretación plausible, teniendo en cuenta lo que podían significar estos términos (ahora lo comentaremos), pero no se puede afirmar categóricamente, ni mucho menos, por al menos dos razones semánticas —es decir, razones que tienen que ver con el posible significado de las palabras—.[73] La primera, explicada por, entre otros, Matthew Vines,[74] citando a Dale Martin,[75] es que estos dos términos no se encuentran aparejados en otros textos antiguos y, en cambio, había otros pares de términos, como *erastes* y *eromenos* o *paiderastes* y *kinaidos,* usados habitualmente para describir los dos papeles de las relaciones sexuales hombre-hombre. La otra razón semántica para tener mucha cautela con esta interpretación de *malakos* y *arsenokoites* es el sentido amplio y poco preciso de estos vocablos, particularmente del primero, tal como nos lo explican los diccionarios y los expertos en griego.

El primer término, *malakos,* literalmente significa «suave» o «blando», y figurativamente puede significar «afeminado». Eso

---

73 Es sorprendente que la traducción inglesa NIV (New International Version), en una nota al pie para 1 Corintios 6:9, asuma esta interpretación con tanta rotundidad, diciendo esto: «The words *men who have sex with men* translate two greek words that refer to the passive and active participants in homosexual acts». En cuanto a las traducciones al español de 1 Corintios 6:9, de la veintena que he podido consultar, solo una, la PDT *(Palabra de Dios para Todos),* ha querido asumir inequívocamente esta interpretación, al poner «ni los hombres que se dejan usar para tener sexo con otros hombres, ni los hombres que tienen sexo con ellos» en la lista de los que «no van a tener parte en el reino de Dios».

74 Vines, Matthew: *God and the Gay Christian. The Biblical Case in Support of Same-Sex Relationships,* Convergent Books, 2014, capítulo 7, página 126.

75 Martin, Dale B.: *Sex and the Single Savior. Gender and Sexuality in Biblical Interpretation,* Westminster John Knox Press, 2006.

parece muy sencillo, pero, tal como explica Vines (citando a diferentes autores de la antigüedad),[76] en la mentalidad grecorromana de la época «ser afeminado» era «estar sin control y cautivo de las pasiones, como las mujeres» y, como insulto, podía referirse a personas perezosas, miedosas, débiles, extravagantes o viciadas en un amplio abanico de comportamientos. Es más, está documentado como escritores como Séneca padre y Plutarco utilizan *malakos* en sentido sexual para criticar a hombres desenfrenados en sus relaciones con... ¡mujeres![77] Eso no encaja, para nada, con nuestro concepto de «afeminado». Ahora bien, es casi imposible encontrar traducciones bíblicas al español que reflejen bien el significado tan amplio que puede tener *malakoi* en 1 Corintios 6:9. De la veintena que he consultado, solo la BCEE lo logra poniendo «lujuriosos» —y en Cataluña, donde vivo, la BCI, que usa el catalán *pervertits,* o sea, «pervertidos»—. Casi todas las demás optan por «afeminados».[78] Personalmente, encuentro poco acertado el adjetivo «afeminado» por otro motivo también: en general tiene connotaciones negativas, pero no necesariamente de conducta inmoral.[79] En fin, lo que está

---

[76] Véase Vines, Matthew: *God and the Gay Christian,* capítulo 7, página 118 y siguientes.

[77] Vines menciona a los autores Séneca padre y Plutarco (Vines: *God and the Gay Christian,* capítulo 7, apartado «The Greek Word *Malakoi* ("Effeminate")», páginas 120 y 121). Martin expresa la misma conclusión dando otros ejemplos de la literatura de la época (Diógenes Laercio, Caritón de Afrodisias y el autor de la obra pseudoaristoteliana *Fisiognómica)* en los que ser afeminado estaba asociado a deseos o actos heterosexuales, no homosexuales (Martin: *Sex and the Single Savior,* capítulo 3, apartado «Malakos», página 45).

[78] La comparación de las diecinueve versiones (mayormente protestantes) disponibles en Bible Gateway (https://www.biblegateway.com/verse/es/1%20Corintios%206:9, consultado en octubre de 2023) muestra que catorce de ellas usan «afeminados», dos «sodomitas», una «homosexuales» y una «prostitutos», y luego hay una expresión muy larga usada por la PDT, que se comenta al final de la nota 73. Ninguna de ellas usa un adjetivo de significado amplio para *malakoi.* Las católicas BUN y BCdB también usan «afeminados».

[79] Como traductor profesional también sé que, en caso de duda entre diferentes posibles traducciones, casi siempre es mejor optar por el término más genérico y amplio en la lengua de llegada. Así no se descarta de entrada ninguno de

claro es que esas distintas maneras de traducir *malakoi* («afeminados» versus «lujuriosos» o «pervertidos») hacen pensar en cosas bastante diferentes.

El segundo término, *arsenokoites,* es curioso, porque no aparece ni una sola vez en toda la literatura griega anterior, y casi todas las menciones posteriores son citas y comentarios de los escritos paulinos. Es una palabra compuesta de *arsen* («macho», «hombre» o «varón») y *koite* («sofá», «diván», «lecho» o «cama»). Con estos elementos se podría decir que la Reina Valera de 2020 acertó bastante traduciendo *arsenokoitai* por «los que se acuestan con hombres».[80] Este es el motivo por el cual escogí la RV2020 para hacer la cita completa de 1 Corintios 6:9-10 al inicio de este capítulo.[81]

Es muy posible que Pablo haya acuñado el término influenciado por la Septuaginta (la traducción griega del Antiguo Testamento), que utiliza tanto *arsen* como *koite* en los dos versículos de Levítico comentados antes (Levítico 18:22 y 20:13), que condenaban a cualquier hombre que se acostara con otro hombre como con una mujer. Numerosos autores, tanto tradicionalistas como revisionistas, se refieren a este aparente vínculo, dándole mucha credibilidad.[82] Obviamente, es imposible saber qué había en la mente de Pablo cuando escribía —o dictaba— sus cartas.

---

los posibles significados del original, y se deja en manos del lector interpretar el significado.

80 Según esta perspectiva, la RVR1960 también lo acertó —en 1 Corintios— al poner, de modo similar, «los que se echan con varones». La RVR1977, en cambio, sustituyó esta expresión por «los homosexuales», y ese cambio se mantuvo en la RVR1995 y en la RVA2015 (ver también la nota al pie 72).

81 Es curioso que la NVI —normalmente mi primera opción para las citas— se haya alejado tanto del sentido de los componentes *arsen* y *koite,* poniendo el sintagma genérico «pervertidos sexuales».

82 Uno de los revisionistas que lo ve probable es Gushee. Y uno de los tradicionalistas que lo explica con más detalle, reproduciendo los dos versículos de Levítico de la traducción griega de la Septuaginta, es DeYoung *(What Does the Bible Really Teach about Homosexuality,* capítulo 7, página 64).

Mucho menos convincente, para mí por lo menos, es el argumento de Martin, citado por Vines y algún autor más, según el cual no podemos saber el significado de las palabras compuestas por sus componentes (por su etimología).[83] Como lingüista encuentro completamente inválido su razonamiento en el caso de *arsenokoites*. Martin da el ejemplo —en inglés— de la palabra *understand* («comprender»), que no tiene nada que ver con *stand* ('estar de pie») y *under* («bajo» o «debajo»). Su argumento puede ser bien cierto para palabras compuestas comunes, usadas con gran frecuencia, que han entrado en el léxico hace mucho tiempo. Pero es totalmente falso para las palabras usadas con poca frecuencia, o directamente inventadas, como podría ser el caso del inglés *underwrapping*[84] o el griego *arsenokoites*. Estos vocablos compuestos tan inhabituales o respetan el significado de los componentes y las reglas de derivación para formarlos, o resultan incomprensibles e inútiles. Así, en español, los términos *contralto* (cantante) y *contrabando* (mercancía importada ilícitamente, de escondidas), que nos suenan y llevan siglos recogidos en los diccionarios, no los entendemos por sus componentes (su etimología). En cambio, las palabras *contramaniobra* y *contracrítica*, sí, y sin dificultad alguna, aunque ninguna de las dos aparece en el *Diccionario* de la Real Academia Española.[85] Y eso no pasa simplemente con palabras compuestas técnicas o académicas (con prefijos latinos o griegos). Si tú puedes entenderme si hablo de un gato «comemoscas», no hay motivo para pensar que los destinatarios de las cartas del apóstol Pablo no lo entenderían si él hablaba de unos «acuestahombres».

---

[83] Martin: *Sex and the Single Savior*, capítulo 3, página 39.

[84] Me invento la palabra *un*derwrapping. Su significado («embalaje de debajo» o «envoltorio inferior») es inmediatamente comprensible para cualquier persona nativa o con un buen nivel de inglés.

[85] Consultado en https://www.rae.es/ en septiembre de 2023.

Con todo lo que he explicado, parece bastante clara la alusión a la práctica de relaciones sexuales hombre-hombre. Por lo tanto, traducir *arsenokoitai* simplemente por «los homosexuales», como han hecho algunas revisiones de la Reina Valera y unas cuantas versiones modernas españolas,[86] a mi juicio es poco acertado, ya que puede sonar como una condena a individuos por el simple hecho de sentirse atraídos sexualmente por otros del mismo sexo —con independencia de si siguen sus impulsos o los controlan—. Y no olvidemos que «ser homosexual», como tendencia o identidad sexual, es una idea moderna, algo que iremos comentando más en los capítulos 14 y 15.

Pero el análisis semántico de *malakoi* y *arsenokoitai* no es lo único que podemos hacer para intentar comprender realmente qué podía tener en mente el apóstol Pablo, como autor[87] de estas misivas, y qué habrían entendido los lectores —u oyentes— originales en las iglesias receptoras de la época.

Si dejamos de fijarnos únicamente en estos dos términos y miramos los pasajes en su conjunto, algo que salta a la vista es que, en general, están hablando de cosas muy malas. Si tomamos aquellas cosas que tienen una traducción más clara, nos encontramos con actuaciones tan evidentemente censurables como:

---

86 De las diecinueve versiones disponibles en Bible Gateway (https://www.biblegateway.com/verse/es/1%20Corintios%206:9, consultado en octubre de 2023), diez traducen *arsenokoitai* en 1 Corintios 6:9 por «los homosexuales». También hacen lo mismo las católicas BUN y BCdB.

87 La atribución de 1 Corintios al apóstol Pablo genera poca controversia. En cambio, en círculos académicos la autoría de Pablo de la primera epístola a Timoteo es cuestionada, por razones bastante claras. Entre los evangélicos, que son el público que más tengo en mente con este estudio, hay más tendencia a continuar atribuyendo 1 Timoteo —y las otras cartas «pastorales»: 2 Timoteo y Tito— directamente a Pablo. Los expertos admiten que son seguramente más tardías, y el estilo y las preocupaciones son diferentes, pero piensan que todo eso puede ser atribuible simplemente al contexto, a la utilización de un escriba diferente y a la edad y estado de salud de Pablo, que le obligaba a dejar más margen al escriba para pulir y redondear el redactado.

- adorar a otros dioses (idolatría),
- matar al padre o a la madre,
- asesinar a otras personas (en general),
- traficar con esclavos,
- robar o ser ladrón,
- calumniar o difamar,
- estafar,
- etc.

La sensación que recibimos es que lo que hay en la mente de Pablo son manifestaciones muy claras de maldad, con una falta total de ética y de consideración hacia los demás. Que tales personas «no heredarán el reino de Dios» parece bastante lógico y adecuado.

Ahora bien, en estas listas de vicios, hay también actuaciones malas que podríamos entender como más cotidianas, como por ejemplo emborracharse o mentir. No sé cómo lo verán mis lectores, pero yo, teniendo en cuenta las otras cosas tan horrendas que se mencionan, tiendo a pensar que «borrachos» (1 Corintios 1:10) no hay que aplicarlo a quien puntualmente tome una copa de más, ni «mentirosos» (1 Timoteo 1:10) a quien, en un momento de debilidad, no sea capaz de decir la verdad sobre un tema que le deja malparado. Más bien, los que no pueden recibir en herencia el reino de Dios serían aquellos que son mentirosos compulsivos, sin escrúpulos, que dicen siempre lo que más les convenga, de forma desvergonzada y sin ningún respeto por la verdad; o aquellos que beben sin límites, pasando de todo, olvidándose de sus compromisos y de las personas a su alrededor.

Si esta manera de abordar y aplicar estos pasajes es razonable, haciendo distinciones y matices con aquellos elementos, como por ejemplo «los mentirosos», con un significado bastante claro, pero que cubren un amplio espectro de comportamientos, quizás realmente deberíamos hacer también algo análogo con los *malakoi* y *arsenokoitai*.

En este sentido, es importante saber, tal como explico en el capítulo 14, que en la mentalidad grecorromana la práctica homosexual se asociaba mayormente a hombres sin freno, que no tenían suficiente con las relaciones sexuales con mujeres y querían otras sensaciones. Asimismo, casi todas las manifestaciones de la práctica homosexual en aquella época eran relaciones claramente coercitivas o explotadoras: esclavitud, prostitución, pederastia. O sea, los términos *malakos* y *arsenokoites*, usados en 1 Corintios 6:9 y 1 Timoteo 1:10, pueden entenderse como alusiones a vidas de desenfreno y a hombres que aprovechaban su posición social para explotar sexualmente a personas más desafortunadas. Es muy posible que fuera así como los receptores de las cartas lo habrían comprendido.

Eso, al menos, es el argumento que ofrecen los revisionistas para no entender estos pasajes como una condena de las relaciones permanentes entre dos personas lesbianas o gays que se comprometen en amor y fidelidad y quieren formar un hogar. Tiene una lógica muy razonable, parecida a la que se ha aplicado, en bastantes entornos evangélicos, a otras cuestiones como, por ejemplo, el papel de la mujer en la Iglesia. Pero no hago más valoraciones de momento, porque nos falta tratar todavía otros pasajes bíblicos, y otros argumentos teológicos, que pueden aplicarse al fenómeno de la homosexualidad.

11. VERSÍCULOS DE LA BIBLIA QUE HABLAN DE LA HOMOSEXUALIDAD (3): ROMANOS 1:26-27

Los versículos 26 y 27 del capítulo 1 de Romanos forman parte de un discurso del apóstol Pablo contra aquellos que obstruyen la verdad y, como resultado, acaban presos de toda clase de pasiones y prácticas vergonzosas, entre las cuales Pablo destaca, particularmente, las relaciones homosexuales.

De ahí que, de todos los pasajes bíblicos que hemos comentado, el pasaje de Romanos es, sin lugar a dudas, el pasaje «estrella» para aquellos cristianos que quieren condenar la homosexualidad. Teniendo en cuenta la enorme importancia que tiene en todo el debate, reproduzco aquí un buen trozo del capítulo, a fin de situar los versículos 26 y 27 en toda la línea argumental de Pablo:

> [18] *Ciertamente, la ira de Dios se revela desde el cielo*
> *contra toda impiedad e injusticia de los seres humanos, que*
> *con su maldad obstruyen la verdad.* [19] *Me explico: lo que se*
> *puede conocer acerca de Dios es evidente para ellos, pues*
> *él mismo se lo ha revelado.* [20] *Porque desde la creación del*
> *mundo las cualidades invisibles de Dios, es decir, su eterno*
> *poder y su naturaleza divina, se perciben claramente a*
> *través de lo que él creó, de modo que nadie tiene excusa.*
> [21] *A pesar de haber conocido a Dios, no lo glorificaron como*
> *a Dios ni le dieron gracias, sino que se extraviaron en sus*
> *inútiles razonamientos, y se les oscureció su insensato*
> *corazón.* [22] *Aunque afirmaban ser sabios, se volvieron necios*
> [23] *y cambiaron la gloria del Dios inmortal por imágenes*
> *que eran réplicas del hombre mortal, de las aves, de los*

cuadrúpedos y de los reptiles. [24] *Por eso Dios los entregó a los malos deseos de sus corazones, que conducen a la impureza sexual, de modo que degradaron sus cuerpos los unos con los otros.* [25] *Cambiaron la verdad de Dios por la mentira, adorando y sirviendo a los seres creados antes que al Creador, quien es bendito por siempre. Amén.* [26] *Por tanto, Dios los entregó a pasiones vergonzosas. En efecto, las mujeres cambiaron las relaciones naturales por las que van contra la naturaleza.* [27] *Así mismo los hombres dejaron las relaciones naturales con la mujer y se encendieron en pasiones lujuriosas los unos con los otros. Hombres con hombres cometieron actos indecentes, y en sí mismos recibieron el castigo que merecía su perversión.*

(Romanos 1:18-27, NVI)

Procedamos, pues, a comentar y analizar diferentes aspectos de todo este pasaje:

a. A nivel exegético (el significado de las palabras), una de las complicaciones está en la referencia a las mujeres que «cambiaron las relaciones naturales por las que van contra la naturaleza».

La tendencia actual es suponer que esto es una referencia a las relaciones sexuales mujer-mujer. Gareth Moore explica que *a priori* eso tiene una cierta lógica, por el hecho de que el conector «Así mismo» (NVI), u otra expresión similar, como «Y del mismo modo» (RV2020), al comienzo del versículo 27, parece relacionar como equivalentes lo que hacen los hombres con otros hombres con las prácticas de las mujeres, señaladas en el versículo anterior.[88] Brownson,

[88] Moore, Gareth: *A Question of Truth: Christianity and Homosexuality*, Continuum, 2003, capítulo 4, apartado «Romans 1», subapartado «What are

sin embargo, opina que ese conector puede interpretarse como referido simplemente al deshonor en el que caían tanto las mujeres como los hombres, si hacían prácticas contrarias a lo que era considerado su rol natural.[89]

Moore expresa también otra duda. Explica que la expresión griega *para physin,* traducida normalmente por «contra la naturaleza», aquí en Romanos también puede significar «más allá de la naturaleza»; de hecho, ese es el significado más habitual de la preposición griega *para,* uno que vemos en nuestra lengua, por ejemplo, cuando se habla de fenómenos «paranormales».[90] Interpretado así, las prácticas sexuales de las mujeres criticadas serían prácticas excesivas en general, no necesariamente relaciones sexuales con otras mujeres. Eso concordaría con lo que dicen los expertos sobre cómo se entendía la homosexualidad masculina en la época: no era una cuestión de tendencia sexual, sino de exceso y de falta de control (la forma en que se entendía y se practicaba la homosexualidad en la antigüedad se comenta en detalle en el capítulo 14).

Por otro lado, tal como explican algunos autores,[91] está bien documentado que teólogos de la antigüedad como

---

the women doing?», páginas 96 y 97. Moore, un sacerdote y fraile dominicano, murió un año antes de la publicación de este libro. Escribe como católico, pero varios capítulos del libro analizan en profundidad los textos bíblicos y, quizás por eso, no es extraño que algunos autores protestantes lo citan.

89 Brownson: *Bible, Gender, Sexuality,* capítulo 10, apartado «Interpreting Romans 1 in an Honor-Shame Cultural Context», páginas 207-209.

90 Moore: *A Question of Truth,* capítulo 4, apartado «Romanos 1», subapartado «'Against nature'», página 95.

91 Vines menciona a Clemente y Agustín, citando a Miller, James y Brownson (*God and the Gay Christian,* capítulo 6, apartado «The Question of Nature», subapartado «Customary and Uncustomary Gender Roles», nota 23). Keen menciona a Agustín (*Scripture, Ethics, and the Possibility of Same-Sex Relationships,* capítulo 2, apartado «Procreation and Same-Sex Relations», página 23). Wilson menciona a Agustín y Anastasio (Wilson, Ken: *Letter to my Congregation, Second Edition. An evangelical pastor's path to embracing*

Clemente de Alejandría (c. 150 a c. 215 d. C.) y Agustín de Hipona (354 a 430 d. C., conocido como san Agustín) pensaban que Pablo aquí se refería a mujeres que practicaban el sexo anal u oral —o cualquier otra práctica sexual no procreativa— con hombres, no a las relaciones lésbicas. El teólogo y profesor James Brownson lo ve muy claro:

> *[...] la interpretación «lésbica» de Romanos 1:26 no consta en ninguna parte en los primeros trescientos años de la Iglesia primitiva, y eso pese a que el tratamiento de este texto era bastante común entre los comentaristas patrísticos.*[92]

La traductora y experta en civilización y literatura griega y latina Sarah Ruden también opina lo mismo. Ella lo expresa así:

> *Si bien puede parecer que Pablo haga mención del lesbianismo, ese era un fenómeno tan infrecuente o poco visible en la antigüedad que es más probable que se refiera a la penetración anal de las mujeres por parte de los hombres.*[93]

b. La expresión «contra la naturaleza» tiene también otro problema. El griego *physis* (acusativo: *physin*), traducido normalmente por «naturaleza», no siempre tenía preci-

---

people who are gay, lesbian, bisexual and transgender into the company of Jesus, capítulo 3, apartado «And a Longer Treatment in Romans», página 74 y nota 69, señalando como fuentes a: Brooten, Bernadette; Livingstone, Elizabeth; Meeks, Wayne A., y Fitzgerald, John T.).

92 Brownson: *Bible, Gender, Sexuality*, capítulo 10, página 207, traducción mía.

93 Ruden, Sarah: *Paul Among The People. The Apostle Reinterpreted and Reimagined in His Own Time*, Image Books (Crown Publishing Group), 2010, capítulo 3, traducción mía.

samente el significado o valor que hoy en día le daríamos. Vines hace referencia al *Theological Dictionary of the New Testament*, que explica que en griego antiguo «natural» y «antinatural» a menudo eran sinónimos de «normal» y «anormal».[94] Y varios autores señalan que cuando Pablo, escribiendo a los corintios, insiste en la importancia del pelo largo para la mujer —un tema claramente cultural para la inmensa mayoría de teólogos protestantes de hoy en día—, también lo argumenta en términos de naturaleza:

> [14] *La naturaleza misma ¿no os enseña que al varón le es deshonroso dejarse crecer el cabello?* [15] *Por el contrario, a la mujer dejarse crecer el cabello le es honroso [...]*
>
> (1 Corintios 11:14-15, RVR1960[95])

Todo ello hace pensar que hay que ir con cuidado con las ideas de «naturaleza» que podía tener Pablo,[96] antes

---

94 Vines: *God and the Gay Christian*, capítulo 6, apartado «Nature, Honor, and Shame», página 111.

95 He citado la RVR1960 porque hace una traducción muy literal de 1 Corintios 11:14, usando «naturaleza» para traducir el griego *physis*, al igual que en Romanos 1:26. Y las siguientes dos revisiones, RVR1977 y RVR1995, mantienen estos dos versículos de 1 Corintios sin cambio alguno. En cambio, quizás para evitar una traducción literal bastante chocante a oídos modernos, la RV2020 se aleja mucho del griego —ni siquiera mantiene el versículo 14 en forma de pregunta— y la NVI usa la expresión «el mismo orden natural de las cosas» en vez de «la naturaleza».

96 Obviamente, el apóstol tenía una comprensión precientífica de cuestiones biológicas, algo que queda bien evidente con otros comentarios que hace, como este: «No toda carne es la misma carne, sino que una carne es la de los hombres, otra carne la de las bestias, otra la de los peces y otra la de las aves» (1 Corintios 15:39, RVR1960). Viendo un versículo como este de 1 Corintios, casi todo el mundo acaba descartando lo que dice Pablo, sin atribuirle importancia teológica alguna. (Nuevamente cito la traducción de la RVR1960 —seguida también por la RVR1977 y la RVR1995— porque es mucho más fiel al original griego, que utiliza *sarx* («carne»), y parece referirse

de construir grandes argumentos a partir de la expresión «contra la naturaleza».

c. Lo que acabo de explicar en el punto anterior choca frontalmente con la tendencia, en el campo tradicionalista, a poner mucho énfasis en el aspecto «antinatural» de las relaciones homosexuales. Señalan que Pablo viene hablando, en los versículos anteriores, de la creación, y lo relacionan con las palabras de Jesús (que comentaremos en el capítulo 17) cuando hablaba con los fariseos sobre el divorcio:

> [6] *[...] al principio de la creación Dios "los hizo hombre y mujer". [7] "Por eso dejará el hombre a su padre y a su madre, y se unirá a su esposa, [8] y los dos llegarán a ser un solo cuerpo".*
>
> (Marcos 10:6, NVI)

Pero no podemos saber si Pablo todavía estaba pensando en la creación, ni mucho menos en el aspecto «hombre y mujer» de la creación —que él, en Romanos 1, no menciona para nada—, cuando llega a hablar de las mujeres que «cambiaron las relaciones naturales por las que van contra la naturaleza» (versículo 26) y los hombres que «dejaron las relaciones naturales con la mujer» (versículo 27). Si nos fijamos bien, vemos que cuando Pablo habla de la creación está pensando en aquellos que no perciben a Dios «a través de lo que él creó» (versículo 20) y que están «adorando y sirviendo a los seres creados antes que al Creador» (versículo 25).

---

claramente a la *materia* de la que están hechos los diferentes seres. Tanto la NVI como la RV2020 optan por «arreglar» la frase, presumiblemente porque traducida literalmente suena tan extraña hoy en día, cambiando «carne(s)» por «cuerpo(s)», como si se tratara de la forma o apariencia de los seres).

Y a continuación su línea argumental hace un giro, después de un pequeño paréntesis («quien es bendito por siempre. Amén»), y empieza a hablar de la acción —o reacción— de Dios, antes de hablar de las relaciones antinaturales de las mujeres y los hombres.

d. Tenemos otra duda exegética con el versículo 27 de Romanos 1, cuando dice que «en sí mismos recibieron el castigo que merecía su perversión» (NVI). La expresión «en sí mismos» es una traducción literal del griego *en heautois*, y es la que usan la mayoría de las biblias en español.[97] Algunas (pocas) versiones optan por expresiones como «en su propio cuerpo» (DHH, BLP y BCdB) o «en carne propia» (TLA).[98]

Pues bien, ¿a qué se refiere el apóstol Pablo cuando dice que estos hombres[99] recibieron «en sí mismos» su castigo? Es posible que simplemente se refiera a la vergüenza y el deshonor que los actos que cometían estos hombres tendrían para sus conciudadanos y, sobre todo, para los lectores de la carta a los Romanos.[100] Si es así, la idea que

---

97 De las diecinueve versiones disponibles en Bible Gateway (https://www.biblegateway.com/verse/es/Romanos%201:27, consultado en octubre de 2023), doce usan «en sí mismos»; lo usan también las biblias católicas BCEE y BUN.

98 DHH: *Dios Habla Hoy*; BLP: *La Palabra (La Palabra. El mensaje de Dios para mí)*; BCdB: *La Biblia,* Casa de la Biblia; TLA: *La Biblia. Traducción en lenguaje actual.* Más información en la bibliografía.

99 O posiblemente «estas *personas*». El griego *en heautois* es un plural masculino, pero su posición en el discurso tiene un punto de ambigüedad; probablemente se refiere solo a los hombres, pero también podría incluir a las mujeres, mencionadas antes. Esa ambigüedad queda escondida en la mayoría de las traducciones a causa de la puntuación usada, porque las referencias a las mujeres y los hombres quedan en frases distintas, algo que no pasaba con el griego original, que no incluía puntuación.

100 Brownson, en *Bible, Gender, Sexuality,* trata con bastante profundidad los conceptos de honor y vergüenza en la antigüedad; cómo pueden haber influenciado el pensamiento de Pablo cuando escribía la carta a los Romanos, y qué implicaciones puede tener todo ello para nosotros a la hora

Pablo tendría en mente es que Dios ha permitido a estas personas retratarse como unos viciados impresentables y caer en la ignominia.

Pero hay otras explicaciones bastante plausibles para los comentarios de Pablo. Unos cuantos comentaristas[101] piensan que podría ser una referencia a los excesos legendarios de la casa imperial romana, tanto en tiempos de Calígula (emperador entre los años 37 y 41) como en los de Nerón (emperador entre los años 54 y 68). Justamente Calígula, que violaba a las mujeres de sus invitados, mantenía relaciones homosexuales y humilló sexualmente a uno de sus militares, fue asesinado con una puñalada en los genitales. Era, sin duda, una manera muy clara de recibir en su propio cuerpo la recompensa de sus excesos.

En cambio, Runcorn[102] ve una posible referencia al culto a la diosa Cibeles, una de las muchas deidades a las que adoraban los romanos, que tenían su ciudad llena de templos. Los seguidores de Cibeles se entregaban a prácticas sexuales de toda índole, tan escandalosas que el Senado romano intentó prohibir ese culto. En sus actos de frenesí algunos devotos incluso se autocastraban, algo que sería otra manera clara de recibir en carne propia la consecuencia de sus excesos.

Si la referencia de Pablo es a alguno de estos sucesos «de actualidad» de la Roma de mediados del siglo I, unas prácticas escandalosas que en principio serían bien conocidas por los destinatarios romanos de la carta, los posibles paralelos con la homosexualidad de hoy en día solo serían con las orgías y los excesos de ciertos locales de la escena

---

de interpretar y aplicar lo que dice Pablo. Esto lo hace en el capítulo 10 de su libro, titulado justamente «Honor and Shame» (páginas 204 a 222).

101 Entre otros, Gushee, Keen y Vines.

102 Runcorn: *Love Means Love*, capítulo 7, página 60.

gay donde todo se vale, no con las relaciones estables de parejas gays que forman un hogar.[103]

Si es una referencia más general, no se acaban aquí las dificultades, como veremos en los siguientes puntos.

e. Realmente, es difícil saber exactamente quiénes serían el blanco de las críticas de Pablo en el pasaje que empieza en Romanos 1:18. Parece claro, con la referencia a personas que adoraban «imágenes que eran réplicas del hombre mortal, de las aves, de los cuadrúpedos y de los reptiles» (versículo 23, NVI), que habla de la sociedad grecorromana, y quizás particularmente de la ciudad de Roma, llena como estaba de templos de toda clase. Pero ¿a quiénes tiene en mente el apóstol en el versículo 18 cuando habla de los que «con su maldad obstruyen la verdad» (NVI) o que «detienen con injusticia la verdad» (RVR1960)? ¿Al emperador Claudio, que hacia el año 49 emitió un edicto para expulsar a los judíos de Roma? ¿O quizás a Nerón, cuyo régimen represivo justo se habría iniciado, si Pablo escribió la carta a los Romanos entre los años 55 y 58?[104] ¿O simplemente a sus detractores (grecorromanos) en general?

---

[103] La palabra griega *planes* (el genitivo de *plane*) al final del versículo 27, traducido por «perversión» en la NVI y algunas otras biblias, y por diferentes términos en las demás versiones consultadas —en muchas, por «extravío»; y en algún caso aislado, por «error» o «desviación»—, tampoco da ninguna pista clara para resolver la incógnita. Los diccionarios de griego, bíblico y clásico, que he consultado (ver la bibliografía) sugieren que en su origen *plane* se refería a un error o equivocación en el camino, o sea, un «extravío» o «desvío». Por lo tanto, incluso se podría discutir si su uso figurativo, en Romanos 1:27, merece una traducción con tanta carga negativa como «perversión».

[104] El *Nuevo Comentario Bíblico,* después de decir que «ninguna autoridad puede ser dogmática» al respecto, argumenta que la carta a los Romanos se podría haber redactado durante la primavera del año 55 d. C. (página 752). La *International Standard Bible Encyclopedia* ve plausible esta fecha, pero también apunta que podría haber sido más tarde, el año 58 o incluso el año 59 (volumen 4, página 224).

Las «aclaraciones» o «precisiones» de Pablo tampoco nos ayudan mucho. Más bien nos extraña que él, de descendencia judía e instruido por rabinos de la escuela farisaica, hable de los gentiles paganos como conocedores de Dios:

> [19] *Me explico: lo que se puede conocer acerca de Dios es evidente para ellos, pues él mismo se lo ha revelado.* [20] *Porque desde la creación del mundo las cualidades invisibles de Dios, es decir, su eterno poder y su naturaleza divina, se perciben claramente a través de lo que él creó, de modo que nadie tiene excusa.* [21] *A pesar de haber conocido a Dios, no lo glorificaron como a Dios ni le dieron gracias.*
>
> (Romanos 1:19-21, NVI)

Esta perplejidad con la descripción que ofrece el apóstol Pablo no es solamente mía. Se entrevé bastante claramente en los comentarios sobre estos versículos que hace el *Nuevo Comentario Bíblico,* de los que reproduzco solo el inicio:

> *La creencia de que Dios puede ser conocido a través de sus obras en la creación se encuentra a menudo en la filosofía estoica, así como en aquellas partes de la filosofía judía, especialmente la Sabiduría de Salomón, que sufrieron la influencia griega. Sin embargo, debe dudarse de que Pablo simplemente está aceptando esta conclusión.*[105]

[105] *Nuevo Comentario Bíblico,* «Romanos», apartado «1:18-25 La religión pagana», página 766. El libro de la Septuaginta que esta cita llama «Sabiduría de Salomón» suele denominarse simplemente «Sabiduría» en las Biblias católicas (así es en las que yo he consultado para este estudio: BCdB, BCEE y BUN).

Si Pablo realmente está describiendo a la civilización grecorromana en su conjunto, el comentario que hace Moore, para explicar cómo el apóstol puede hablar en estos términos, lo encuentro interesante:

> *No debemos pensar que Pablo atribuye un rechazo consciente y personal del Dios verdadero a cada persona gentil. Más que eso, este rechazo es la explicación de la existencia de la civilización gentil, de sus orígenes. En algún momento del pasado, algunos humanos deliberadamente dieron la espalda al Creador. Por lo tanto, se ofuscó su mente y adoraron la creación en vez de a Dios. Las siguientes generaciones del pueblo gentil están ya inmersas en esa oscuridad y esa idolatría, por razón de nacimiento. O sea, es por naturaleza que los gentiles son incapaces de ver la verdad de Dios o de actuar de forma justa.*[106]

Ahora bien, la explicación de Moore no acaba de encajar del todo con la descripción que Pablo hace de estas personas gentiles. Tal como escribe el apóstol, no parece que actúen simplemente por inercia, sino con voluntad clara de dar la espalda a Dios.

En definitiva, el retrato en conjunto que hace Pablo de esta gente mala o perversa nos sigue siendo extraño. Realmente, no es sorprendente que se hayan buscado explicaciones tan variadas para darle más sentido. De hecho, todavía veremos una más, hacia el final de este capítulo, en el punto *j*.

[106] Moore: *A Question of Truth*, capítulo 4, apartado «Romans 1», subapartado «Crime or punishment?», página 88, traducción mía.

f. Otro aspecto curioso de este pasaje de Romanos es que, ciertamente, Pablo habla de las prácticas homosexuales en un tono muy negativo, pero no precisamente como pecado, sino como castigo por otros pecados:

- La *idolatría*, porque estaban adorando «imágenes que eran réplicas del hombre mortal, de las aves, de los cuadrúpedos y de los reptiles» y «adorando y sirviendo a los seres creados antes que al Creador» (versículos 23 y 25, NVI).
- La *incredulidad* y la *negación de la verdad*, porque «obstruyen la verdad»; «[a] pesar de haber conocido a Dios, no lo glorificaron como a Dios»; «se extraviaron en sus inútiles razonamientos, y se les oscureció su insensato corazón» (versículos 18 y 21, NVI).
- El *orgullo*, porque «afirmaban ser sabios» con lo que hacían (versículo 22, NVI).

Pero los cristianos que utilizan este pasaje para arremeter contra la homosexualidad no siguen la línea argumental de Pablo. En general, no intentan decir que las personas gays y lesbianas lo son a causa de su idolatría y que, por eso, Dios los está castigando.

Y cuando esos gays y lesbianas son creyentes, no simplemente creyentes «nominales», sino fervientes seguidores de Jesús, auténticos discípulos suyos, más incluso que muchos cristianos heteros, es casi imposible atribuir su tendencia sexual —practicada o no— a la incredulidad o al orgullo.

En resumen, los tradicionalistas que usan el pasaje de Romanos para condenar la homosexualidad lo hacen obviando toda la argumentación previa, donde el apóstol

Pablo explica lo que ha conducido a las prácticas sexuales que él considera tan vergonzosas.

g. Para los tradicionalistas que no quieren condenar la orientación homosexual (la atracción física hacia personas del mismo sexo), pero sí la práctica homosexual (las relaciones sexuales con una persona del mismo sexo), este pasaje de Romanos 1 puede presentar otra dificultad. Tanto el versículo 21 como el versículo 24 parecen indicar que todo el «problema» empieza en la mente o en el corazón:

> *[...] se extraviaron en sus inútiles razonamientos, y se les oscureció su insensato corazón.*
>
> (Versículo 21, NVI)

> *[...] Dios los entregó a los malos deseos de sus corazones [...]*
>
> (Versículo 24, NVI)

Varios autores, entre ellos Moore y Loader, señalan que estos comentarios de Pablo parecen describir los *deseos* internos, lo que equivaldría a la tendencia o condición homosexual (la atracción sexual hacia personas del mismo sexo), no simplemente la práctica. Visto así, la conclusión sería que el apóstol escribe muy negativamente tanto de una cosa como de la otra, porque no hace ninguna distinción.[107]

---

[107] Moore menciona esto en *A Question of Truth,* en un apartado titulado «Paul and the "homosexual condition"», capítulo 4, página 99. Y Loader es crítico con los tradicionalistas que presumen de ser fieles (literalistas) con la Biblia, pero quieren distinguir entre la tendencia o condición y la práctica sexual: «Esta suavización de la postura bíblica no hace justicia al texto, que ve la orientación en sí como síntoma del pecado» (*Two Views,* artículo «Homosexuality and the Bible», apartado «Relating Experience to Faith: Changing Scripture?», página 19, traducción mía).

No todo el mundo lo ve así. Instone-Brewer, por ejemplo, hablando de Romanos 1, dice esto:

> *Este pasaje sobre la homosexualidad es sorprendente porque Pablo no incluye a todos aquellos que hoy en día describiríamos como homosexuales, aunque su intención es mostrar que todo el mundo es pecador. Primero, porque solo condena a aquellos que realmente practican el sexo homosexual, no a todos los individuos atraídos a personas del mismo sexo. Esto es muy importante para aquellos creyentes que se sienten culpables por el simple hecho de sentir deseo sexual, sea homosexual o heterosexual.*[108]

h. El otro colectivo al que señala Instone-Brewer, cuando dice que «Pablo no incluye a todos aquellos que hoy en día describiríamos como homosexuales», es este:

> *En segundo lugar, [Pablo] limita su condena a aquellos que han cambiado a la actividad homosexual, habiendo tenido previamente relaciones heterosexuales. Pablo describe específicamente a hombres que han* «abandonado *las relaciones naturales con la mujer»* *(cursiva mía) antes de «cometer actos vergonzosos con otros hombres», así como a mujeres que han* «intercambiado *las relaciones sexuales naturales por otras antinaturales» (cursiva mía).*

[108] Instone-Brewer: «Did Paul condemn all homosexuality?», *Premier Christianity,* febrero de 2023, página 56, traducción mía.

Este tipo de hedonismo por parte de los heterosexuales desgraciadamente era muy común en el mundo romano.[109]

Otros autores también han querido esgrimir este argumento. Así, por ejemplo, Vines explica esto:

Hace unas décadas, el historiador Boswell afirmó que Pablo solo condenaba la actividad homosexual practicada por personas heterosexuales.[110]

Y Runcorn lo expresa así:

Siendo que Pablo describe comportamientos que implican elección y cambio, se puede argumentar que no se está refiriendo a las personas que hoy en día consideraríamos homosexuales. Parece más probable que está describiendo a personas heterosexuales que se han encaprichado con el sexo anal (y muchas otras cosas, en aquel contexto de promiscuidad excesiva sin freno).[111]

Debo admitir que he tenido ciertas dudas con este argumento, hasta el punto de no saber si incluirlo en este estudio. *A priori*, parece caer en el error de interpretar de forma anacrónica lo que dice el apóstol Pablo, a través del

---

[109] Instone-Brewer: «Did Paul condemn all homosexuality?», *Premier Christianity*, febrero de 2023, página 57, traducción mía, cursivas (aquí redondillas) de Instone-Brewer.

[110] Vines: *God and the Gay Christian*, capítulo 6, apartado «The reason for Paul's condemnation», subapartado «Straight People Acting Like Gay People?», páginas 101-102.

[111] Runcorn: *Love Means Love*, capítulo 7, página 61.

prisma de la orientación sexual y en términos modernos de personas homosexuales o heterosexuales por naturaleza.

Pero como explico en el capítulo 14, varios expertos —uno de ellos es, justamente, Instone-Brewer— han demostrado bastante claramente que, sin utilizar el vocabulario de hoy día, sí que era conocido y aceptado el hecho de que algunos individuos, por naturaleza, solo sentían atracción sexual hacia personas del mismo sexo.

Nuevamente, es imposible saber con certeza qué o a quién tendría en mente el apóstol Pablo cuando escribía —o dictaba— estos versículos de Romanos. Lo único seguro es que nos encontramos con una incógnita más, a añadir a todo el resto de dificultades interpretativas que hemos ido desgranando en los puntos anteriores.

i. Las últimas cuestiones que comentar de este pasaje de Romanos 1:18-27 tienen que ver con el lugar que ocupa en todo el argumento de los primeros capítulos de la carta a los Romanos.

Hasta al versículo 27, Pablo se ha centrado en lo que probablemente serían los «típicos y tópicos» que caracterizaban la sociedad grecorromana según la mentalidad judía: idolatría, sabiduría (pagana) y permisividad sexual. De hecho, la descripción del apóstol probablemente está basada en los capítulos 13 y 14 del libro de Sabiduría —o Sabiduría de Salomón— de la Septuaginta,[112] un texto con

[112] La Septuaginta es la traducción al griego del Antiguo Testamento, muy conocida y usada en la época, incluso por los judíos —muchos de los cuales, sobre todo los de la diáspora, tendrían dificultades con el texto hebreo—. Los estudiosos —tanto católicos como protestantes— han encontrado numerosos paralelismos entre la descripción de Pablo y la del libro de Sabiduría. Para más información sobre la Septuaginta, véase también la nota al pie 113, al comienzo del capítulo siguiente.

el que su audiencia de origen judío estaría muy familiarizada.

Pero la letanía de excesos o pecados se amplía y sigue *in crescendo* hasta el final del capítulo 1 de Romanos, para llevarnos a una sorpresa en el comienzo del capítulo 2. Aquí, en vez de continuar escribiendo en tercera persona del plural «ellos», de golpe Pablo cambia a la segunda persona del singular «tú» para decir algo muy chocante:

> *Por tanto, no tienes excusa tú, quienquiera que seas, cuando juzgas a los demás, pues al juzgar a otros te condenas a ti mismo, ya que practicas las mismas cosas.*
>
> (Romanos 2:1, NVI)

Los primeros lectores, o más bien oyentes, porque seguramente la carta fue leída a toda la iglesia reunida, debían de quedar boquiabiertos en este punto, sobre todo los de origen judío: «¿Qué? ¿Actúo yo como ellos? ¿Como esa gente infame? ¿Qué me está diciendo el apóstol?».

Pero tal vez hubieran podido verlo venir. Porque, tal como señala Runcorn, si hubiesen estado atentos a los últimos versículos del capítulo 1, los últimos pecados que criticaba Pablo tenían poco que ver con las especificidades de la cultura y civilización grecorromanas:

> *29 Se han llenado de toda clase de maldad, perversidad, avaricia y depravación. Están llenos de envidia, homicidios, disensiones, engaño y malicia. Son chismosos, 30 calumniadores, enemigos de Dios, insolentes, soberbios y arrogantes; inventores de maldades; se rebelan contra sus padres; 31 son insensatos, desleales, insensibles, despiadados. 32 Saben bien que,*

según el justo decreto de Dios, quienes practican tales cosas merecen la muerte; sin embargo, no solo siguen practicándolas, sino que incluso aprueban a quienes las practican.

(Romanos 1:29-32, NVI)

Estos sí que son pecados que cualquier persona, de la raza que sea, puede cometer. Y mira por dónde, ¡no tienen nada que ver con la sexualidad!

Después de este súbito cambio a la segunda persona «tú», un recurso retórico que era un verdadero golpe de efecto, Pablo, con la atención plena de todos los oyentes, desarrolla unos argumentos según los cuales todo el mundo, sea judío o gentil, necesita la misericordia de Dios:

[3]¿Piensas entonces que vas a escapar del juicio de Dios, tú que juzgas a otros y, sin embargo, haces lo mismo que ellos? [4]¿No ves que desprecias las riquezas de la bondad de Dios, de su tolerancia y de su paciencia, al no reconocer que su bondad quiere llevarte al arrepentimiento?

(Romanos 2:3-4, NVI)

Pablo hace un análisis de los judíos y de los gentiles, tanto justos como injustos, desde diferentes vertientes, para sentenciar sobre ello, en el capítulo 3, diciendo esto:

[...] hemos demostrado que tanto los judíos como los gentiles están bajo el pecado.

(Romanos 3:9, NVI)

Y, un poco más adelante, explica esto:

> [22] *Esta justicia de Dios llega, mediante la fe en Jesucristo, a todos los que creen. De hecho, no hay distinción,* [23] *pues todos han pecado y están privados de la gloria de Dios.*
>
> (Romanos 3:22-23, NVI)

Si alguna lección hay que extraer, más que cualquier otra, de los primeros capítulos de Romanos, para todo el debate alrededor de la homosexualidad, es que todos, tanto los heterosexuales como los no heterosexuales, sin ninguna distinción, somos pecadores, pero todos podemos recibir la condición de justos ante Dios, gracias a la fe en Jesucristo. Ahí sí que hay una conclusión que genera consenso entre tradicionalistas y revisionistas, como no podía ser de otro modo, ya que es la esencia del evangelio.

j. Pero hay revisionistas que ven otra cosa en la línea argumental de Pablo que acabamos de describir. El giro brusco que hace el apóstol al comienzo del capítulo 2, cambiando a la segunda persona «tú» y diciendo «no tienes excusa tú, quienquiera que seas, cuando juzgas a los demás», está precedido, en realidad, de una caracterización burda y exagerada de la civilización grecorromana. Eso era un recurso típico de la retórica griega: construir un argumento a partir de una descripción en realidad tan desmesurada que era casi cómica. La idea era que, después de hacer esta «diatriba», cuando el orador pasaba a criticar o desmontar lo que había descrito, y a presentar una alternativa, tendría la audiencia «en el bolsillo», y estarían de acuerdo con sus tesis.

Si toda la descripción de la maldad pagana de Romanos 1:18-32 es deliberadamente dramática y excesiva, una caricatura de los prejuicios de los judíos más estrictos y separatistas, para enfatizar luego que no hay que juzgar a nadie, quizás no deberíamos tomarla tan al pie de la letra. Y si es así, quizás tampoco constituye una base tan fiable para condenar las relaciones homosexuales.

Si entendemos las críticas tan duras de Pablo como una caracterización exagerada e irreal, nos ayuda con otra cosa: explicaría muy bien por qué es tan difícil asociar su descripción con un colectivo real, cuestión que hemos comentado en el punto *e*.

En resumen, podemos decir que el capítulo 1 de Romanos tiene la referencia más clara, y más claramente negativa, de la homosexualidad —de la homosexualidad masculina, por lo menos— que hay en el Nuevo Testamento. Pero, por otro lado, el discurso de Pablo se presenta con no pocas dificultades interpretativas y con una descripción de la homosexualidad, fruto de la idolatría y preludio de muchas maldades, que no encaja con la realidad de muchos creyentes gays y lesbianas de hoy en día. Y no olvidemos que todo el pasaje sirve de introducción al mensaje más importante: precisamente, que no debemos juzgarnos los unos a los otros.

12. PONIENDO EN PERSPECTIVA EL MATERIAL BÍBLICO QUE HABLA DE LA HOMOSEXUALIDAD

No sé si te has fijado, porque el análisis que acabamos de hacer de los versículos que hablan de la homosexualidad ha sido bastante extenso, pero en realidad el material bíblico con el que nos encontramos es muy escaso. Los pasajes con referencias claras a actos homosexuales o a personas que las practican se limitan, en todo el canon protestante,[113] a:

- Dos relatos de violación —o intento de violación— en grupo, en Génesis 19 y Jueces 19.
- La prohibición de las relaciones sexuales hombre-hombre en el código levítico, expresada dos veces, en Levítico 18 y Levítico 20.
- Dos referencias fugaces, con vocablos claros hasta cierto punto, pero muy poco precisos, en medio de unas listas genéricas de vicios, en 1 Corintios 6 y 1 Timoteo 1.
- Una sola mención clara de las relaciones hombre-hombre —y, posiblemente, de las relaciones mujer-mujer—, en Romanos 1, pero explicada como resultado de la idolatría

[113] El «canon» es el conjunto de libros de la Biblia que los cristianos consideran divinamente inspirados y, por tanto, válidos o autorizados para definir cuestiones doctrinales. La Iglesia católica acepta como canónicos todos los que lo son para los protestantes, pero añade una serie de libros llamados «deuterocanónicos» (el prefijo *deutero-* quiere decir «segundo») que provienen de la traducción griega del Antiguo Testamento, la Septuaginta, pero que no se encuentran en la Biblia judía. Justamente, entre ellos, hay el libro de Sabiduría, o Sabiduría de Salomón, que parece haber estado en la mente de Pablo cuando escribía Romanos 1.

> y de dar la espalda a Dios, y como recurso retórico en un discurso orientado a establecer, de forma general, la condición pecaminosa, y necesidad de la gracia de Dios, tanto de judíos como de gentiles.

Y ya está. No hay más.[114]

Los revisionistas critican, y por lo menos algunos tradicionalistas admiten, que aquí, verdaderamente, hay poco fundamento para construir toda una teología sobre la homosexualidad, o al

---

[114] Algunos autores han intentado encontrar alusiones a relaciones homoeróticas en la amistad entre David y Jonatán, o entre Noemí y Rut, su nuera, pero son poco creíbles, y rechazadas por la mayoría de los exégetas, entre ellos Webb, que hace un análisis bastante detallado en *Slaves, Women & Homosexuals* (capítulo 4, apartado «Criterion 3: Breakouts», subapartado «D. Homosexuality», páginas 102-103). Asimismo, el autor tradicionalista Gagnon piensa que el episodio descrito en Génesis 9:20-27, cuando el segundo hijo de Noé, Cam, ve la desnudez de su padre, en realidad sería la violación incestuosa de Noé por parte de su hijo. Es una idea totalmente especulativa y Martin, en *Sex and the Single Savior* (capítulo 2, página 26), le hace una crítica absolutamente demoledora.

Y en lo que al Nuevo Testamento se refiere, como ya he explicado en el punto *a* del capítulo 9, para una gran mayoría de los expertos el comentario críptico en Judas 1:7 sobre los habitantes de Sodoma y Gomorra y sus «vicios contra la naturaleza» —así traduce la NVI su afición por «carne diferente» *(sarkos heteras)*— y unas alusiones aún más vagas en el texto paralelo de 2 Pedro 2:6-7, difícilmente se pueden relacionar con la homosexualidad. Probablemente se fundamentan en la extraña historia de ángeles o seres celestiales que mantenían relaciones sexuales con mujeres humanas en Génesis 6:1-4, o al tratamiento de este tema que ofrece el libro apócrifo de Enoc.

Aparte de esto, algunos autores —sobre todo católicos— han postulado que el centurión que pidió a Jesús que curara a su criado (Mateo 8:5-13 y Lucas 7:1-10) mantenía relaciones homosexuales con este siervo porque, según Lucas, su amo lo «estimaba mucho» (NVI) o lo «quería mucho» (RV2020). Lo considero también una idea especulativa, a pesar del desarrollo magistral que ofrece Vilà en el capítulo 2, apartado 2.2, de *Cristian*s rar*s*. Antes de la aparición de este libro (en 2024), la única referencia (breve) que yo tenía de esta idea era Coren, Michael: «Priest: My conversion on LGBTQ rights tells an important story», CNN, 2023: https://edition.cnn.com/2023/08/12/opinions/priest-conversion-lgbt-rights-coren/index.html (consultado en septiembre de 2023).

menos sobre el fenómeno de la homosexualidad tal y como se manifiesta en el siglo XXI en Occidente —y ahora ya, en bastantes otros lugares del planeta—.

Voy a intentar explicar por qué eso es tan importante con el ejemplo de las tesis de William Webb, que levantaron bastante interés cuando las dio a conocer en 2001 con su libro *Slaves, Women & Homosexuals*.

Como señala el título, el libro analiza el tratamiento bíblico de tres temas: la esclavitud, la mujer y la homosexualidad. El autor busca, desde múltiples vertientes, cuál es la tendencia o dirección hacia la cual apuntan los ejemplos y las enseñanzas de la Biblia, como justificación para continuar o culminar ese movimiento en los tiempos postbíblicos —en la medida en que el propio Nuevo Testamento no lo haya hecho—. Busca la direccionalidad respecto a las culturas y civilizaciones del entorno —si el texto bíblico es «avanzado» a su tiempo, o más estricto— y también la direccionalidad cronológica (la progresiva revelación de Dios a lo largo del canon bíblico). Acaba concluyendo que con los dos primeros asuntos, la esclavitud y la mujer, el movimiento es hacia la libertad y la igualdad, pero que con el tercero, la homosexualidad, la única tendencia, si la hay, es hacia una condena más clara que la que hace la cultura del entorno —tanto en el Antiguo como en el Nuevo Testamento—.

El problema es que de material sobre las mujeres y sobre los esclavos o siervos hay mucho en toda la Biblia. No solamente hay ejemplos biográficos de toda clase, hay un buen número de enseñanzas específicamente sobre estos temas, entre ellos: el elogio de la mujer sabia en el último capítulo de Proverbios; enseñanzas de Jesús y Pablo sobre el matrimonio y el divorcio; los comentarios de Pablo conforme «Ya no hay judío ni griego, esclavo ni libre, hombre ni mujer: sino que todos sois uno solo en Cristo Jesús» (Gálatas 3:28, NVI), y todo un libro (la carta a Filemón) sobre cómo tratar a un esclavo fugado que se ha convertido y ahora es discípulo de Jesús igual que su amo.

El propio Webb admite que sus argumentos sobre direccionalidad, en el caso de la homosexualidad, son argumentos basados en el silencio,[115] pero igualmente acaba formulándolos en términos bastante categóricos —y con un estilo algo impersonal, algo tal vez inevitable en un libro de carácter académico—. Webb no parece darse cuenta de que la escasez de material bíblico sobre la homosexualidad quizás obligaría, con rigor, a hablar en términos probabilísticos y más circunspectos.[116]

Yo percibo que con temas para los que sí hay más material bíblico, el discurso de Webb cambia. Por ejemplo, en el caso del divorcio, con las enseñanzas categóricas de Jesús se podría entender que la direccionalidad apunta hacia una posición mucho más estricta, pero gracias al resto del material bíblico que habla de ello, directa e indirectamente, Webb no tiene dificultades en ofrecer un tratamiento más matizado de dicha problemática.[117]

---

[115] Webb: *Slaves, Women & Homosexuals,* capítulo 4, apartado «Criterion 3: Breakouts», subapartado «D. Homosexuality», página 103.

[116] Cabe decir también que no todo el mundo, haciendo el mismo tipo de análisis que Webb, llega a la misma conclusión tradicionalista respecto a la homosexualidad. Brownson, por ejemplo, que está totalmente de acuerdo con la idea de buscar la progresión y la direccionalidad en las enseñanzas bíblicas, y a menudo se refiere a ello, llega a una conclusión revisionista (véase *Bible, Gender, Sexuality,* capítulo 3, apartado «A New Chapter in the Debate over Same-Sex Relationships», páginas 51-52).

[117] Incluso podríamos plantearnos, como hacen algunos autores, si la mayor comprensión de algunos tradicionalistas hacia las personas divorciadas y casadas en segundas nupcias proviene realmente del material bíblico o no. Aunque sea inconscientemente, tal vez habrá influido más el hecho de que hay muchos más separados y divorciados en las iglesias evangélicas que gays y lesbianas —sobre todo gays y lesbianas visibles y conocidos como tales—.

13. ¿POR DÓNDE SE MUEVE EL DEBATE TEOLÓGICO EN LA ACTUALIDAD?

Hemos dedicado un buen espacio a repasar los pasajes bíblicos que hablan de la homosexualidad. Pero aparte de indicar que las referencias son bien pocas, es importante subrayar que, para los más expertos, no es aquí, en las referencias bíblicas a la homosexualidad, donde está centrado actualmente el debate teológico —por lo menos en entornos evangélicos o protestantes de habla inglesa—.

Esto es así porque, en general, hoy en día los revisionistas no niegan el probable significado de los versículos que hemos estudiado. No tienen problema en decir que todas las referencias a la homosexualidad que encontramos en la Biblia son condenatorias.[118] Pero argumentan contra su aplicabilidad.[119] He explicado algunos

[118] Paradójicamente, el hecho de que el foco ya no esté tanto en los versículos «clave» puede estar propiciando que algunos autores del campo tradicionalista empiecen a admitir que, tal como dicen los revisionistas, el significado de ciertos versículos quizás no sea tan claro, ni tan inequívoco, como se ha querido vender en el pasado.

[119] El hecho de que, en general, los revisionistas no niegan el sentido claramente negativo de las referencias bíblicas sobre la homosexualidad lo comentan, entre otros, Chalke, Keen y Loader. Este último, en su libro *Sexuality in the New Testament. Understanding the Key Texts,* en el capítulo 2, cita al revisionista Dan O. Via, el autor, junto con el destacado tradicionalista Robert A. J. Gagnon, de *Homosexuality and the Bible. Two Views* (*La homosexualidad y la Biblia. Dos puntos de vista,* que no debe confundirse con el libro más reciente *Two Views on Homosexuality, the Bible, and the Church*):

> *...Via argumenta «que la práctica homosexual entre parejas fieles de orientación homosexual no debería considerarse pecado». Pero esto es posterior a la afirmación de Via según la cual «el profesor Gagnon y yo estamos sustancialmente de acuerdo en el hecho de que los textos bíblicos que tratan específicamente la práctica homosexual la condenan sin paliativos», lo que Gagnon no pone en duda.*

Loader cita también al autor académico sudafricano Andrie de Toit, con una postura similar a la de Via.

de sus razonamientos al final de cada uno de los tres capítulos dedicados a analizar las referencias bíblicas. En general son argumentos parecidos —ellos dirían que idénticos— a los que se han acabado aplicando, a lo largo de los siglos, a toda la lista de cuestiones que hemos comentado en el capítulo 7, donde la Iglesia ha cambiado de postura a pesar del sentido claro de ciertos versículos.

Dicho más técnicamente, los argumentos de los revisionistas ya no están en el terreno de la exégesis, sino en el de la hermenéutica, con argumentos que, según todos los indicios, van ganando en solidez y recibiendo un creciente apoyo de pastores, líderes y teólogos, y de cada vez más agrupaciones o denominaciones protestantes.[120]

Siendo que la discusión ya no se centra tanto en el probable sentido de los versículos y pasajes antes considerados «clave», de un tiempo a esta parte los tradicionalistas han querido enfatizar otros argumentos para reforzar su postura,[121] basados en lo que enseñan otros pasajes de la Biblia. Estos tienen que ver básicamente con cuestiones de género —el propósito que tenía Dios cuando, según Génesis 1:27, creó al hombre en forma de «hombre y mujer» (NVI) o «varón y hembra» (RVR1960)— y con lo que serían, para ellos, los elementos esenciales del matrimonio.

Así pues, los tradicionalistas citan sobre todo:

---

[120] Una de las últimas Iglesias en permitir —pero no obligar— a sus ministros de culto oficiar en bodas de dos personas del mismo sexo ha sido la Iglesia de Escocia —que forma parte de la Comunión Anglicana—, en una votación de su Asamblea General en mayo de 2022, que culminaba un largo proceso de estudio y debate. Hay más información al respecto en el artículo «Same-sex marriage» en: https://www.churchofscotland.org.uk/about-us/our-views/same-sex-marriage (consultado en diciembre de 2022).

[121] Es lo que comentan diferentes autores, como por ejemplo Moore, Gushee y Keen.

a. Los comentarios de Jesús sobre el matrimonio, cuando contesta a la pregunta de los fariseos sobre el divorcio, en Mateo 19, y en el pasaje paralelo de Marcos 10:

- describiendo el matrimonio en términos de «hombre y mujer» o «varón y hembra» (según la traducción);
- entendiéndolo como la voluntad de Dios, prevista en la propia creación.

b. Los relatos[122] de la creación en Génesis 1 y 2, en los que se basó Jesús en su respuesta a los fariseos, particularmente ciertos detalles como, por ejemplo:

- la idoneidad de la mujer para el hombre —y al revés— con nociones de «complementariedad»;
- el mandato de ser fructíferos o fecundos, de multiplicarse.

c. El aspecto fisiológico o biológico y la capacidad reproductiva de las relaciones sexuales hombre-mujer.

Los revisionistas no han sido ajenos a estos argumentos. Ellos también los han analizado, con espíritu crítico, y consideran que no son tan sólidos ni coherentes como pueden parecer a primera vista. Encuentran que lo que la Biblia explica sobre cuestiones de género, sexualidad y matrimonio queda abierto a interpretaciones diversas, casi contradictorias en algunos aspectos, y a énfasis bien diferentes.

---

[122] Digo «relatos» en plural porque hay una práctica unanimidad de todos los expertos, tanto evangélicos como no evangélicos, en el hecho de que en Génesis 1 y 2 encontramos dos relatos diferentes.

Y luego, además, los revisionistas tienen *su* batería de otros argumentos bíblicos y hermenéuticos —algunos bastante interesantes y bien desarrollados— que giran en torno a:

a. Diferentes claves interpretativas que nos ofrece la propia Biblia:

- El modo en que libros y autores bíblicos más recientes reexpresan y reformulan lo que han estipulado escrituras más antiguas.
- En particular, la forma en que Jesús y Pablo aplican solo selectivamente las escrituras que tenían (el Antiguo Testamento).
- Las críticas que hizo Jesús contra el moralismo dogmático —y la hipocresía— de los fariseos.
- La importancia de juzgar por el fruto.

b. Cómo los actuales conocimientos históricos, sociológicos y científicos sobre la homosexualidad deberían integrarse en nuestra manera de interpretar la Biblia, tal y como se ha hecho con otras cuestiones.

Hay tradicionalistas que intentan rebatir algunas de estas reflexiones o, por lo menos, limitar su aplicabilidad. Pero debo decir que ciertos libros tradicionalistas que he consultado, algunos muy recientes, me han decepcionado, porque no parecen conocer en absoluto los argumentos más interesantes de los revisionistas.[123]

[123] Curiosamente, de todos los libros tradicionalistas que he leído, el que quizás trate más seriamente los argumentos revisionistas sería *Straight and Narrow?*, de Schmidt, a pesar de ser un libro bastante antiguo, porque fue publicado (en inglés) en 1995. En cambio, libros como *Same-Sex Marriage*, de McDowell y Stonestreet, publicado en 2014, obvian totalmente los argumentos hermenéuticos a favor de reevaluar y reinterpretar lo que nos dice la Biblia sobre la homosexualidad, como si no los conociesen.

Los puntos que acabo de explicar son solo un pequeño esbozo, evidentemente. En diferentes capítulos posteriores intentaré explicar con detalle todo este amplio abanico de otros argumentos, tanto los de los tradicionalistas como los de los revisionistas. Digo «intentaré» porque es un debate que se está abordando desde muchos ángulos diferentes y no he encontrado ningún autor que ofrezca un resumen o esquema que lo agrupe todo.

Pero antes tendremos un par de capítulos dedicados a los conocimientos académicos y científicos actuales: lo que los expertos, en diferentes campos, han podido averiguar y determinar sobre la homosexualidad, particularmente aquello que genera ya bastante consenso. Yo, personalmente, he encontrado muy interesante lo que estos expertos nos explican, y me atrevo a afirmar que algunos de sus descubrimientos son bastante pertinentes y clarificadores para nuestro estudio.

14. LA HOMOSEXUALIDAD EN LA ANTIGÜEDAD Y HOY DÍA: CONCEPCIONES Y PATRONES MUY DIFERENTES

El término «homosexualidad» para describir la atracción sexual hacia individuos del mismo sexo es evidentemente un término moderno. De hecho, el adjetivo *homosexual* tan solo se acuñó hace unos 150 años,[124] y no empezó a extenderse su uso, en la literatura médica y sociológica, hasta los años 20 o 30 del siglo XX.

Por otro lado, el término «homosexual» no apareció en ninguna traducción de la Biblia, en ningún idioma, hasta el año 1946, cuando se publicó, en inglés, la *Revised Standard Version* (RSV). Contrariamente a lo que pasó con otros vocablos o expresiones escogidos, la palabra se puso sin ningún debate en el seno de la comisión revisora de la RSV, seguramente porque hasta los años 50 o 60 el término solo lo usaban los psicólogos y psiquiatras, y para el gran público la homosexualidad era un fenómeno prácticamente invisible que no generaba polémica de ninguna clase.[125]

---

124 Está bien documentado que los términos «homosexual» y «heterosexual» se emplearon por primera vez en un panfleto publicado en alemán en Leipzig en el año 1869, para hacer campaña contra la adopción en el resto de Alemania —que estaba en un proceso de unificación— de un artículo del código civil de Prusia que criminalizaba las relaciones sexuales hombre-hombre. El autor, Karl-Maria Kertbeny, inventó el término «homosexual» para evitar el uso de adjetivos despectivos, como *sodomita*, o imprecisos, como *pervertido*.

125 La inclusión del vocablo *homosexual* en la RSV está explicada por Runcorn en *Love Means Love* (capítulo 8, página 70). Él cita, como fuente, a Kathy Baldock, en: https://canyonwalkerconnections.com/word-homosexual-first-introduced-Bible/. El término también apareció de forma todavía más escandalosa —totalmente de extranjis y sin deliberación alguna— en la versión inglesa del *Libro de Confesiones* de la Iglesia presbiteriana de Estados Unidos, tal como explica Rogers en *Jesus, the Bible, and Homosexuality*,

El cambio de paradigma, en los últimos sesenta o setenta años en Occidente, ha sido total. Actualmente, la homosexualidad, la bisexualidad, la transexualidad y, en general, las demás identidades sexuales y de género ya no son tratadas por la profesión médica como enfermedades a curar. En Europa, sobre todo en los países más «avanzados» sociológicamente hablando, las minorías sexuales son bastante visibles y consideradas totalmente respetables por amplios sectores de la población. Y en España sus derechos como personas están protegidos por la ley y las administraciones públicas. Aun así, desgraciadamente todavía pueden ser objeto de discriminación y violencia, como vemos, esporádicamente, en las noticias.

Hay que decir que la idea de identidad sexual —y también la de identidad de género—, aunque popularmente y en los medios de comunicación tiene mucha aceptación, es cuestionada, o matizada, a nivel científico. Diferentes estudios, tanto los más primerizos —como el de Kinsey— como algunos de los más recientes, con metodologías más sofisticadas y precisas, sugieren que es difícil asignar a los seres humanos a categorías más o menos cerradas: heterosexuales, homosexuales, bisexuales, etc. O bien nos situamos en diferentes puntos de una línea continua, que va desde rasgos fuerte y exclusivamente heterosexuales hasta rasgos fuerte y exclusivamente homosexuales, con diferentes puntos intermedios, o bien mostramos una identidad formada de un conjunto de indicadores o facetas solapadas —de amistad, de atracción erótica, de experiencia sexual, de sentimientos de rechazo o repulsión, de creencias religiosas, etc.— de intensidad variable. Seguramente las diferentes maneras de definir y caracterizar la homosexualidad han contribuido, históricamente, a las divergencias a la hora de establecer porcentajes de la población que pueden considerarse

capítulo 7, subapartado «A Flaw in the Book of Confessions» («Un fallo en el Libro de Confesiones»).

gays y lesbianas.[126] La profesora y autora (cristiana) Jenell Paris, en quien me he basado principalmente para este párrafo, hace un tratamiento en profundidad de todo el tema de la identidad sexual en su libro *The End of Sexual Identity*,[127] en el que ofrece una serie de consejos y recomendaciones para los cristianos y las iglesias que quieren saber cómo abordar la sexualidad desde una perspectiva cristiana informada e inteligente.[128]

De todos modos, tampoco es necesario dedicar más tiempo al contexto sociológico actual, porque supongo que, en general, mis lectores tendrán una idea bastante clara de la época en la que vivimos. Y la situación en las iglesias evangélicas o protestantes, y las posturas que se manifiestan en ellas, se han comentado al principio del libro, en el capítulo 3.

¿Qué sabemos de la homosexualidad en los tiempos bíblicos? Para empezar, de la época del Antiguo Testamento sabemos bien poca cosa. Tal como explica Keen,[129] las relaciones homosexuales se mencionan poco en los documentos previos a la civilización griega. Unas leyes asirias (c. 1076 a. C.) condenan la violación homosexual y castigan las acusaciones falsas de actos homosexuales. Pero en

---

126 Doy más información sobre estos porcentajes, que son relativamente elevados —como mínimo un 3,5 % de la población, y quizás bastante más—, y sobre cómo se han obtenido, en la primera parte (introductoria) del capítulo 15.

127 Paris, Jenell Williams: *The End of Sexual Identity. Why Sex is Too Important to Define Who We Are*, InterVarsity Press, 2011.

128 LeVay también hace un análisis en profundidad de esta cuestión en *Gay, Straight, and the Reason Why. The Science of Sexual Orientation*, Oxford University Press, 2017. Todo el primer capítulo del libro, con el título «What is Sexual Orientation?», está dedicado a esto, y LeVay incluso explica en un subapartado («Are There Categories?») un procedimiento matemático o estadístico de análisis taxométrico para determinar si realmente hay categorías identificables como tales; la conclusión es que sí, tanto la homosexualidad masculina como la femenina constituyen taxones estadísticos.

129 Keen: *Scripture, Ethics, and the Possibility of Same-Sex Relationships*, capítulo 2, apartado «Same-Sex Relations in Ancient Jewish and Christian Thought», página 18.

general los otros códigos legales del Oriente Próximo de esta época dedican poco espacio —o ninguno— al tema de la homosexualidad.

Algunos autores, como por ejemplo Sánchez y Brownson,[130] postulan que las prohibiciones de la homosexualidad masculina de Levítico figuran ahí como advertencia contra la prostitución sagrada practicada por los pueblos paganos del entorno. Parece claro que la prostitución cúltica masculina existía; si no, no se entiende su condena en Deuteronomio 23:17-18 (23:18-19 en algunas biblias[131]) y 1 Reyes 14:24, entre otros versículos.[132] Pero no está tan claro si era necesariamente de carácter homosexual (si justamente estaba ligada al culto a la fertilidad, por ejemplo, de la diosa Asera o Astarté, como sugiere Sánchez[133]). Y según Keen, la prevalencia real de la prostitución sagrada en Oriente Próximo y en Israel en los siglos correspondientes al Antiguo Testamento se ha cuestionado bastante en estudios académicos recientes.[134] Por lo tanto, no podemos hablar con seguridad de qué lógica o motivación había detrás de las prohibiciones de Levítico.

Solo a partir de la literatura que nos ha llegado de la civilización griega podemos hacernos una idea más clara de cómo se entendía y cómo se practicaba la homosexualidad. Hay bastante, y muy variada, porque se han conservado tratados y escritos filosóficos,

---

130 Véanse: Sánchez, *Ética teológica y homosexualidad*, capítulo «La ética bíblica y la homosexualidad», páginas 50-54, y Brownson, *Bible, Gender, Sexuality*, particularmente el capítulo 12, apartado «Reviewing the Rest of the "Seven passages"», página 270.

131 Las que siguen la numeración del texto hebreo, que suelen ser las traducciones católicas o interconfesionales.

132 Otros pasajes del Antiguo Testamento que hablan claramente de la prostitución cúltica son: 1 Reyes 14:24, 15:12 y 22:4, y 2 Reyes 23:7 (ver DeYoung: *What Does the Bible Really Teach about Homosexuality*, capítulo 6, nota al pie 1).

133 Sánchez: *Ética teológica y homosexualidad*, capítulo «La ética bíblica y la homosexualidad», página 51.

134 Keen: *Scripture, Ethics, and the Possibility of Same-Sex Relationships*, capítulo 2, apartado «Summing it up», página 23.

históricos y religiosos, un notable corpus de literatura romántica y erótica y hasta grafitis.[135] Los estudiosos y expertos continúan —y continuarán— discutiendo los detalles y la importancia y prevalencia de ciertos aspectos de la sexualidad —y el mundo grecorromano no era uniforme, ni geográfica ni cronológicamente—, pero hay bastantes cuestiones que generan un amplio consenso.

De entrada, quizás valga la pena decir que es una falacia pensar que solo existía el fenómeno de la homosexualidad (ciertas prácticas sexuales), sin ninguna noción de orientación sexual. Esta idea, según la cual la homosexualidad como condición u orientación es un concepto moderno totalmente ajeno a la época bíblica, la he visto expresada en varios libros, tanto tradicionalistas como revisionistas. Pero el autor cristiano Loader, una de las máximas autoridades en la literatura antigua sobre sexualidad, lo desmiente categóricamente en el libro *Two Views*, diciendo esto:

> *Un argumento importante del escrito de Wesley es que, antes de la época moderna, todo el enfoque de la desaprobación se centraba en los actos homosexuales. Que la gente no albergaba la noción de que algunas personas tenían una orientación sexual hacia personas del mismo*

[135] Hay una extensa recopilación de textos de toda esta literatura antigua, traducidos al inglés, en Larson, Jennifer: *Greek and Roman Sexualities. A Sourcebook,* Bloomsbury Publishing PLC, 2012 (disponible en formato electrónico). Es un excelente recurso, y las explicaciones e introducciones a los diferentes grupos de textos son también muy interesantes. Una obra similar —también muy buena, pero no cubre los textos religiosos y no está disponible en formato electrónico— es Hubbard, Thomas K. (compilador): *Homosexuality in Greece and Rome. A Sourcebook of Basic Documents,* University of California Press, 2003. Para un buen análisis de todo el contexto sociológico de la época, ver también Harper, Kyle: *From Shame to Sin. The Christian Transformation of Sexual Morality in Late Antiquity,* Harvard University Press, 2013, particularmente todo el capítulo 1. También dan bastantes detalles tanto Ruden, en *Paul Among The People,* como Martin, en *Sex and the Single Savior.*

> *sexo como condición natural. Yo creo que eso es incorrecto. Ciertamente Platón sabía de teorías sobre la orientación sexual, como la que defendía Aristófanes, que ofrece una explicación de por qué algunas mujeres sienten atracción hacia las mujeres, algunos hombres hacia los hombres, y el resto de nosotros hacia personas del sexo contrario (Platón,* El banquete, *189-193). Eso era conocido. Filón lo citó (*Sobre la vida contemplativa, *57-63) y, al igual que Platón, no estaba de acuerdo, pero por razones más concretas, porque contradecía Génesis.*[136]

Otro experto, en este caso secular, que opina más o menos lo mismo que Loader es Hubbard, que lo expresa así:

> *Un examen cuidadoso de un abanico de textos de la antigüedad sugiere [...] que algunas formas de preferencia sexual eran consideradas, de hecho, rasgos característicos de los individuos. Muchos textos incluso ven estas preferencias como cualidades innatas y, por tanto, aspectos «esenciales» de la identidad humana.*[137]

---

[136] Respuesta de Loader a Wesley, en *Two Views on Homosexuality, the Bible, and the Church*, capítulo 3, página 150, traducción mía. Lo que escribió Platón sobre las teorías de Aristófanes en *El banquete* está reproducido (traducido al inglés) en Larson: *Greek and Roman Sexualities*, apartado 2.10, página 66, y Loader lo describe muy bien.

[137] Hubbard, Thomas K. (compilador): *Homosexuality in Greece and Rome. A Sourcebook of Basic Documents*, University of California Press, 2003. La cita es de la introducción de Hubbard a la obra, página 2, traducción mía. Hubbard basa sus conclusiones en comentarios sobre la pasividad sexual masculina del filósofo presocrático Parménides —explicados en la obra de Sorano de Éfeso traducida al latín por Celio Aureliano—; en el tratado hipocrático *Sobre la dieta en las enfermedades agudas*, que habla de combinaciones de secreciones masculinas y femeninas que pueden dar lugar a hombres afeminados, y en otros textos, aparte de los documentos que menciona Loader.

El experto en literatura rabínica Instone-Brewer también apunta a lo mismo cuando se pregunta por qué el apóstol Pablo parece limitar su crítica en Romanos 1 a mujeres y hombres que han sustituido la práctica heterosexual «natural» por relaciones homosexuales:

> *¿Por qué no incluye Pablo a los hombres y las mujeres que siempre han tenido la orientación sexual dirigida hacia personas del mismo sexo? Tanto los judíos como los griegos sabían que existían individuos así. Algunos hombres simplemente no se excitaban con las mujeres: «No eran capaces de cubrir su yegua», fue como Plutarco lo describió, con delicadeza, a la joven discípula Eurídice en sus* Obras morales y de costumbres *(*Moralia*). Y las normas judías decían que hombres así no deberían compartir una manta con otro hombre (Mishná Kodashim 4.14), por si acaso.*[138]

Te habrás fijado, quizás, en la cita de Loader en que *El banquete* de Platón menciona la atracción sexual de mujeres a otras mujeres, y no es la única mención en la literatura antigua de lo que ahora conocemos como lesbianismo.[139] Pero hay que decir que la

[138] Instone-Brewer, David: «Did Paul condemn all homosexuality?», *Premier Christianity*, febrero de 2023, página 57, traducción mía.

[139] Larson, en *Greek and Roman Sexualities*, dedica un capítulo (el quinto) al lesbianismo, si bien queda claro solo con el título, «Female Homosocial and Homoerotic Relations» («Las relaciones homosociales y homoeróticas femeninas»), que muchas de las referencias tienen que ver con interacciones de profundo aprecio, no muy claramente eróticas. Según Keen, la primera referencia clara a la homosexualidad femenina es justamente la de *El banquete* de Platón, del siglo IV a. C. Por otro lado, varios autores mencionan el trabajo relativamente reciente de Brooten, que ha venido a desmentir, muy claramente, que las relaciones lésbicas fuesen totalmente desconocidas en la época grecorromana: Brooten, Bernadette J.: *Love Between Women. Early Christian Responses to Female Homoeroticism* (colección: The Chicago Series on Sexuality, History, and Society), University of Chicago Press, 1996.

inmensa mayoría de las referencias en el corpus de documentos, en toda su diversidad, son de la homosexualidad masculina, y en general se refieren a relaciones pederastas, en las que muchachos preadolescentes o adolescentes —de entre doce y diecisiete años— eran penetrados analmente por hombres adultos.[140]

Se ha popularizado la idea de que en la civilización griega había toda una corriente filosófica, liderada por Platón, que promovía e idealizaba las relaciones homosexuales (masculinas), particularmente como parte de la educación. Pero tal y como explica Jennifer Larson,[141] la literatura, sea platónica u otra, es ambigua al respecto. En la obra *Fedro* (c. 370 a. C.), en la que Platón elogiaba la relación amorosa tutor-discípulo, si bien no descartaba una relación física, ponía el énfasis en la belleza de una relación de profundo aprecio; de ahí tenemos la expresión «amor platónico». Y en su obra más tardía *Leyes* (c. 355 a. C.), Platón ya opinaba que la actividad sexual se tenía que reservar para la procreación solamente.

Y Platón no era el único que ponía en entredicho las relaciones pedófilas «educativas». Larson lo resume así, dando detalles de los diferentes autores en los que se basa:

> *[...] los grandes proponentes de la pederastia tendían a enfatizar los beneficios educativos de la práctica y a insistir en que estas relaciones debían ser de castidad [...]. Los críticos replicaban que la realidad era bien diferente, y se mofaban de lo que entendían como la hipocresía de hombres que se proclamaban filósofos austeros y valientes, pero que tenían los placeres carnales como verdadero propósito.*[142]

140 Larson también señala la práctica del coito de entrepierna, que recibe el nombre técnico de «coito intercrural» o «coito interfemoral», como práctica preferida en Atenas.

141 Larson: *Greek and Roman Sexualities,* capítulo 4, parte introductoria, particularmente la página 108.

142 Larson: *Greek and Roman Sexualities*, capítulo 4, página 109, traducción mía.

O sea, la práctica homosexual tutor-discípulo podía ser tolerada, más o menos, pero en muchos círculos era mal vista y criticada. Es más, tal como explica Larson, para los hombres de buena posición, haber sido un *eromenos* (discípulo-amante) de joven podía desacreditarlos social y políticamente, porque se arriesgaban a la acusación de haberse prostituido.

Se han documentado otras manifestaciones de la homosexualidad en la antigüedad,[143] pero:

- algunas son anecdóticas (el historiador Suetonio destaca, como algo raro, que al emperador Galba le gustaban los hombres más maduros);
- algunas son un poco dudosas (ciertos detalles del Batallón Sagrado de Tebas, un cuerpo militar del siglo IV a. C. formado por ciento cincuenta parejas de soldados amantes, tal vez eran más ficticios que reales);[144]
- algunas simplemente serían variaciones de la relación educativa (por ejemplo, la formación de los ciudadanos-guerreros jóvenes en Creta).

Ruden, otra experta en la literatura griega y romana de la época, resume el contexto grecorromano así:

---

143 Descritas por Larson, en *Greek and Roman Sexualities,* capítulo 4, y por otros autores modernos que hemos ido citando.

144 McLaughlin, por ejemplo, en *Confronting Christianity. 12 Hard Questions for the World's Largest Religion,* Crossway, 2019, capítulo 9, página 164, menciona este batallón, citando como fuente a Crompton, *Homosexuality and Civilization,* páginas 69-73, y el batallón tiene una entrada, bastante extensa, en Wikipedia. Pero Larson, en la introducción del capítulo 4 de *Greek and Roman Sexualities,* lo describe como «leyenda», y el pasaje de la obra *Pelópidas,* de Plutarco, que lo comenta, dice: «*Algunos dicen* que la compañía estaba formada por amantes y amados» (traducción mía, a partir de la de Larson, y cursiva mía).

> *Los lectores [...] pueden haber oído hablar del homoerotismo subliminal de Platón o de relaciones festivas o amistosas. No hay ninguna de las fuentes, leídas con objetividad, que apoye nada de eso. [...]*
>
> *No había hogares de gays o lesbianas; de hecho, no había instituciones homosexuales ni una cultura gay de ninguna clase, en el sentido de momentos o lugares en los que fuera mutuamente seguro para los hombres practicar el sexo anal unos con otros.*[145]

Larson, Ruden y otros autores explican también que, en la mentalidad grecorromana, ser penetrado era el rol femenino. Era el papel pasivo, de inferioridad, que en aquella sociedad machista correspondía a las mujeres. Para ellas, dada su naturaleza femenina, era lo que tocaba.

En cambio, si un hombre asumía, o era obligado a asumir, el rol pasivo era humillante. Así, los cautivos de guerra podían ser violados por los vencedores, para humillarlos. Y los esclavos y prostitutos masculinos, individuos que estaban en las capas más bajas de la jerarquía social de la época, eran también obligados a asumir el rol pasivo, casi nunca el rol activo.

Es más, la satisfacción para aquel que tomaba el rol activo podía ser un deseo de dominio, e incluso de violencia, más que de placer erótico. Así, los hombres griegos y romanos podían amenazar, en público, a sus peores enemigos (hombres) con la violación. Probablemente era más fanfarronería que amenaza real.[146] Pero demuestra que asumir el rol activo no conllevaba, particularmente, ningún estigma social.

---

145 Ruden, Sarah: *Paul Among the People,* capítulo 3, página 47, traducción mía.

146 Lo mismo que pasa hoy en día con exabruptos del tipo «le daré un par de hostias» (con perdón de la expresión).

Ya hemos comentado en el capítulo 11, en nuestro análisis del pasaje de Romanos 1, el comentario de Pablo sobre las prácticas sexuales «contra la naturaleza» (griego: *para physin*). Es muy posible que la expresión de Pablo esté influenciada por todo lo que acabamos de comentar aquí sobre los roles considerados «naturales» para el hombre (activo, penetra) y la mujer (pasiva, penetrada).

Algunos autores modernos, particularmente algunos autores cristianos tradicionalistas, señalan el hecho de que ciertos pensadores de la antigüedad consideraban muy censurables las relaciones homosexuales porque no eran procreativas, pero cuando lo investigué,[147] me pareció que la única mención clara de este aspecto de la naturalidad es la de Platón en la obra *Leyes*, que ya hemos mencionado. Las críticas de antinaturalidad, de autores de la época tan variados como los filósofos Cayo Musonio Rufo y Dion Crisóstomo o el autor judío Filón de Alejandría, pueden citar a Platón, pero están planteados mucho más en términos de exceso o de falta de control, algo que enfatizaba también Platón.[148]

Vines lo expresa así:

> *[...] las relaciones sexuales con personas del mismo sexo en el siglo I no se entendían como la expresión de una orientación sexual exclusiva. Eran ampliamente entendidas como producto del deseo sexual excesivo en general. Quisiera subrayar que esta comprensión no se puede explicar simplemente como una concepción errónea. Era el reflejo de unas*

---

[147] Hice búsquedas por todo el libro de Larson, *Greek and Roman Sexualities*, y lo contrasté con otros autores como, por ejemplo, Loader, *Sexuality in the New Testament*, capítulo 2.

[148] Los discursos o escritos de Platón, Musonio Rufo y Filón, los recopila Larson, en *Greek and Roman Sexualities*. Asimismo, Vines, en *God and the Gay Christian*, da una larga cita de Filón, en el capítulo 4, apartado «Philo's Condemnation of Sexual Excess», página 70, y cita uno de los discursos de Dion Crisóstomo, en el capítulo 6, apartado «A Condemnation of Excess Passion», página 104.

> *prácticas culturales generalizadas que son bien diferentes de las modernas.*
>
> *Hay que recordar que las formas más comunes de comportamiento homosexual en el mundo grecorromano eran la pederastia, la prostitución y el sexo entre amos y sus esclavos. La mayoría de los hombres que se permitían estas prácticas también mostraban comportamientos heterosexuales, a menudo durante las mismas etapas de su vida. Eso no quiere decir que no hubiera nadie que buscara exclusivamente relaciones con personas del mismo sexo, ni que ninguna relación homosexual se caracterizara por un amor y compromiso a largo plazo. Pero ejemplos de esa clase serían tan inhabituales que la inmensa mayoría de los comportamientos homosexuales visibles se encuadrarían fácilmente en un paradigma de exceso.*[149]

La idea de la práctica homosexual como exceso se fundamentaba también en lo que sabemos de las orgías de las aristocracias de la época. Sus fiestas desenfrenadas, generosamente regadas con alcohol, se celebraban con una asistencia casi exclusivamente masculina —excepto por los esclavos o prostitutos reunidos para el disfrute de los participantes, que podían ser de ambos sexos—. Es de suponer que se producían en muchas ciudades del Mediterráneo y de la civilización griega, pero eran particularmente notorias en Roma, algo que el apóstol Pablo debía de conocer, sin duda, cuando escribió a los cristianos de allí.

Por otro lado, también está bien documentado que detrás de la pederastia, la prostitución y la tenencia de esclavos que caracterizaban todas estas prácticas, había, evidentemente, un tráfico de personas, que se nutría de:

---

[149] Vines: *God and the Gay Christian,* capítulo 6, apartado «A Condemnation of Excess Passion», páginas 103-104, traducción mía.

- *La pobreza*: La esclavitud o la prostitución podían ser las únicas salidas de sobrevivencia para hombres y mujeres sin familia ni medios de vida, y las familias muy pobres llegaban a vender a sus hijos e hijas.
- *Los conflictos bélicos*: Los combatientes capturados eran vendidos como esclavos.
- *Los secuestros*: Estos se podían producir a pleno sol, y por eso los hijos de las familias de buena posición en el Imperio romano salían siempre acompañados de un esclavo, el *paedagogus*.[150]

Con este conocimiento de todo el contexto sociológico, se entienden mucho más las referencias tan negativas de la homosexualidad que tenemos en el Nuevo Testamento.

Está claro que un matrimonio gay de hoy en día, es decir, una unión monógama y permanente caracterizada por el amor y la fidelidad de dos personas del mismo sexo, está a años luz de todo lo que podía tener en mente el apóstol Pablo —y sus lectores— cuando hablaba de los *malakoi* y los *arsenokoitai* y los hombres que «se encendieron en pasiones lujuriosas los unos con los otros [y] cometieron actos indecentes» (Romanos 1:27, NVI). Se entiende que los revisionistas vean aquí realidades tan diferentes que propongan no aplicar las duras críticas de Pablo a las relaciones homosexuales de amor y fidelidad de parejas estables, sino solamente a las relaciones coercitivas o explotadoras (violación, prostitución, pederastia).

Analizaremos todo el concepto de matrimonio, y los argumentos de unos y otros a favor y en contra de la idea de que una pareja de personas del mismo sexo puedan formar uno, más

150 Hay más información sobre el papel y los cometidos del *paedagogus* en la Wikipedia en inglés: https://en.wikipedia.org/wiki/Paedagogus_(occupation) (consultado en octubre de 2023).

adelante, concretamente en los capítulos 17 y 20. Pero antes vamos a comentar lo que la profesión médica nos dice sobre la homosexualidad.

15. ¿QUÉ NOS DICEN LOS EXPERTOS DE LA MEDICINA Y OTROS CAMPOS CIENTÍFICOS SOBRE LA HOMOSEXUALIDAD?

En un inicio, yo no tenía claro dedicar todo un capítulo a lo que se ha descubierto, a nivel médico y científico, sobre la homosexualidad. Como mucho, había pensado ponerlo en un anexo. Pero si como cristianos queremos que nos tomen en serio, en temas de sexualidad como en muchos otros, tenemos que haber hecho los deberes, y no decir barbaridades por falta de conocimiento. Y la ciencia también nos puede ayudar en nuestra manera de leer y entender la Biblia. Si dos interpretaciones de las escrituras son válidas, hermenéuticamente hablando, pero una concuerda con el consenso científico y la otra no, sería muy recomendable hacer caso a la ciencia. Como dice el pastor, periodista y autor Mark Wingfield en su libro *Why Churches Need to Talk about Sexuality* (Por qué las iglesias necesitan hablar de la sexualidad):

> *El cristianismo tiene un largo historial de oponerse a la ciencia, y en todos los casos los resultados han sido nefastos e inútiles. El testimonio de la Iglesia sale perjudicado cada vez que los cristianos intentan tratar la Biblia como un libro de ciencia y hacer valer ese punto de vista con celo religioso.*[151]

---

[151] Wingfield, Mark: *Why Churches Need to Talk about Sexuality. Lessons Learned from Hard Conversations about Sex, Gender, Identity, and the Bible*, Fortress Press, 2019, capítulo 10, página 59, traducción mía. Hablo más del libro de Wingfield en el capítulo 26, punto *d*.

También he tenido reticencias a la hora de describir lo que han descubierto diferentes ramas de la ciencia sobre la homosexualidad, porque sucede algo similar a lo que pasó, y pasa aún ahora —pero cada vez menos—, con el cambio climático y el calentamiento de la Tierra: para muchas cuestiones los científicos, si son rigurosos, solo pueden hablar en términos de probabilidades y frecuencias, y de fenómenos que se salen de la media. La formación de un huracán depende de la conjunción de muchos factores, y a veces parece muy probable que se formará uno, pero acaba siendo una simple tormenta tropical; y cuando hay uno de verdad, los expertos tampoco pueden decir categóricamente que ese en concreto está provocado por el cambio climático. De forma similar, es imposible saber exactamente por qué una persona en concreto es gay o lesbiana, y otra no.

Por lo tanto, si oímos a escépticos decir que los científicos no están seguros al cien por cien, o que no han podido probar una relación causa-efecto, o que la interpretación podría ser otra, sobre todo si hay factores todavía desconocidos, pueden tener razón, en un sentido estricto, pero eso no quiere decir que los datos no nos estén diciendo nada. Los datos indiciarios, si se van repitiendo en diferentes estudios, de disciplinas o contextos diversos y con metodologías diferentes, y si apuntan todos hacia la misma conclusión (probable), acaban creando un consenso científico.

Y pasa también otro fenómeno: una conexión puede parecer, *a priori*, lógica y obvia. Pero si los experimentos ideados para confirmarla fracasan, es decir, si son inconcluyentes, o más bien tienden a sugerir lo contrario, y si con los años se han hecho unos cuantos, también en distintos contextos y con diferentes metodologías, y no se hallan evidencias claras que apoyen aquella conexión, los investigadores acaban descartándola. ¿Se ha probado que es incorrecta? No. Los científicos no pueden ser categóricos al respecto. Pero llegan a la conclusión de que ciertas conjunciones de factores no son estadísticamente significativas, es decir, probablemente son simples coincidencias.

Para quien esté muy interesado en toda la vertiente científica de la homosexualidad, el mejor libro que he encontrado, en inglés, es del científico Simon LeVay: *Gay, Straight, and the Reason Why. The Science of Sexual Orientation.*[152] LeVay es experto en neurociencia, pero explica en detalle, y con gran rigor, los estudios hechos por profesionales de muchas disciplinas y en muchos lugares del mundo. Para una lectura mucho más corta, recomiendo dos anexos del libro de Wingfield que he citado más arriba.[153] Dichos anexos, de hecho, me convencieron para hacer este capítulo.

Para entrar en materia, podemos empezar con unas estadísticas:

- Varios estudios han indicado que entre un 3,5 % y un 4 % de la población de los Estados Unidos se autoidentifica como gay, lesbiana o bisexual, y un 0,6 % como transexual.[154]

---

152 LeVay, Simon: *Gay, Straight, and the Reason Why. The Science of Sexual Orientation,* Oxford University Press, New York (USA), 2017 (2.ª edición), disponible en formato electrónico.

153 Wingfield: *Why Churches Need to Talk about Sexuality.* El libro es bastante reciente (publicado en 2019) y los dos anexos, escritos por dos especialistas de la medicina, resumen muy bien lo más pertinente, para la Iglesia, de todo lo que la comunidad científica tiene mínimamente claro sobre la homosexualidad. Son «Appendix E: Genetics and Sexuality», escrito por Gail Brookshire, y «Appendix F: Adolescent Sexuality», escrito por Rhonda Walton. Al comienzo de cada apéndice hay un breve currículum que explica la titulación y experiencia (notables) de las autoras.

154 Estas cifras son de Gail Brookshire, en «Appendix E» de *Why Churches Need to Talk about Sexuality,* página 166, que cita estas fuentes: Gates, Gary J., «How Many People Are Lesbian, Gay, Bisexual and Transgender?», Williams Institute, University of California, Los Angeles, School of Law (abril de 2011), https://tinyurl.com/n2gjjgg; Flores, Andrew, et al., «How Many Adults Identify as Transgender in the United States?», Williams Institute, University of California, Los Angeles, School of Law (junio de 2016), https://tinyurl.com/hce36md.

- En cuanto a Europa, un estudio amplio llevado a cabo por Dalia Research en 2016 concluyó que el 5,9 % de la población europea se identificaba como miembro del colectivo LGTB. A la cabeza de la lista estaba Alemania, con un 7,4 %; España se encontraba en segundo lugar, con un 6,9 %, seguido del Reino Unido (6,5 %), los Países Bajos (6,4 %) y Francia (5,4 %).[155]

Los estudios son mínimamente recientes, algo importante porque hace treinta años quizás menos gente LGTB+ estaba dispuesta a revelar su identidad sexual a encuestadores, aunque el sondeo fuera supuestamente anónimo. Tienen, evidentemente, un cierto margen de error y riesgo de sesgo,[156] y el porcentaje atribuido a España a mí me parece muy elevado —y es de un solo estudio—, pero, con todo, está claro que cuando hablamos de gays, lesbianas y otras minorías sexuales, estamos hablando de muchas personas.

En el caso de España, si tomamos como horquilla el porcentaje de los estudios de Estados Unidos y los del estudio sobre Europa, estamos hablando de entre 1 976 000 (4,1 %) y 3 326 000 (6,9 %) personas LGTB.[157]

---

155 Noticia publicada por el diario *20minutos* el 29 de octubre de 2016: https://www.20minutos.es/noticia/2875500/0/espana-pais-europeo-poblacion-lgtb/ (consultado en julio de 2022). Las cifras se basaban en una encuesta realizada a un total de 11 754 personas, representativas de la población censada de la Unión Europea, por Dalia Research, en agosto de 2016.

156 Sin embargo, los expertos saben minimizar estos márgenes de error y realizan diferentes actuaciones para comprobar, contrastar y ajustar los datos. LeVay explica, por ejemplo, que han descubierto que en estados norteamericanos poco tolerantes, como Misisipi, bastantes menos hombres se declaran gays que en estados más tolerantes, como Hawái, pero los porcentajes de búsquedas de pornografía gay en internet son casi idénticos en todos los estados (LeVay: *Gay, Straight, and the Reason Why*, capítulo 1, página 9).

157 El 4,1 % es la suma del 3,5 % LGB y el 0,6 % T. Los cálculos se han hecho con la población de España encontrado en Wikipedia (en octubre de 2023): 48 196 693 personas, según datos provisionales del censo de 2023 (https://es.wikipedia.org/wiki/Espa%C3%B1a).

En el caso de Latinoamérica, si obviamos los datos del estudio sobre Europa y usamos solamente los de Estados Unidos (4,1 %), por su proximidad geográfica e incluso sociológica:

- En el país de habla española más poblado de Sudamérica, México, habría unas 5 325 000 personas LGTB+.
- En el menos poblado, Uruguay, igualmente habría unas 140 000 personas LGTB+.[158]

Son cifras muy imprecisas, evidentemente, pero dan que pensar, ¿verdad? Ahí las dejo.

¿Qué más nos dicen los científicos y expertos que han estudiado este fenómeno y los profesionales que llevan años prestando asistencia al colectivo? Existen, todavía, bastantes incógnitas, pero hay unas cuantas cosas que generan ya mucho consenso. Empiezo con cuatro puntos que tienen que ver con la orientación sexual:

a. Está absolutamente fuera de duda que la inmensa mayoría de personas gays y lesbianas, para no decir todas, no han escogido su orientación sexual. Al contrario, como ya he explicado en otras partes de este libro, muchas de estas personas han luchado en contra de ella, queriendo negar lo que sentían o probando técnicas de toda índole (espirituales, psicológicas, médicas) para convertirse en personas «normales», es decir, heterosexuales.

Todas las encuestas y estudios lo han ido confirmando. Y en la literatura cristiana reciente ni siquiera los autores

[158] Cálculos hechos con los datos de población encontrados en Wikipedia (en octubre de 2023): México, 129 875 529 personas, según datos estimados para 2023 (https://es.wikipedia.org/wiki/M%C3%A9xico); Uruguay, 3 416 264 personas, según datos estimados para 2021 (https://es.wikipedia.org/wiki/Uruguay).

tradicionalistas lo niegan. No decidimos nuestra orientación sexual, básicamente nos viene dada.

Y a pesar de ello, en ciertos sectores de la ciudadanía —y en ciertos entornos eclesiales—, persiste la idea de que las personas escogen ser gays y lesbianas. En realidad, lo que escogen no es su orientación (la atracción erótico-emocional que sienten hacia personas del mismo sexo), sino, en todo caso, un determinado modo de comportarse, que puede ser muy abiertamente gay o lésbico —por los lugares que frecuentan, la pareja o las relaciones que tienen, cómo se visten y cómo se expresan— o todo lo contrario —porque no han «salido del armario»—. La manera en que vivimos nuestra identidad y nuestra sexualidad sí que lo decidimos todos —los heterosexuales también—, aunque a veces lo hacemos casi inconsciente o involuntariamente, conducidos por nuestras circunstancias.[159]

b. El hecho de que no decidimos nuestra orientación sexual implica también que no podemos simplemente decidir cambiarla, así como así. Esta dificultad para cambiar la orientación ya la hemos comentado en diferentes momentos. Está muy documentada. Y como ya he explicado en el capítulo 4, fue la conclusión a la que finalmente llegó la organización Exodus International —fundada justamente sobre la premisa de que la reorientación sexual era posible— después de muchos años de intentarlo con muchísimas personas.

[159] Estas concepciones diferentes de lo que significa ser gay —si se refiere simplemente a la atracción sexual o si denota un «estilo de vida»— son explicadas muy bien por LeVay en *Gay, Straight, and the Reason Why*, capítulo 2, apartado «Is Sexual Orientation a Choice?», páginas 22-23. Pongo entre comillas la expresión «estilo de vida» porque es un término que no gusta a la comunidad gay y lesbiana: dicen, con razón, que no existe un «estilo de vida homosexual», como tampoco existe un «estilo de vida heterosexual».

Y LeVay, en general muy ponderado en todo lo que dice, es bastante categórico al respecto:

> *De todas las personas gays y lesbianas que han intentado convertirse en heteros —pagando a menudo un precio económico y psicológico muy elevado— muy pocas, quizás ninguna de ellas, lo han conseguido.*[160]

Me chocó lo de «quizás ninguna de ellas», porque ciertamente hay algunas personas que manifiestan que sí que han conseguido el cambio (lo comentaremos en el capítulo 16). Pero reflexionando en todo lo que he leído —incluido todo lo que explica el propio LeVay—, entiendo que quizás no sea tan osado decirlo, por dos motivos:

- Con bastantes de estos relatos de cambio, hay la duda de si se refieren realmente a su orientación, o más bien al tipo de vida que han escogido (ver el punto *a* anterior).
- Con no pocos de estos relatos de cambio, es posible que se trate de personas bisexuales, personas que, por definición, pueden enfocar su orientación sexual en ambas direcciones (ver también los puntos *c* y *d* a continuación).

160 LeVay: *Gay, Straight, and the Reason Why*, capítulo 2, apartado «Is Sexual Orientation a Choice?», página 22, traducción mía. LeVay cita dos estudios al respecto: Shidlo, A. & Schroeder, M. (2002): «Changing sexual orientation: A consumers' report», *Professional Psychology: Research and Practice*, 33, 249-259; Spitzer, R. L. (2012): «Spitzer reassesses his 2003 study of reparative therapy of homosexuality», *Archives of Sexual Behavior*, 41, 757.

c. Diferentes estudios[161] han indicado que la orientación sexual de las mujeres, particularmente la de las mujeres no heterosexuales, puede ser bastante más variable o fluida, y más cambiante con el tiempo, que la orientación de los hombres.

LeVay explica los resultados de un estudio, publicado en 2012, de dos mil quinientos hombres y mujeres que fueron encuestados en dos ocasiones, con diez años de diferencia, sobre su orientación sexual. La orientación de las personas heterosexuales resultó muy estable en el tiempo: solo un 1,4 % de las mujeres y un 0,8 % de los hombres heterosexuales manifestaron haber cambiado de orientación. Asimismo, la orientación de los hombres gays también era muy estable. En cambio, la orientación de las mujeres lesbianas evidenciaba bastantes más cambios; en particular, la orientación de un cierto número de mujeres «basculaba» entre bisexual y lesbiana. Junto con las lesbianas, las personas bisexuales (de ambos sexos) eran las que mostraban más cambio —en las dos direcciones, hacia la homosexualidad o hacia la heterosexualidad—, cosa poco sorprendente, teniendo en cuenta lo que significa la bisexualidad. De todos modos, el reducido número de personas no heterosexuales (gays, lesbianas, bisexuales) en el grupo de dos mil quinientos individuos estudiados hacía menos fiables los resultados sobre estos subgrupos que sobre las personas que se autoidentificaban como heterosexuales.

McLaughlin, en *Confronting Christianity*, explica como la investigadora y psicóloga Lisa Diamond también encuentra una mayor «cambiabilidad» en las preferencias sexuales

[161] LeVay: *Gay, Straight, and the Reason Why*, capítulo 1, apartado «Stability of Sexual Orientation», páginas 6 y 7. Señala tres: uno es un estudio de Diamond, cuyas investigaciones menciono a continuación.

de las mujeres, comparadas con las de los hombres. Pero hay que decir que Diamond intenta enfocar sus investigaciones de otra manera, evitando hablar de la orientación como un rasgo identificador (tal como explico en el punto *d* a continuación).

d. Otra manera de describir la diferencia entre la sexualidad de los hombres y la de las mujeres sería decir que la bisexualidad se manifiesta bastante más en las mujeres.

Esta es una de las conclusiones de Diamond (explicadas por McLaughlin). No se refiere, simplemente, a las personas que se autoidentifican como bisexuales, sino a ciertos rasgos bisexuales. De hecho, Diamond deja en un segundo plano —y cuestiona— la noción de orientación y se enfoca en las experiencias —explicadas por los encuestados—, por ejemplo: las fantasías, los deseos y las relaciones sexuales tenidas realmente durante el último año. Con preguntas de este tipo Diamond ha encontrado, de forma sorprendente, que un 50 % de las mujeres y un 25 % de los hombres que se autoidentificaban como heterosexuales decían que habían experimentado atracción hacia personas del mismo sexo durante el último año. En cuanto a las fantasías sexuales referidas a personas del mismo sexo, un 35 % de las mujeres y un 24 % de los hombres las habían tenido en el último año; estos no son porcentajes tan extremos, pero igualmente indican diferencias importantes entre las mujeres y los hombres.[162]

LeVay explica esta mayor prevalencia de la bisexualidad entre las mujeres de otra manera, haciendo referencia a una escala —ideada por Kinsey y usada después, a menudo

162 McLaughlin: *Confronting Christianity,* capítulo 9, apartado «When Paradigms Break», páginas 168 y 169.

con adaptaciones, por otros investigadores— para describir la sexualidad de las personas, que va de totalmente heterosexual, en un extremo, a totalmente homosexual, en el otro. LeVay describe los datos de la encuesta nacional de evolución de las familias (NSFG) de los Estados Unidos, y de otras encuestas, de este modo:

> *Poquísimos hombres dicen que están igualmente atraídos a ambos sexos; la mayoría se colocan en uno u otro extremo de la escala, o muy cerca de aquel extremo. Pero las mujeres no se dividen tan claramente en dos grupos, porque hay más mujeres que dicen que se sienten atraídas de forma igual por los dos sexos que mujeres que se colocan en el extremo homosexual de la escala o cerca de él. Esta diferenciación aparece en una encuesta tras otra [...].*[163]

Dejemos aquí los comentarios sobre la orientación sexual. Los puntos que vienen a continuación están dedicados a explicar algunas cuestiones que actualmente, según los expertos, hay que desmentir. Me refiero a diferentes hipótesis, algunas de ellas emanadas de la propia profesión médica, que durante años se habían vendido como verdad —y que, por tanto, han calado en la consciencia colectiva de la gente—, pero que, con el tiempo, se han demostrado que son falsas o que no tienen ningún fundamento. Destacaré cuatro (continúo con la numeración de antes):

e. Hace mucho tiempo que la profesión médica descartó que la homosexualidad se pudiera entender en términos de enfermedad mental. Keen menciona un primer estudio

[163] LeVay: *Gay, Straight, and the Reason Why*, capítulo 1, apartado «Prevalence of Different Orientations», página 8, traducción mía.

científico que había llegado a esta conclusión publicado en el año 1957, ¡hace más de sesenta años![164] Las evidencias se fueron sumando en este sentido hasta que en 1973, en Estados Unidos, la Asociación Americana de Psiquiatría (APA, por sus siglas en inglés) retiró el estatus de trastorno mental o psiquiátrico a la homosexualidad. Unos años más tarde, quedó descatalogado del importante *Diagnostic and Statistical Manual of Mental Disorders* (Manual diagnóstico y estadístico de desórdenes mentales), después de un profundo análisis y valoración de las diferentes teorías científicas que se habían formulado al respecto.[165] Y la profesión médica del resto del mundo fue adoptando también el mismo criterio.

f. Creo que vale la pena recalcar, por si caso —y básicamente para mis lectores de más edad—, que tampoco hay ninguna evidencia para decir, como algunos líderes cristianos han afirmado en el pasado, por lo menos en Estados Unidos, que las personas lesbianas y gays tengan más tendencia a abusar de niños, ni que sean una amenaza para las familias. Es una idea absolutamente falsa.[166]

---

164 Keen: *Scripture, Ethics, and the Possibility of Same-Sex Relationships*, capítulo 1, página 8. Los datos del artículo figuran en la nota 15: Hooker, Evelyn: «The Adjustment of the Male Overt Homosexual», *Journal of Projective Techniques*, 21, 1957, 18-31.

165 Esta información sobre la APA y sobre el manual diagnóstico norteamericano es explicada por, entre otros: Escribano y Vilà: *El reconocimiento de las personas LGTBIQ+ en la Iglesia*, página 10; y Drescher, Jack: «Out of DSM: Depathologizing Homosexuality», National Library of Medicine, National Center for Biotechnology Information: https://www.ncbi.nlm.nih.gov/pmc/articles/PMC4695779/ (consultado en septiembre de 2022).

166 Hace mucho tiempo que van insistiendo sobre este hecho diferentes autores, entre los cuales: Smedes, Lewis B., en su artículo «Exploring the Morality of Homosexuality», en un libro que es una recopilación de artículos de destacados líderes y teólogos cristianos, coordinado por Wink, Walter: *Homosexuality and Christian Faith. Questions of Conscience for the Churches*,

Es más, no hay motivos para sugerir que las parejas gays o lesbianas no puedan ser unos excelentes padres y madres. Según LeVay, que cita una investigación publicada en Suecia, basada en una revisión de más de veinte años de estudios al respecto:

> *Los niños criados por parejas gays o lesbianas no evidencian diferencias en la orientación sexual —ni en ninguna otra característica significativa— en relación con los niños criados por padres heterosexuales, según una revisión de numerosos estudios.*[167]

Tengo el recuerdo de haber leído, hace muchos años, argumentos de líderes cristianos (tradicionalistas) en contra de la adopción y educación de niños por parte de parejas estables gays o lesbianas, por el hecho de que les faltaría, a estos niños, un modelo —el de un padre o de una madre— en el que fijarse y aprender durante su crecimiento. Pero debo decir que en todos los libros serios que he leído más recientemente para preparar este estudio, incluidos los de un buen número de autores tradicionalistas, no recuerdo haber encontrado en ninguna parte este argumento. Supongo que, verdaderamente, no hay ninguna base para afirmarlo.

Augsburg Fortress Press, Minneapolis (USA), 1999.

167 LeVay: *Gay, Straight, and the Reason Why*, capítulo 2, apartado «Learning Theories», subapartado «Gender Learning», página 21. La obra que cita (nota 29) es: Anderssen, N., Amlie, C. & Ytteroy, E. A. (2002): «Outcomes for children with lesbian or gay parents. A review of studies from 1978 to 2000», *Scandinavian Journal of Psychology*, núm. 43, páginas 335-351. LeVay anota, sin embargo, en otra nota al pie, que las chicas que son hijas biológicas de madres lesbianas quizás sí que tienen una probabilidad algo mayor de acabar siendo bisexuales o lesbianas, pero eso él lo atribuye a razones genéticas, que trata en el capítulo 7 de su libro.

g. Hay que desmentir también, rotundamente, otra idea falsa, muy perniciosa, que tiene que ver con la educación de los hijos. Resulta que no hay evidencias científicas claras para afirmar que unos padres anormales o abusivos, ni un padre o una madre ausente emocionalmente, ni los abusos sexuales, ni ninguna otra circunstancia negativa específica en la infancia o la juventud puedan favorecer o conducir a la atracción hacia personas del mismo sexo.[168]

El primero en popularizar esta idea, a principios de los años 60 del siglo pasado fue un psicólogo llamado Irving Bieber. En un momento de muy escaso conocimiento, sus teorías fueron influyentes. Pero tal y como explica Lee, las investigaciones en las que se basaba Bieber estaban mal planteadas y, por lo tanto, daban resultados muy sesgados. Con el tiempo los profesionales de la psicología fueron viendo que las tesis de Bieber no encajaban con la realidad de muchos de sus pacientes.[169]

Cuando estas teorías estaban ya en decadencia, en círculos profesionales, la teóloga y psiquiatra Elisabeth Moberly les dio nuevo ímpetu en un libro publicado en 1983, en el que reiteró que la atracción hacia personas del mismo sexo nacía de relaciones disfuncionales de los hijos con los padres, específicamente las relaciones profundamente disfuncionales padre-hijo y madre-hija. Fue un libro influyente con organizaciones que ofrecían terapias

[168] Esta frase está reproducida, casi literalmente, de la pediatra Rhonda Walton, autora de «Appendix F: Adolescent Sexuality», en el libro de Wingfield, *Why Churches Need to Talk about Sexuality*, página 172, excepto que ella lo expresa de manera aún más categórica, diciendo que no hay «ninguna» evidencia científica.

[169] Véase Lee, *Unconditional*, capítulo 5, posiciones 811 a 835. La obra desacreditada que cita es: Bieber, Irving, et al.: *Homosexuality: A Psychoanalytic Study*, New York: Basic Books, 1962.

de cambio de orientación sexual.[170] (Actualmente dichas terapias están muy desacreditadas[171] y el consenso médico es que a menudo pueden ser perjudiciales).

LeVay, una vez más, explica con bastante detalle los diferentes estudios que se han hecho respecto a los abusos durante la infancia y si pueden ser una causa de la homosexualidad en la vida adulta. Entre otras cosas, explica que una de las conclusiones a las cuales han llegado ciertos investigadores es que, en todo caso, puede pasar al revés: en el caso de los niños —no tan claramente con las niñas—, su homosexualidad innata —que a menudo se manifiesta, mucho antes de la pubertad, en preferencias y comportamientos «feminizados»—es lo que propicia los abusos por parte de los padres, sobre todo los abusos

[170] El libro en cuestión es: Moberly, Elisabeth R.: *Homosexuality: A New Christian Ethic*. El año 1983 es el año de edición que señala Walton en el «Appendix F» de *Why Churches Need to Talk about Sexuality*. Según Amazon, la editorial Lutterworth Press lo editó (reeditó) como libro de bolsillo en 2006. Keen, en *Scripture, Ethics, and the Possibility of Same-Sex Relationships*, capítulo 1, página 11, también menciona las tesis de la doctora Moberly, y explica cómo fueron promovidas y desarrolladas por la NARTH, National Association for Research and Therapy of Homosexuality (Asociación Nacional para la Investigación y la Terapia de la Homosexualidad), fundada en Estados Unidos en 1992.

[171] Conviene decir que no he encontrado *ningún* libro cristiano escrito en inglés y publicado en los últimos veinte años —y he consultado un buen número de ellos— que recomiende estas terapias de conversión o reorientación. Todo lo contrario. Ni siquiera los autores tradicionalistas que dan a entender que en algunos (pocos) casos puede ser factible olvidar la atracción hacia personas del mismo sexo —como por ejemplo Hill, McFerren o McLaughlin— atribuyen valor alguno a tales terapias. Entienden que están desacreditadas. Por lo tanto, es muy chocante ver que el libro en español de Juan Varela, publicado en 2016 (!), todavía cite a Moberly, como si fuese una autoridad eminente, y proponga un sistema detallado de terapia por etapas (terapia conductual, terapia cognitiva y terapia reparativa): Varela, Juan: *La homosexualidad. Pastoral de la atracción al mismo sexo,* Editorial CLIE, 2016 (las citas de Moberly se encuentran en las páginas 27 y 112; las terapias se describen en la «Parte III», con material para desarrollarlas en el «Anexo II»).

emocionales (mofa, críticas destructivas, castigos para intentar cambiar cómo es su hijo, rechazo, etc.). Dicho de otro modo, conexión estadística no equivale a causalidad —o no en la dirección de la hipótesis inicial—. Este factor y otros problemas de sesgo han puesto en entredicho los estudios que sí parecían indicar que los abusos durante la infancia podían causar, o contribuir a, la homosexualidad en la vida adulta. Esto, más otros estudios que no han encontrado ninguna conexión estadística clara, lleva a LeVay a concluir el apartado de su libro dedicado a los abusos durante la infancia con esta frase:

> *Por lo tanto, el peso de la evidencia no apoya la noción de que los abusos durante la infancia sean un factor causal en el desarrollo de la homosexualidad.*[172]

h. En cuanto a la relación parental, también hay que decir que tampoco hay evidencias de que alguna estrategia o actuación concreta de los padres pueda prevenir contra el desarrollo, en sus hijos, de una atracción hacia personas del mismo sexo.[173]

Por ende, no hay ninguna base para que los padres, al descubrir que tienen un hijo gay o una hija lesbiana o bisexual, comiencen a preguntarse «¿qué hemos hecho mal?» o «¿qué deberíamos haber hecho diferente?», ni nada por el estilo.

El prestigioso psicólogo David Myers lo expresó así, hace unos cuantos años:

---

172 LeVay: *Gay, Straight, and the Reason Why*, capítulo 2, apartado «Learning Theories», subapartado «Childhood Abuse», página 20, traducción mía.

173 Walton: «Appendix F» del libro de Wingfield, *Why Churches Need to Talk about Sexuality*, página 172.

> *No se conoce ninguna influencia parental o psicológica que actúe sobre la orientación sexual. Hemos descubierto que factores antes considerados cruciales en realidad no tienen ninguna importancia. Parece que la orientación sexual no acaba influenciada por ejemplos del entorno, ni por una madre sobreprotectora, ni por los abusos. Si unos padres noveles me pidiesen consejo sobre cómo influir en la orientación sexual de su bebé, lo único que podría decir, después de medio siglo de investigación, es que estamos totalmente sin pistas. Que yo sepa, no hay nada que puedan hacer. Y tampoco importa la elección del gimnasio o del profesor de inglés.*[174]

Ahora que hemos desmentido algunos mitos sobre la homosexualidad, quizás bastante extendidos aún, ¿qué más nos pueden aclarar los científicos? ¿Qué otros descubrimientos se han hecho estos últimos años? Aquí van algunos:

i. A nivel biológico y médico, las causas exactas de la identidad o condición homosexual (la atracción erótico-emocional hacia personas del mismo sexo) no se conocen, pero está muy claro que factores genéticos influyen en ello. ¿Por qué lo sabemos?[175]

---

[174] Myers, David G.: «Accepting What Cannot Be Changed», capítulo 7 del libro *Homosexuality and Christian Faith* (coordinador: Wink, Walter, editado en 1999).

[175] Este punto *i* está basado, principalmente, en las explicaciones de Brookshire, «Appendix E» del libro de Wingfield, *Why Churches Need to Talk about Sexuality*, páginas 166-167. Ella cita como fuentes a: G. Schwartz et al.: «Biodemographic and Physical Correlates of Sexual Orientation in Men», *Archives of Sexual Behavior*, 39, 2010, 93-109; y también a K. Kendler et al.: «Sexual Orientation in a United States National Sample of Twin and Nontwin Sibling Pairs», *American Journal of Psychiatry* 157, n.º 11, noviembre 2000, 1843-1846.

El análisis genético empieza con las familias. Se ha demostrado estadísticamente que las personas lesbianas o gays tienen más probabilidad de tener a otros miembros de la familia gays o lesbianas que la población en general.

Y los estudios con gemelos y mellizos —o sea, bebés nacidos de un mismo parto, univitelinos y bivitelinos—, han revelado más cosas. Un amplio estudio del año 2000 reveló una tasa de concordancia (ambos son gays o lesbianas) entre gemelos univitelinos de un 32 %, y de un 15 % para los hermanos o hermanas en general, tanto si eran del mismo parto —o sea, mellizos— como si eran simples hermanos, de partos diferentes. Eso contrasta con un nivel de concordancia, en la población en general, de solo un 3 % aproximadamente.

Evidentemente, en este y otros estudios, los científicos analizan a conciencia los datos para asegurar que factores del entorno no estén contribuyendo a esa concordancia; comparan grupos de gemelos y hermanos que han crecido en el mismo hogar con otros que se han separado en el momento de nacer. Sus conclusiones son claras: la genética influye en la orientación sexual, sin ningún atisbo de duda, pero su influencia es variable e impredecible en cada caso concreto; o sea, la genética no es el único factor en juego.

j. Con el conocimiento, cada vez más detallado, del genoma humano, se van descubriendo también cuestiones más concretas que tienen que ver con la genética de la homosexualidad:[176]

[176] Para este punto *j* también me he basado en Brookshire, «Appendix E» del libro de Wingfield, *Why Churches Need to Talk about Sexuality*, páginas 166-167. Cita diferentes fuentes, pero como las conclusiones no son tan claras, o solo son preliminares, no las reproduzco aquí. LeVay también habla de estas regiones del cromosoma X y de los diferentes mecanismos biológicos —de

- Un estudio de 1993 identificó una región del cromosoma X que era diferente en un grupo de hombres gays, respecto a la misma región en sus hermanos heterosexuales. Otros laboratorios pudieron reproducir los resultados, pero otro estudio posterior lo cuestionó. Más recientemente, con nuevas técnicas, diferentes estudios han encontrado evidencias significativas de diferencias en dos regiones primarias del cromosoma X (la región identificada en 1993 y otra) entre hombres gays y hombres heterosexuales.
- Otros estudios recientes apuntan a variaciones no en los propios genes, sino en unos «interruptores» que encienden o apagan el funcionamiento de los genes, en diferentes fases del crecimiento de las personas, que influyen en la posibilidad de ser gay en la vida adulta.

La ciencia genómica está en su infancia. Solo sabemos lo suficiente para dictaminar que la acción de la genética es compleja y multifactorial. Con otros rasgos humanos más estudiados, se sabe, por ejemplo, que el color de los ojos proviene de la interacción de dieciséis genes diferentes, y la altura, ¡de una combinación de cuatrocientos sesenta y cuatro!

k. Lo que también está muy claro, actualmente, es que ciertos procesos biológicos durante la gestación influyen significativamente en la posibilidad de ser gay o lesbiana:

forma más técnica y con más detalle– en diferentes sitios de *Gay, Straight, and the Reason Why,* particularmente en el capítulo 7, apartado «Molecular Genetics», subapartado «Genome Scans», en la página 91 y siguientes.

- Para los hombres, hay más probabilidad de ser gay si nacieron después de otros hermanos varones. Se ha calculado que por cada hermano (varón) mayor que tenga ya un bebé varón al nacer, aumenta un 32 % la probabilidad de que ese bebé, de adulto, sea gay. El mismo efecto se ha visto en bebés criados lejos de su familia biológica. Eso, estadísticamente, es una diferencia significativa. Se ha postulado que el feto masculino provoca una respuesta inmunitaria en la madre, que acumulativamente se hace más fuerte con cada nuevo embarazo de otro varón, pero el mecanismo exacto se desconoce.

  (¡Ojo! Si las matemáticas no son tu fuerte... No he dicho que el segundo hermano varón tenga un 32 % de probabilidades de ser gay, simplemente que el muy pequeño porcentaje de probabilidad que hay, en general, aumenta un tercio, un 32 % para ser exactos, si eres ese segundo hermano varón. Si eres el tercero aumenta más. Y si eres el cuarto es casi el doble, pero eso solo es el doble de una probabilidad muy pequeña).
- En cuanto a las mujeres, se ha descubierto que los fetos femeninos expuestos en la matriz a niveles más altos de andrógenos tienen más probabilidad de desarrollar, en la vida adulta, comportamientos de género inhabituales o rompedores y atracción sexual hacia otras mujeres.[177]

[177] Me he basado, para todo este punto *k*, en Brookshire, «Appendix E» del libro de Wingfield, *Why Churches Need to Talk about Sexuality*, páginas 168-169. Ella cita, respecto a los hombres con hermanos varones mayores, a: R. Blanchard & A. F. Bogaert: «Biodemographic Comparisons of Homosexual and Heterosexual Men in the Kinsey Interview Data», *Archives of Sexual Behavior* 25, 1996, 551-579. Y, respecto a los fetos femeninos, cita a: H. F.

l. Cambiando de disciplina, a nivel psicológico y sociológico está bien documentado, por lo menos en Estados Unidos, que los adolescentes LGTB+ muestran unas incidencias significativamente más elevadas de depresión; asimismo, la probabilidad de que hayan contemplado el suicidio es más del doble que para la población adolescente en general. De hecho, el suicidio es la primera causa de muerte en la juventud LGTB+ y se ha estimado que un 30 % de todos los suicidios de menores son de integrantes de este colectivo.[178] Además, todos los jóvenes de minorías sexuales sufren una mayor incidencia de estigmatización, *bullying* y acoso, violencia, lesiones y homicidio.

No he buscado estadísticas para España, pero a tenor de las noticias que van apareciendo en los medios de comunicación, aquí también pasa más o menos lo mismo. Puede que la incidencia no sea tan elevada, pero los sucesos que vamos oyendo y viendo parecen similares.

Por otra parte, en Estados Unidos, según la American Psychological Association (Asociación Norteamericana de Psicología), los jóvenes de minorías sexuales también acaban mostrando, estadísticamente, niveles más altos de uso y abuso del tabaco, el alcohol y las drogas; de enfermedades de transmisión sexual; de trastornos de la alimentación, y de sinhogarismo.[179]

Meyer-Bahlburg et al.: «Sexual Orientation in Women with Classical or Non-classical Congenital Adrenal Hyperplasia as a Function of Degree of Prenatal Androgen Excess», *Archives of Sexual Behavior* 37, n.º 1, 2008, 85-99. Para los interesados en todo lo que la biomedicina ha descubierto, hay muchísima más información en distintos capítulos y apartados del libro de LeVay, *Gay, Straight, and the Reason Why*.

178 Los datos son de Walton, «Appendix F» del libro de Wingfield, *Why Churches Need to Talk about Sexuality*, página 173. Ella cita, como fuente, a: Spigarelli, M. G.: «Adolescent Sexual Orientation», *Adolescent Medicine: State of the Art Reviews* 18, n.º 3, 2007, 508-518.

179 Walton, «Appendix F» del libro de Wingfield, *Why Churches Need to*

> Rhonda Walton recalca que en general todas estas problemáticas en la adolescencia y la juventud no se asocian al simple hecho de autoidentificarse como LGTB+, sino a las percepciones negativas que estos jóvenes reciben de su entorno: la familia, la escuela, las amistades, etc.[180]
>
> Este comentario de Walton se puede hacer extensivo, lógicamente, a todos los integrantes de las minorías sexuales, cualquiera que sea su edad. Su mayorincidencia de depresión y suicidio no hay que atribuirla al simple hecho de ser gay, lesbiana, bisexual, transgénero o lo que sea, sino a la incomprensión y los prejuicios que perciben. Si alguien tiene la tentación de decir que «son unos desgraciados», debería reflexionar que quizás lo sean por todas las presiones y el trato social denigrante que tan a menudo reciben.

Se podrían decir muchas más cosas, sin duda. Pero creo que con estos apuntes hay suficiente para tener un poquito más de información para el debate en nuestras iglesias. Así que finalizo aquí lo que han descubierto sobre la homosexualidad los expertos en diferentes ramos de la ciencia (la biología, la medicina, la psicología y la sociología).

Y junto con el capítulo anterior, que explicaba lo que los expertos en historia y literatura han podido averiguar sobre la homosexualidad en la antigüedad, doy también por terminada nuestra incursión en las aportaciones de diferentes disciplinas académicas seculares. A partir de aquí, podemos continuar nuestro abordamiento del tema desde una perspectiva cristiana algo más «equipados» que antes.

Talk about Sexuality, que indica como fuente: American Psychological Association, «Answers to Your Questions».

180 Walton, «Appendix F» del libro de Wingfield, *Why Churches Need to Talk about Sexuality*, página 173.

16. TESTIMONIOS QUE VIENEN A CONTRADECIR (AL MENOS APARENTEMENTE) EL CONSENSO CIENTÍFICO

Si nos interesa la verdad —y si somos seguidores de Jesús, nos debería interesar muchísimo—,[181] tenemos que reconocer que podemos leer y escuchar relatos de cristianos que manifiestan haber podido superar su homosexualidad, algunos (no todos) hasta el punto de que afirman no sentirse «tentados» a caer en la atracción erótico-emocional hacia personas del mismo sexo.

A menudo estas historias personales de exgays y exlesbianas parecen muy genuinas, y como tales parecen desmentir bastante claramente los postulados científicos sobre la orientación sexual que acabamos de estudiar en detalle en el capítulo precedente, concretamente:

- que las personas no escogen su orientación sexual,
- que eso es así porque factores genéticos y biológicos juegan un papel significativo al respecto,
- que actuaciones externas no pueden influir significativamente en ello,
- etc.

[181] Entre otros motivos, porque Jesús nos dijo: «Conoceréis la verdad, y la verdad os hará libres» (Juan 8:32, NVI) y «Yo soy el camino, la verdad y la vida» (Juan 14:6, NVI).

¿Qué hacemos con esta contradicción? ¿Mienten o están engañados los expertos médicos y científicos? ¿O los autoengañados son los que relatan su testimonio de cambio? ¿O tal vez la contradicción es más aparente que real?

En este capítulo explicaré y analizaré brevemente algunos de estos testimonios. Pero antes ofrezco algunos comentarios generales, para situar el tema y facilitar su tratamiento:

- Ya hemos dicho que el trabajo científico en los campos pertinentes no se expresa en términos absolutos, sino en términos probabilísticos. Por lo tanto, los propios científicos admiten que puede haber excepciones. La investigación científica sirve simplemente para categorizar y cuantificar, matemática y estadísticamente, la mucha o poca variación en los casos, y la frecuencia de las excepciones.
- La mayoría de los cristianos —y me incluyo en el grupo— creemos en la posibilidad de la intervención divina. Creemos en los milagros, para decirlo sencillamente, incluso en nuestros tiempos. Las escrituras hablan ampliamente de esto; hay relatos de cristianos de todos los tiempos que dan fe de ello; hay todo un corpus de literatura con abundantes razonamientos teológicos y filosóficos a favor de esta posibilidad,[182] e incluso algunos de nosotros hemos vivido experiencias personales que atribuimos a la mano poderosa de Dios y al poder del Espíritu Santo. Ahora bien, los milagros —entendidos como hechos producidos en contra de lo que se espera normal y habitualmente, según el funcionamiento del mundo en que vivimos— por definición son infrecuentes, muy infrecuentes.

[182] Un libro sobre los milagros, que es un clásico, es *Miracles*, de C. S. Lewis, que está traducido al español: *Los milagros*, Ediciones Encuentro, 2017.

- Necesitamos humildad y serenidad cuando nos encontramos con opiniones opuestas a las nuestras. Nos toca hacer un esfuerzo para reconocer de dónde venimos y las influencias que han contribuido a nuestra comprensión de las cosas. Algunos lectores seguramente dan mucho crédito a los testimonios cristianos y desconfían de la ciencia; y otros lectores, totalmente al revés. Nos conviene leer y escuchar atentamente, y a ser posible entrar en contacto y conocer personalmente a las voces «discordantes» con nuestras convicciones personales. No debemos tener miedo de hacerlo.
- Por otro lado, debemos ser conscientes de que a veces el vocabulario que usamos, o la forma en que nos expresamos, unos y otros, es diferente. Y ya hemos señalado, en el capítulo anterior, que a veces se confunden los conceptos de cambio de forma de vivir y cambio de orientación sexual.[183]

Habiendo hecho estas advertencias, vamos a conocer algunos de estos testimonios de superación —a veces total, a veces con matices— de la homosexualidad en la literatura cristiana en inglés.

Uno de los más recientes es el libro autobiográfico de la poeta negra Jackie Perry, *Gay Girl, Good God.*[184] El relato de Perry tiene un punto de partida similar al de Jeanette Howard (explicado en el capítulo 5), porque inicia su proceso de conversión a Cristo estando en una relación estable con otra mujer lesbiana. Entiende, al igual que Howard, que si reorienta su vida para seguir a Jesús de verdad, debe abandonar esa relación. Pero la historia de Perry tiene un final diferente a la de Howard —que asume una tendencia lésbica imposible de cambiar y opta por el celibato—. Perry, después de

[183] Ver el último párrafo del punto *a* del capítulo 15.

[184] Perry, Jackie Hill: *Gay Girl, Good God. The Story of What I Was and Who God Has Always Been*, B&H Publishing Group, 2018. Tiene traducción al español: *Chica gay, Dios bueno. La historia de lo que fui y de lo que Dios siempre ha sido*, B&H Español, 2019.

unos cuantos años de lucha y perseverancia, se siente liberada de su atracción hacia las mujeres y se enamora y se casa con un hombre.

Otra autora que defiende la reorientación con su relato personal es Christy McFerren.[185] Su libro *First Steps Out. How Christians Can Respond to A Loved One Coming Out* está enfocado principalmente, tal y como indica su título, en ayudar a los padres, abuelos, hermanos y amigos de personas que «han salido del armario» y se han sincerado con su entorno inmediato de confianza respecto a su condición de gays o lesbianas. Dice cosas muy perceptivas y útiles para los cristianos que descubren, de golpe, que un familiar o amigo suyo es gay, en un tono muy realista y nada triunfalista. Ahora bien, en el libro McFerren explica también su propia trayectoria personal y, al igual que Perry, considera que está totalmente liberada del lesbianismo de su juventud. Lo expresa así:

> *Supongo que podría dar pasos para volver a mi identidad anterior. Pero no tengo la necesidad de estar activamente suprimiéndola para mantener mi libertad. Al contrario, tendría que trabajar activamente para «redescubrir» aquella versión de lo que yo era. Porque ya no está viva. Eso lo digo con humildad, porque soy plenamente consciente de que solo es la gracia de Dios que sostiene esa realidad, pero también con confianza, gracias a todo lo que he llegado a conocer de la fuerza de esa gracia divina.*[186]

No todas las historias de superación llegan al punto de liberación que describen Perry y McFerren. Algunas son de personas que simplemente manifiestan que han llegado a un convencimiento

185 McFerren, Christy (con colaboraciones de Honea, Mike, y Honea, Sharon): *First Steps Out. How Christians Can Respond to A Loved One Coming Out*, Thoughtful Revolution Press, 2021.

186 McFerren: *First Steps Out*, capítulo «Church and Culture», apartado «Why Listen to Me?», posición 284, traducción mía.

y compromiso con el Señor que los ha permitido, con la ayuda de Dios, no hacer caso de su tendencia sexual y vivir muy satisfactoriamente[187] en un matrimonio heterosexual.

Este sería el caso de otro testimonio de superación, publicado hace poco en el libro *Confronting Christianity*.[188] Es un relato doble, porque explica el caso de dos mujeres, una de ellas la autora, Rebecca McLaughlin. El libro no está dedicado, particularmente, a la homosexualidad, sino a analizar —y lo hace muy bien, es un libro bastante recomendable— todo un conjunto de desafíos apologéticos para el cristianismo del siglo XXI. Entre estos hay: el cristianismo y la ciencia; el sufrimiento y la maldad; las interpretaciones literales de la Biblia; si el cristianismo es exclusivista y excluyente; si es machista y patriarcal, y... si es homófobo. En el capítulo sobre la homosexualidad, McLaughlin hace una buena exposición —y apología, claro— del punto de vista tradicionalista. Lo refuerza hablando de su propia experiencia y la de su gran amiga Rachel. Las dos son exlesbianas, actualmente felizmente casadas con hombres. Las dos también son cristianas intelectuales, que se han cuestionado muchas cosas, con destacadas carreras en universidades prestigiosas. Pero aquí terminan las similitudes. Una es extrovertida y optimista; la otra, introvertida y pesimista. Una creció en una familia cristiana practicante en Londres; la otra proviene de una familia no religiosa de California. Una descubre como adolescente que tiene una fuerte atracción sexual hacia las mujeres, no deseada, inconfesable, tremendamente difícil de reconciliar con su fe, que no sabe manejar. La otra, sin complejos, establece a partir de los

[187] La expresión «muy satisfactoriamente» la empleo para marcar diferencias con la historia angustiante y turbulenta del matrimonio de orientación mixta formado por Laurie y Matt Krieg, que explico al final del capítulo 5, que también es de superación, podríamos decir, pero con momentos de gran sufrimiento emocional.

[188] McLaughlin, Rebecca: *Confronting Christianity. 12 Hard Questions for the World's Largest Religion*, Crossway (Good News Publishers), 2019.

quince años una relación lésbica abierta con otra chica mayor que ella del instituto, que combina con encuentros sexuales con muchas otras chicas, a las cuales le gusta seducir —con una mentalidad casi de conquista—, sobre todo si profesan ser cristianas, para poner en evidencia su hipocresía. Pero el desengaño, cuando la otra chica le da la espalda, y la casualidad de leer el libro *Mere Christianity*, de C. S. Lewis,[189] la hacen entender y aceptar el evangelio, y replantear toda su vida.

McLaughlin describe lo que ambas decidieron sobre su condición y el grado —relativo pero significativo— de superación que han conseguido de este modo:

> *Las dos optamos por casarnos con hombres a causa de nuestro compromiso con Jesucristo, por encima de nuestras preferencias emocionales y sexuales. Y cuando nos sentimos atraídas por personas de fuera de nuestro matrimonio —como pasa con la mayoría de las personas casadas de vez en cuando—, la atracción es siempre hacia otras mujeres. Para Rachel, el reto es no acabar volviendo a unos caminos que tanto había recorrido en el pasado. En mi caso, se trata de no hacer movimientos para que se me abran puertas a sitios hasta ahora desconocidos. Después de una década de vida matrimonial, no tenemos, ninguna de las dos, la esperanza de que estas tentaciones desaparezcan. Creemos que Dios podría cambiar nuestros instintos, pero no encontramos ninguna promesa suya en ese sentido, porque una heterosexualidad de pura sangre no es la meta de la vida cristiana. La meta es Jesús.*[190]

[189] El libro está traducido al español, con el título *Mero cristianismo*.

[190] McLaughlin: *Confronting Christianity*, capítulo 9, página 154, traducción mía. Los porcentajes que figuran aquí se refieren a la orientación, usando las categorías y los resultados de la encuesta nacional de evolución de las familias (NSFG) del año 2022. Estudios posteriores de Diamond, que no

¿Qué piensas de estos cuatro relatos? Los tienes aquí juntos y resumidos, pero yo leí los libros de estas personas en diferentes momentos y tardé en caer en el rasgo básico que tienen en común: los cuatro relatos son historias de mujeres. Cuando me di cuenta, me vino a la mente lo que explicamos en el capítulo precedente, sobre los descubrimientos científicos: muchos estudios han indicado que la bisexualidad es más frecuente en las mujeres que en los hombres y unos cuantos sugieren que la orientación sexual de las mujeres es más maleable o fluida, y puede ser más cambiante con el tiempo, que la orientación de los hombres (puntos *c* y *d* del capítulo 15).

Entonces, ¿podría ser que los relatos de Perry, McFerren, McLaughlin y su amiga Rachel en realidad sean historias de personas bisexuales? Estas cuatro mujeres no se describen así. Pero justamente una de ellas, Rebecca McLaughlin, dedica varias páginas a la variabilidad sexual y la bisexualidad y explica, con datos y cifras, los resultados y las conclusiones de la investigadora Lisa Diamond (que hemos comentado ya en el capítulo 15). Y McLaughlin, en un momento determinado, se coloca a sí misma en una de las categorías de orientación descritas en el estudio:

> *Diamond indica que aproximadamente un 14 por ciento de las mujeres y un 7 por ciento de los hombres explicaban que experimentaban atracción a personas del mismo sexo, pero menos de un 2 por ciento de los hombres y menos de un 1 por ciento de las mujeres eran exclusivamente atraídos a personas del mismo sexo. Resulta que yo pertenezco a la minoría sexual netamente más grande, la de las mujeres que*

---

empleaban estas categorías, sino preguntas sobre experiencias personales en el último año (ver el punto *d* del capítulo 15), dieron porcentajes muy diferentes (más elevados).

experimentan atracción a personas del mismo sexo, pero no de forma exclusiva.[191]

De lo que he explicado de estas cuatro mujeres, no me atrevo a decir que se podrían clasificar como bisexuales, pero algunos rasgos parece que los tienen. Lo que sí tengo más claro es que estos testimonios —muy interesantes y, a mi juicio, muy genuinos— no vienen a contradecir significativamente todo lo que nos han explicado los científicos y expertos sobre la sexualidad femenina. Más bien, serían una confirmación de ello. La otra cosa que hay que decir, según mi entender, es que sus experiencias, como mujeres, quizás no sean extrapolables a los hombres. De los hombres, ¿qué podemos decir, pues?

Tengo en mi biblioteca por lo menos cuatro libros cristianos escritos por hombres que reconocen abiertamente que son de orientación gay, que también son libros muy buenos —a mi juicio—, porque son profundos, ponderados, bien argumentados, respetuosos con cristianos que piensan de forma diferente, intelectualmente honestos y humildes, genuinos... Pero los cuatro están escritos por cristianos gays que no han conseguido ningún cambio en su atracción sexual hacia otros hombres y, por descontado, no han intentado casarse con una mujer:

- Dos han asumido el celibato como opción personal:[192] Wesley Hill y Tim Otto.
- Dos se han convencido de que es legítimo el matrimonio gay, y han entrado, o estarían dispuestos a entrar, en una

[191] McLaughlin: *Confronting Christianity*, capítulo 9, apartado «When paradigms break», página 168, traducción mía.

[192] Digo «como opción personal» porque el voto de celibato de Otto era por motivos vocacionales, no porque tenía una opinión teológica contraria a las relaciones monógamas estables homosexuales.

unión permanente y monógama con otro hombre: Justin Lee y Matthew Vines.

Los relatos de estos cuatro encajan bien con lo que dicen los científicos sobre la cuasi imposibilidad de cambiar la orientación sexual. Uno de ellos, Otto, sí que cambió bastante radicalmente su forma de vivir —posibilidad que también admiten los científicos—, porque antes de su conversión se movía en ambientes gays muy promiscuos en San Francisco. Y por lo menos uno de ellos, Lee, se esforzó mucho con diferentes intentos de cambiar su orientación (con grupos de apoyo, consejería, encuentros del movimiento exgay, etc.).[193]

La calidad, en todos los aspectos, y me atrevo a decir también la espiritualidad, de los libros de Hill, Lee, Otto y Vines es muy evidente. Cuando los comparo con los tres libros que tengo en casa escritos por hombres exgays, que promocionan más o menos claramente la idea de superar la atracción hacia personas del mismo sexo, tal y como ellos han podido hacer, la diferencia, al menos para mí, es muy notable:

- El libro de Mike Haley, que tengo en español, *101 preguntas frecuentes sobre la homosexualidad* es bastante antiguo (publicado en español en 2005) y producto del momento de esplendor del movimiento exgay. Por lo tanto, quizás habría que excusarle ciertas cosas, pero es un libro muy reiterativo, pesado de leer.
- El libro de Sam Allberry, *Is God Anti-Gay?*,[194] aborda los textos bíblicos de una forma notablemente simplista y hace

[193] Véase Lee, *Unconditional*, particularmente el capítulo 6.

[194] Allberry, Sam: *Is God Anti-Gay? And Other Questions about Homosexuality, the Bible and Same-Sex Attraction*, The Good Book Company, 2013. Está publicado también en español: *¿Está Dios en contra de los gays? Y otras preguntas sobre homosexualidad, la Biblia y atracción hacia personas del*

numerosas afirmaciones categóricas sin argumentarlas bien.[195]

- El libro de Carlos Catari (escrito en español), *Inexplicable*,[196] es un libro muy reciente (2021). Rechaza claramente las terapias de conversión o de reorientación sexual[197] y tiene algunas cosas interesantes, pero también es bastante reiterativo en sus argumentos.

  En cuanto a su testimonio personal, es de superación total, gracias a un reexamen de muchos pasajes bíblicos que antes había leído en clave de condena personal[198] y también al hecho de renunciar a su propio anhelo de cambio, y de entregarlo al Señor:

> *[...] al poner mi vida a un lado, sin esperar nada a cambio (ni transformación ni milagro), totalmente sin expectativas, haciendo a Jesús mi Señor y deseando seguirle, comencé finalmente a experimentar cambios que sobrepasaron mi entendimiento.*[199]

---

mismo sexo (Preguntas que hacen los cristianos), Editorial Portavoz, 2019.

195 Por ejemplo, Allberry dice taxativamente, cuando habla de Adán y Eva, que «su historia es una verdad para toda la humanidad» (capítulo 1, página 11); y cuando habla de los comentarios de Pablo en Romanos 1, afirma, sin más explicación, que «las palabras "natural" y "contra natura" [...] se refieren a cómo se han fijado las cosas en la creación» (capítulo 2, página 22). Las citas son traducciones mías del inglés.

196 Catari, Carlos: *Inexplicable*, Editorial PanHouse, 2021.

197 Catari las llama «terapias de conversión», y habla muy negativamente de ellas. Véase: Catari, *Inexplicable*, «Introducción», página 11; capítulo II, página 32, y capítulo III, página 42.

198 Catari, *Inexplicable*, particularmente todo el capítulo IV, donde dice que «entender pasajes bíblicos incorrectamente me tenía amarrado al pecado, pero cuando los comprendí correctamente, fui libre para vivir la vida en abundancia que Jesús había ganado para mí» (página 66). Lo que encuentro curioso es que Catari ha sido capaz de reinterpretar un buen número de pasajes bíblicos que antes leía en clave condenatoria, pero no intenta hacer lo mismo con los pasajes que condenan la homosexualidad.

199 Catari, *Inexplicable*, página 36.

> Y él mismo deja claro que su cambio de orientación es, para él, «inexplicable». Así que quizás deberíamos poner su experiencia en la categoría de los milagros —que he mencionado al principio de este capítulo—, o sea, entenderlo como algo muy excepcional. Si es así, al menos ciertos aspectos de su biografía no serían extrapolables[200] a toda persona cristiana que desee liberarse de una atracción sexual no deseada hacia personas del mismo sexo.

Quisiera recalcar que estos tres libros no me han convencido, no por el simple hecho de ser escritos por tradicionalistas, sino por el tono que usan y por la calidad de sus argumentos. Tienen poco que ver con otros libros de autores tradicionalistas como los de Hill o Schmidt, entre otros.

Con estos ejemplos, para mí poco convincentes, y algún otro, sin detalles suficientes para poderlo valorar,[201] prefiero quedarme con la idea de que el cambio de orientación para los hombres gays es prácticamente imposible. La comunidad científica y los profesionales de la medicina y la psicología lo tienen claro. Y para mí tiene mucho peso que una organización cristiana como Exodus International, dedicada justamente a ayudar a las personas gays y lesbianas a cambiar su orientación, haya acabado admitiendo que no es factible y decidiendo disolverse.

Espero que lo que he explicado en este capítulo pueda ser útil para las personas que se estén cuestionando o estén luchando con su orientación sexual, y para aquellas personas que intentan

[200] Uno de los aspectos no extrapolables a todos los gays, tal y como él mismo lo expresa, sería su liberación de un «espíritu de homosexualidad», cuestión que comento al final de la nota al pie 16, en el capítulo 3.

[201] Marin, por ejemplo, incluye un apéndice al final de *Love is an Orientation* con diferentes relatos personales, muy variados, de personas gays y lesbianas; uno de ellos (a partir de la posición 2125) es de un hombre que manifiesta que sí que ha conseguido, con la ayuda de Dios, cambiar de forma permanente su orientación, y ahora es pastor. Pero es un relato corto y anónimo.

aconsejarlas y acompañarlas. Cada caso es diferente, y con Dios no hay nada imposible, pero para la mayoría de estas personas parece que la «resolución» de su inquietud —o desespero— respecto a su orientación o identidad sexual pasará más por la aceptación que por el cambio.

Y tal vez tengan razones no solo para aceptar lo que son, sino para celebrarlo. Para valorar hasta qué punto podría ser así, en los siguientes capítulos describiremos y analizaremos las diferentes posturas y opciones teológicas que existen en círculos evangélicos o protestantes respecto a las personas gays y lesbianas.

17. LOS COMENTARIOS DE JESÚS SOBRE EL MATRIMONIO, HACIENDO REFERENCIA A GÉNESIS

En el debate sobre la homosexualidad, es de gran importancia para los tradicionalistas lo que enseña Jesús sobre el matrimonio cuando habla con los fariseos sobre el divorcio. Se citan básicamente los pasajes de Mateo 19:3-12 y Marcos 10:2-12, porque son los más largos y completos (las otras referencias al divorcio, en Mateo 5:31-32 y Lucas 16:18, son mucho más breves) y porque Jesús habla del matrimonio en términos de hombre y mujer, y también de la intención divina en la creación.

Reproduzco aquí parte del relato de Mateo:

> [3] *Entonces se le acercaron los fariseos y le preguntaron para ponerlo a prueba:*
>
> *—¿Está permitido al hombre repudiar a su mujer por cualquier causa?*
>
> [4] *Él respondió:*
>
> *—¿No habéis leído que el que los hizo al principio* hombre y mujer los hizo [5] *y dijo:* Por esto el hombre dejará a su padre y a su madre, se unirá a su mujer y serán los dos una sola carne? [6] *Así que ya no son dos, sino una sola carne. Por tanto, lo que Dios unió, que no lo separe nadie.*
>
> (Mateo 19:3-6, RV2020)

¿Qué lecciones serían razonables de extraer de las palabras de Jesús? ¿Y cuáles no? Si nos ceñimos al contexto —una pregunta de los fariseos sobre los motivos legítimos del divorcio—, la lección básica es que, si te casas, el matrimonio debería ser permanente.

Eso parece bastante claro, y no genera grandes dudas —aunque la mayoría de las iglesias protestantes aceptan la separación y el divorcio como una opción legítima, o un mal menor, en ciertos casos, basándose en otros versículos—. Los expertos nos explican que había un debate, en el judaísmo de la época, con dos escuelas de pensamiento, de los rabinos Hillel y Shammai. Jesús se decanta claramente a favor de la permanencia del matrimonio y en contra de las tesis de la escuela de Hillel, que básicamente permitían el divorcio a la primera de cambio, por nimiedades.[202] Y lo hace esgrimiendo la intención de Dios mismo, por lo tanto, una fundamentación anterior y superior a la ley de Moisés, en la que se basaban los fariseos en sus argumentos.

Esta idea de la permanencia del matrimonio y, por tanto, de la seriedad de dar ese paso es también con la que se quedan los discípulos, a la vista de su comentario posterior:

> *—Si tal es la situación entre esposo y esposa —comentaron los discípulos—, es mejor no casarse.*
>
> (Mateo 19:10, NVI)

Aunque ese es el aspecto clave de estos pasajes, la tendencia (generalizada) ha sido aprovechar las palabras de Jesús para extraer más conclusiones, entre ellas, estas:

- El matrimonio debe ser monógamo, porque Jesús habla de «dos». Así, la poligamia —más exactamente, la poliginia, es decir, un hombre con más de una esposa—, permitida por la

[202] Para una explicación detallada de las posiciones de las dos escuelas, de Shammai y de Hillel, véase por ejemplo Instone-Brewer: *Divorce and Remarriage in the Bible,* capítulo 5, apartado «The No-fault "Any Matter" Divorce», páginas 110-114.

ley judía y practicada por hombres como Jacob y David en el Antiguo Testamento, no debería ser válida.[203]
- El matrimonio debe ser entre un hombre y una mujer, porque así es como lo describe Jesús.

Ahora bien, como principio hermenéutico, eso es discutible. Es sacar lecciones de aplicación general fuera del contexto inmediato en el que esas palabras se pronunciaron (una consulta sobre el divorcio).

Para criticarlo, solo hay que ver que esto de encontrar lecciones para todo el mundo se ha hecho, y mucho, respecto al matrimonio, pero muchísimo menos con las cosas que dijo Jesús, también en el mismo capítulo de Mateo, sobre los bienes materiales. En su conversación con un joven rico —y después, con los discípulos—, Jesús explicó esto:

> *21 —Si quieres ser perfecto, anda, vende lo que tienes y dáselo a los pobres, y tendrás tesoro en el cielo. Luego ven y sígueme.*
>
> *[...]*
>
> *23 —Os aseguro —comentó Jesús a sus discípulos— que es difícil para un rico entrar en el reino de los cielos.*
>
> (Mateo 19:21,23, NVI)

Con el tema del matrimonio, aplicabilidad a todo el mundo; y con lo que dijo Jesús sobre las riquezas, todo lo contrario. Tendemos a minimizar su aplicación, diciendo que aquel era un caso

203 Para un análisis de la decreciente aceptación de la poligamia en Israel, y del uso de «dos» —presente en casi todas las versiones antiguas de Génesis 2:24, salvo el texto hebreo—, véase Instone-Brewer: *Divorce and Remarriage in the Bible*, capítulo 4, apartados «Polygamy in Israel» y «Qumran Exegetes Prohibited Polygamy», páginas 59-65, y capítulo 6, apartado «Digression on Monogamy and Lifelong Marriage», página 137.

concreto; que no se puede generalizar; que ese joven era muy rico; que Jesús veía su corazón y las prioridades que tenía, etc.

«Pero ¡un momento!», pueden decir los tradicionalistas. La comparación no es válida, porque cuando Jesús habla del matrimonio, lo que dice lo fundamenta en la propia naturaleza del hombre y la mujer, prevista así por Dios en la creación. ¡Eso sí que es generalizable a todo el mundo! Analizaremos más los argumentos sobre el hecho de ser creados hombres y mujeres, o varones y hembras, en los capítulos 18 y 19, y los que giran en torno a qué es el matrimonio, en el capítulo 20.

Por ahora, lo que podemos señalar es que los revisionistas tienen otros argumentos, en el sentido contrario, respecto a estos pasajes de Mateo y Marcos. En primer lugar, dicen que eran los fariseos, no Jesús, los que habían empezado a hablar de «hombre» y «mujer». Era lógico que Jesús contestara en los mismos términos. Y tampoco se puede dar demasiada importancia a ello, porque el matrimonio hombre-mujer era el único que tendrían en mente todos los presentes. La conversación giraba en torno a la permanencia del matrimonio, y nada más.

En segundo lugar, cuando Jesús pronuncia la conocidísima frase «Dios "los hizo hombre y mujer"» (Marcos 10:6, NVI) se puede interpretar simplemente como una manera de evocar, con una sencilla frase, el comienzo de la historia para los judíos, y de hacer pensar a todo el mundo, directamente, en el relato de Génesis.[204] Si quisiéramos buscar un símil en nuestro contexto, sería algo parecido a decir «Cuando oímos "Españoles, Franco ha muerto"» para situar mentalmente a toda una generación del país en el comienzo de la transición democrática. Y este recurso de citar una pequeña frase para hacer recordar todo un pasaje, conocido

[204] Este argumento es expresado por Keen: *Scripture, Ethics, and the Possibility of Same-Sex Relationships*, capítulo 3, apartado «Key Progressive Arguments on Same-Sex Relationships», subapartado «1. Covenant fidelity, not sexual differentiation, is the foundation of biblical marriage», página 29.

de sobras por todos los interlocutores, también era muy propio de las discusiones rabínicas.[205]

Por otro lado, si bien hemos dicho que todos los presentes estarían pensando en el matrimonio hombre-mujer, difícilmente tendrían en mente lo mismo que nosotros hoy en día. No sé si a mis lectores les pasa lo mismo, pero cuando yo leo que los cónyuges forman «un solo cuerpo» (NVI) o «una sola carne» (RV2020) me evoca la imagen de un hombre y una mujer abrazándose desnudos en la cama, y expresiones del tipo «se fundían sus cuerpos en uno». Tenemos una idea romántica e idealizada del matrimonio. Sin embargo, en aquella época era una cosa eminentemente práctica, una unión acordada por las respectivas familias, por razones socioeconómicas. Stott nos recuerda que cuando Jesús dice «lo que Dios ha unido, que no lo separe el hombre», el verbo que usa para «unir» es un derivado de «yugo». Jesús describe los cónyuges como «unidos con yugo».[206] Eso, de romántico, no tiene nada. Según el *Diccionario de la lengua española*, el yugo es un «instrumento de madera al cual, formando yunta, se uncen por el cuello las mulas, o por la cabeza o el cuello, los bueyes, y en el que va sujeta la lanza o pértigo del carro, el timón del arado, etc.».[207] Unir con yugo tiene seguramente una idea de igualdad (unir dos animales diferentes, un burro y un buey, por ejemplo, no funcionaba bien, como sabía

205 Instone-Brewer lo explica en detalle, con ejemplos de debates rabínicos, en *Divorce and Remarriage in the Bible*, capítulo 6, apartado «Abbreviating the Answer», páginas 161-167.

206 Stott: *Issues Facing Christians Today*, sección IV, capítulo 14, apartado «The Teaching of Jesus», página 265. Desafortunadamente la traducción española, *La fe cristiana frente a los desafíos contemporáneos*, sección IV, capítulo 2, apartado «La enseñanza de Jesús», página 309, *omite* la frase entre paréntesis «(literally 'yoked together')» «(literalmente, unidos con yugo)», perdiendo así el motivo por el cual Stott, en el siguiente párrafo, puede hablar del «divine yoke», que sí que aparece en español, como «yugo divino».

207 Definición principal del *Diccionario de la lengua española* de la Real Academia Española (RAE), consultado a través de internet en: https://www.rae.es/.

todo el mundo en aquella época)[208] y quizás por eso Jesús emplea este verbo. Pero unir con yugo evoca particularmente la idea de trabajar, y que ambos cónyuges deben «tirar del carro», expresión que todavía conservamos de la era preautomovilística. (Podemos notar también, aunque sea anecdótico, que la unión con yugo no requiere dos animales de sexos opuestos, macho y hembra).

Las dificultades para ponernos en la piel de los oyentes originales de Jesús, para saber cómo habrían entendido la cita que hace de Génesis, no acaban aquí, porque ni siquiera está del todo claro que «forman una sola carne» se refiera a la relación sexual. Muchos exégetas modernos lo dan por hecho, entre ellos Stott:

> *Génesis 2:24 implica que la unión matrimonial es exclusiva («el hombre... su mujer...»), reconocida públicamente («deja al padre y a la madre»), permanente («se une a su mujer») y consumada con las relaciones sexuales («forman una sola carne»).*[209]

Pero varios autores, entre ellos Instone-Brewer, que hace un estudio muy exhaustivo de la enseñanza bíblica del matrimonio y también de cómo se entendía antes y durante toda la época bíblica —incluida la época intertestamentaria—, nos dicen que los judíos probablemente interpretaban la frase «forman una sola carne»

---

[208] A muchos evangélicos les vendrá a la mente la expresión usada por Pablo en 2 Corintios 6:14, que en la RV2020 es: «No os unáis en yugo desigual con los incrédulos». Aquí el griego usa el verbo *zygeo*, «unir en yugo», con el prefijo *hetero-*, para dar la idea de unir cosas diferentes o disimilares. Bastantes traducciones modernas de este versículo de 2 Corintios optan por *no* emplear para nada el término «yugo», probablemente porque valoran que hoy en día muchas personas, sobre todo personas jóvenes y de entornos urbanos, solo tienen una idea muy vaga de qué es.

[209] Stott: *Issues Facing Christians Today*, sección IV, capítulo 14, apartado «Old Testament Teaching», página 262 (en español: *La fe cristiana frente a los desafíos contemporáneos*, sección IV, capítulo 2, apartado «La enseñanza del Antiguo Testamento», páginas 305-306), traducción mía del inglés.

como queriendo decir «forman una sola familia», porque tanto en hebreo como en arameo el término *basar* traducido por «carne» en Génesis 2:24 era sinónimo de «clan» o «grupo familiar».[210] El uso de «carne», en diferentes sitios del Antiguo Testamento, para hablar de parentesco y no de la intimidad sexual se comentará más en el siguiente capítulo. Aquí simplemente cabe señalar lo que Instone-Brewer nos explica: cuando los rabinos disertaban sobre las relaciones sexuales dentro del matrimonio, lo hacían siempre a partir de Éxodo 21:10-11, no basándose en Génesis 2.[211]

En fin, de todo lo que dice Jesús sobre el matrimonio citando Génesis, la expresión «el Creador "los hizo hombre y mujer"» parece claramente el aspecto más importante para el debate sobre la homosexualidad. Para muchos es decisivo. Pero con lo que hemos explicado en este capítulo no parece un argumento absolutamente irrefutable. Si lo acaba siendo, en la mente de los tradicionalistas, es porque queda reforzado por su modo de interpretar, más generalmente, el relato de la creación en Génesis y su comprensión del matrimonio. Pasemos, pues, a analizar lo que explican los primeros capítulos de Génesis sobre el hombre y la mujer, para intentar clarificar algo más toda la cuestión y ver si estos textos inclinan realmente la balanza a favor de la postura tradicionalista sobre la homosexualidad o no.

---

210 Véase Instone-Brewer: *Divorce and Remarriage in the Bible*, capítulo 2, apartado «The Monogamist Ideal», página 22 (y nota al pie 3).

211 Estos versículos de Éxodo establecían que a una esposa esclava no se le podía privar de alimentos, ropa y relaciones conyugales. Si el hombre no le daba estas tres cosas, ella quedaba libre para marcharse, sin pagar nada. Entre otras cosas, los rabinos argumentaban que si una esposa esclava tenía derecho a estas tres cosas, mucho más todavía tenía ese derecho una esposa de estatus normal, casada como de costumbre, mediante un acuerdo nupcial entre las dos familias. Instone-Brewer menciona estas tres obligaciones en numerosos sitios de *Divorce and Remarriage in the Bible*, la primera vez en el capítulo 1, apartado «Stipulations in Marriage Covenants», página 9.

18. LA CREACIÓN DE ADÁN Y EVA, HOMBRE Y MUJER, Y LA IMPORTANCIA (Y DIFICULTAD) TEOLÓGICA DE LOS PRIMEROS CAPÍTULOS DE GÉNESIS

En general, los primeros capítulos de Génesis tienen mucha importancia para los teólogos. Es así tanto para los que quieren entenderlos de forma más o menos literal —y, por tanto, en contra del consenso científico— como para aquellos que los comprenden como un relato alegórico, escrito en términos precientíficos, con importancia teológica (el porqué y el por quién de la creación), pero sin ninguna pretensión de dar lecciones de ciencia (el cómo y el cuándo).[212]

Afortunadamente, las posibles aplicaciones para el debate sobre la homosexualidad no dependen en general de las discusiones, a veces enrevesadas, entre creacionistas y evolucionistas. Nos podemos ceñir básicamente a los aspectos teológicos (ontológicos,

---

[212] Algunos de los argumentos para considerar los primeros capítulos de Génesis como un relato alegórico o un mito —en el sentido técnico de la palabra— son: a) la forma literaria hiperestructurada, casi «prosa poética», de Génesis 1; b) el hecho de que unos cuantos teólogos y pensadores precientíficos —por tanto, sin prejuicios a causa de los descubrimientos científicos— también entendían la historia de Adán y Eva en el jardín de Edén en términos no literales, y c) el hecho de que el propio libro de Génesis después da a entender que Adán y Eva no eran los únicos seres humanos: no se comprende, si no, el miedo de Caín si Dios lo condenaba a ser errante como un fugitivo, de que el primero que se le cruzara por el camino lo pudiera matar. Respecto a los puntos a) y b), ver por ejemplo Blocher, Henri: *In the Beginning. The Opening Chapters of Genesis*, InterVarsity Press, 1984, particularmente el capítulo 2, apartado «The literary interpretation», páginas 49 a 59. Y para el punto c), ver Génesis 4:14.

éticos, morales). Eso simplifica un poco las cosas, pero no del todo, como ahora veremos.

Hay que decir, de entrada, que damos importancia a lo que dice Génesis porque Jesús lo citó en su defensa de la permanencia del matrimonio, como ya se ha explicado en el capítulo precedente. Asimismo, el apóstol Pablo también usa a Adán y Eva en algunos de sus argumentos teológicos. Y cuando escribe sobre las relaciones sexuales contra naturaleza en la carta a los Romanos, para muchos exégetas también hay una clara alusión a la creación de Génesis.

Dicho todo esto, a modo de preámbulo, ¿qué encontramos en los primeros capítulos de Génesis que sea pertinente para nuestro estudio?

En Génesis, capítulo 1, leemos esto:

> [27] *Y Dios creó al ser humano a su imagen;*
> *lo creó a imagen de Dios.*
> *Hombre y mujer los creó,*
> [28] *y los bendijo con estas palabras:*
> *«Sed fructíferos y multiplicaos;*
> *llenad la tierra y sometedla;*
> *dominad a los peces del mar y a las aves del cielo,*
> *y a todos los reptiles que se arrastran por el suelo».*
> (Génesis 1:27-28, NVI)

Como aspectos destacables para el debate sobre la homosexualidad y, de hecho, para cuestiones de sexualidad y género en general, de estos dos versículos podemos hacer hincapié en tres cosas:

- Dios creó a la humanidad en forma de *hombre* y *mujer*. Algunas biblias[213] usan justamente el binomio «hombre y mujer»

[213] Suelen ser traducciones más recientes, las que ponen «hombre y mujer»: NVI (que he citado), NBV, NTV, CST, BLP (y BLPH), RVA2015 y RV2020.

para traducir los términos hebreos *zakar* y *neqebah* de Génesis 1:27. Otras, en cambio, optan por «varón y hembra» o «varón y mujer».[214] En realidad, los dos vocablos hebreos se usan para indicar al macho y a la hembra de cualquier tipo de animal,[215] pero únicamente encontré una Biblia[216] que empleara «macho y hembra» en este versículo de Génesis.

Eso sí, de alguna manera u otra, la mayoría de las traducciones[217] intentan mantener la distinción del hebreo original entre el vocablo *adam*, que en Genesis 1:27 designa a la raza humana, y la palabra *zakar*, que designa al macho de la especie:[218]

> [27] *Y Dios creó al ser humano [adam] a su imagen;*
> *lo creó a imagen de Dios.*
> *Hombre [zakar] y mujer [neqebah] los creó.*
> (Génesis 1:27, NVI)

---

214 He encontrado «varón y hembra» en estas biblias: RVR1960 (y RVR1977, RVR1995 y RVA), LBLA (y NBLA) y BCdB. Ahora bien, yo diría que hoy en día no queda nada bien el calificativo «hembra» para la mujer, si no se usa su equivalente, «macho», para el hombre. Es decir, si se opta por «varón», veo más políticamente correcto aparejarlo con «mujer», como hacen estas biblias: DHH, BCEE y BUN.

215 Es con «macho» y «hembra» que se traducen estos dos vocablos en Génesis 7:2, en todas las biblias, al describir cómo los diferentes animales entran de dos en dos —uno de cada sexo— en el arca de Noé. (El uso de *zakar* y *neqebah* en este versículo lo he comprobado, a través de los términos *male* y *female*, en: Goodrick, Edward W., & Kohlenberger, John R. III, *The NIV Exhaustive Concordance*, Zondervan, 1990).

216 La que pone «macho y hembra» es la JBS, la *Biblia del Jubileo* (*Biblia del Jubileo 2000 (JUS)*), 2000-2020, Ransom Press International.

217 La mayoría, pero no todas. La RVA2015 (*Reina Valera Actualizada*) y la RVC (*Reina Valera Contemporánea*), por ejemplo, pierden la distinción entre *adam* y *zakar* en Génesis 1:27, al poner «hombre» como traducción de ambos términos.

218 Los que ponen «hombre y mujer» en Génesis 1:27 lo hacen sacrificando el trato homogéneo del hebreo *adam*, al traducirlo aquí por «ser humano» o «seres humanos», pero en el capítulo 2 de Génesis por «el hombre» o «Adán».

> [27] *Y creó Dios al hombre [adam] a su imagen,*
> *a imagen de Dios lo creó;*
> *varón [zakar] y hembra [neqebah] los creó.*
> (Génesis 1:27, RVR1995[219])

Sea cual sea la traducción preferida del versículo 27, por lo menos parece clara la afirmación de que somos *seres sexuales*. Dicho de otro modo, nuestra sexualidad es una parte intrínseca de lo que somos.

- Tal y como está expresado, parece claro que los dos sexos llevan o evidencian, de forma igual, la *imagen* o *semejanza* de Dios —y ambos reciben las mismas instrucciones—. Esa es la conclusión clara de Stott,[220] entre otros. Es más, aquí, en el capítulo 1, no hay ninguna diferenciación entre el hombre y la mujer, algo que sí sucede en el capítulo 2, en el que la mujer es creada después, a partir de una costilla del hombre.
- La instrucción que Dios da al hombre y a la mujer en Génesis 1:28 es que deben ser *fructíferos* o *fecundos*, por lo tanto, tener relaciones sexuales hombre-mujer, multiplicarse (tener hijos) y llenar la tierra.

Los aspectos biológicos (el aspecto reproductivo y, más generalmente, la idea de que los individuos somos seres masculinos y femeninos) se tratarán en el siguiente capítulo.

---

[219] Aquí he citado la RVR1995 —y no la RVR1960, aunque usa exactamente las mismas palabras— porque la RVR1995 pone los mismos saltos de línea que la NVI, facilitando la comparación entre las dos citas.

[220] Stott: *Issues Facing Christians Today*, sección IV, capítulo 13, apartado «Equality», página 237 (en la versión en español, *La fe cristiana frente a los desafíos contemporáneos*, sección IV, capítulo 1, apartado «La igualdad», páginas 276-277).

En cuanto al aspecto teológico de ser hechos a la imagen de Dios (que a veces se identifica con el término en latín *Imago Dei*), hay teólogos tradicionalistas que intentan buscar aquí un argumento a favor de la heterosexualidad sugiriendo que son necesarios el hombre y la mujer juntos para reflejar de forma completa la imagen de Dios. Vines da algunos ejemplos en su libro *God and the Gay Christian*, en el capítulo 9, donde analiza esta cuestión de la imagen de Dios, entre ellos estos:

> *James B. DeYoung escribió esto: «No es posible que lo masculino refleje la imagen divina separado de lo femenino [...]».*
>
> *Robert Gagnon también ha escrito esto: «"varón y hembra los creó" probablemente sugiere que la plenitud de la "imagen" de Dios se encuentra en la unión del hombre y la mujer en el matrimonio (y no, se podría inferir, en las uniones de personas del mismo sexo)».*[221]

Ahora bien, Vines[222] y Brownson,[223] entre otros, rechazan frontalmente esta idea, con argumentos que, para mí, son muy claros, particularmente estos:

---

[221] Vines: *God and the Gay Christian*, capítulo 9, nota al pie número 3, página 152, traducción mía. Las referencias bibliográficas que da Vines son: DeYoung, James B.: *Homosexuality: Contemporary Claims Examined in Light of the Bible and Other Ancient Literature and Law*, Kregel Publications, Grand Rapids, Michigan, 2000, página 14; Gagnon, Robert A. J.: *The Bible and Homosexual Practice: Texts and Hermeneutics*, Nashville: Abingdon, 2001, página 58. Vines ve una posible influencia de Karl Barth, a quien también cita brevemente, en las afirmaciones de DeYoung y Gagnon.

[222] Vines: *God and the Gay Christian*, capítulo 9, apartado «Does the Image Require Heterosexuality», páginas 151-152.

[223] Brownson: *Bible, Gender, Sexuality*, capítulo 2, apartado «Critiquing Biological Understandings of Gender Complementarity», subapartado (3), páginas 31-32.

- Sean cuales sean los rasgos humanos que nos hacen tener la semejanza o imagen de Dios —se han propuesto muchas cosas: intelecto, alma, libre albedrío, creatividad, ser seres relacionales (como la Trinidad), poder de mando (para dominar la tierra), etc.—, difícilmente puede ser el aspecto sexual, porque eso lo tienen también muchos animales, que no son hechos a la imagen de Dios.
- No se puede afirmar que una persona soltera no ostente, de forma completa, la imagen de Dios. La afirmación «no es bueno que el hombre esté solo» de Génesis 2:19 (que ahora comentaremos) no tiene para nada esta idea. Es más, Jesús era un hombre soltero, pero según 2 Corintios 4:4 y Colosenses 1:15, él *es* la imagen de Dios, y en toda su plenitud.

En fin, no parece que argumentos en torno a la *Imago Dei* puedan ser muy relevantes para el debate sobre la homosexualidad. Dejemos aquí el capítulo 1 de Génesis y pasemos a comentar lo que el otro relato de la creación, en el capítulo 2, también nos explica, y que diferentes autores han encontrado pertinente para ese debate.

En Génesis 2, como preámbulo a toda la historia de Adán y Eva, leemos esto:

> *Luego Dios el Señor dijo: «No es bueno que el hombre esté solo. Voy a hacerle una ayuda adecuada».*
>
> (Génesis 2:18, NVI)

Según este versículo, Dios tiene en mente un doble propósito: combatir la soledad de Adán y darle una ayuda o ayudante (hebreo *ezer*). Pero no crea directamente a la mujer. En vez de eso, primero crea todos los animales, y los enseña a Adán para que les ponga nombre, sin que ninguno de ellos resulte ser la ayuda idónea.

Evidentemente, no hay que pensar que el desfile de animales era porque Dios necesitaba descartar otras posibilidades, ni que tenía la esperanza de ahorrarse trabajo, si Adán se contentaba con uno de los animales ya creados. Parece bastante claro que era una especie de «maniobra psicológica». Se hacía todo el proceso para que Adán pudiera tomar conciencia de lo que realmente necesitaba y quedar bien convencido, al ver a Eva. Es una bonita historia y fácil de entender en cualquier cultura o época, como más de un comentarista ha destacado.

A continuación, en Génesis 2, encontramos esto:

> [21] *Entonces Dios el Señor hizo caer a Adán en un sueño profundo y, mientras este dormía, tomó una de sus costillas, y luego cerró esa parte de su cuerpo.* [22] *De la costilla que Dios el Señor tomó del hombre, hizo una mujer, y la trajo al hombre.* [23] *Dijo entonces Adán:*
>
> *—¡Esta sí que es hueso de mis huesos*
> *y carne de mi carne!*
> *Será llamada «mujer»,*
> *porque del hombre fue tomada.*
>
> [24] *Por tanto, dejará el hombre a su padre y a su madre, se unirá a su mujer y serán una sola carne.*
>
> (Génesis 2:21-24, RV2020)

Para esta cita he usado la RV2020 porque en el versículo 24 usa la expresión «una sola carne», haciendo una traducción literal y directa del hebreo.[224] Más vale que nos familiaricemos con esta

[224] La palabra *carne* es una traducción directa del hebreo *basar*. Este vocablo aparece en el versículo 21 (la RV2020 pone «cerró esa parte de su cuerpo», pero la RVR1995 lo traduce más literalmente con «cerró la carne en su lugar»), y luego figura dos veces en el versículo 23 («carne de mi carne») y en el versículo 24 («serán una sola carne»). El uso de *basar* lo he comprobado en la entrada *flesh* en: Goodrick, Edward W., & Kohlenberger, John R. III:

expresión, porque el concepto de «una sola carne», y lo que puede significar, sale reiteradamente en los argumentos de unos y otros en el debate sobre la homosexualidad, como luego explicaré.

Pues bien, como más relevante para nuestro estudio, de estos versículos 21 a 24 de Génesis 2, podemos destacar también tres cosas:

- Adán encuentra muy *idónea* a la mujer que Dios le presenta. Antes había visto y dado nombre a todos los otros animales, pero es solo al ver a la mujer, formada de una parte de su propio cuerpo —sea en su sueño o literalmente, tanto da— que exclama: «¡Esta sí que es hueso de mis huesos y carne de mi carne!».
- Esta expresión «hueso de mis huesos y carne de mi carne» del versículo 23, y el hecho de que la mujer haya sido sacada del hombre, parece señalar claramente la estrecha relación o *similitud* entre la mujer —que en este punto del relato todavía no tiene nombre— y el hombre. Es otro ser humano, como Adán, no un animal.

  Esta idea de estrecha relación o similitud queda reforzada, en el hebreo original, por la frase que viene justo después, que emplea el mismo vocablo, pero en distinto género, para ambos seres. Esto queda escondido en la RV2020 —y en la NVI y en muchas otras versiones—, pero las versiones más antiguas de la Reina Valera (RVA, RVR1960 y RVR1977) y algunas otras traducciones, como por ejemplo la BLP, procuran reflejarlo usando «varona» y «varón»:

The NIV Exhaustive Concordance. La NVI usa la misma expresión «carne de mi carne» en el versículo 23; en cambio, evita la palabra *carne* tanto en el versículo 21, donde habla de «la herida», como en el versículo 24, donde opta por una traducción no literal: «los dos se funden en un solo ser».

> —*¡Esta sí que es hueso de mis huesos*
> *y carne de mi carne!*
> *Se llamará varona,*
> *porque del varón fue sacada.*
>
> (Génesis 2:23, BLP)

Y la BLP añade esta nota al pie explicativa:

> *2,23:* varona... varón: *Se han mantenido en la traducción estas formas arcaicas del castellano, pues se ha querido ofrecer un juego sonoro similar al que presenta el original hebreo con* ish *(hombre, varón) y su femenino,* ishá.

Bastantes autores incluso ven lógico hablar no solo de similitud, sino de *parentesco* para describir esta relación estrecha entre la mujer y el hombre. Para ello tienen en cuenta que el Antiguo Testamento usa locuciones similares, con «hueso» y «carne», para expresar el hecho de estar emparentado. Así, por ejemplo, Labán dice «eres hueso mío y carne mía» cuando conoce a su sobrino Jacob (Génesis 29:14, RV2020), y Abimelec (Abimélec, en algunas traducciones) también anima a los de Siquem (o Siquén) a tenerlo como líder diciéndoles «Acordaos que yo soy hueso vuestro, y carne vuestra»[225] (Jueces 9:2, RVR1960).[226]

---

[225] Literalmente, «soy de vuestros huesos y de vuestra carne», según la nota al pie sobre Jueces 2:9 que ofrece la BTI (*La Biblia, Traducción Interconfesional*).

[226] También vemos expresiones similares con «hueso» y «carne» para denotar parentesco en 2 Samuel 5:1 y 2 Samuel 19:12-13 (19:13-14 en las biblias, normalmente católicas o interconfesionales, que siguen la numeración hebrea). Entre los autores que señalan esta connotación de parentesco están Blocher, Brownson y Vines.

Henri Blocher, en su libro magistral sobre los primeros capítulos de Génesis, escrito en el año 1979 —o sea, totalmente fuera del contexto del debate actual sobre la homosexualidad—, lo resume muy bien hablando así de esta parte de Génesis 2:

> *El énfasis del pasaje está en la similitud del hombre y la mujer, en su parentesco estrecho y en su posesión de una esencia idéntica.*[227]

- Todo esto se presenta, en el texto, como el motivo por el cual el hombre deja a los padres, se une a su mujer y forman «una sola carne». Parece claramente una referencia al *matrimonio*, al hecho de casarse. También puede ser una referencia al hecho de tener relaciones sexuales; pero, como hemos comentado en el capítulo precedente, no está tan claro si este aspecto estaría en la mente del autor original o no.

Quedan bastante evidentes, pues, en la historia de Adán y Eva estos tres aspectos: la *idoneidad* de la mujer, su *similitud* o *parentesco* con el hombre, y la *unión* que todo eso propicia.

Lo que no se percibe es ninguna expresión que permita ver, ni siquiera entrever, la idea de *complementariedad*. Yo, al menos, no la encuentro en ninguna parte. La complementariedad es un concepto que tiene un lugar destacado en el argumentario tradicionalista (en el siguiente capítulo hablaremos de ello), pero de los primeros capítulos de Génesis no recibe ningún apoyo claro; como mucho podemos decir que no hay nada, en los relatos de Génesis, que lo excluya. Vamos a ver por qué:

---

[227] Blocher: *In the Beginning. The Opening Chapters of Genesis*, InterVarsity Press, 1984, traducción de *Révélation des origines*, 1979. La cita es del capítulo 5, apartado «The relationship of the man and of the woman», página 98, traducción mía (del inglés).

- En primer lugar, es cierto que Dios crea a Eva como *ayuda* para Adán, pero el término hebreo *ezer* es muy neutral. No parece tener ninguna connotación de ayuda que complemente o complete —ni mucho menos cualquier idea de inferioridad—, porque a menudo *ezer* se aplica, en el Antiguo Testamento, a Dios mismo, cuando viene en auxilio del pueblo de Israel.[228]
- En segundo lugar, algunos autores tradicionalistas atribuyen mucha importancia a la *manera* en que Dios crea la mujer, tomando o *separando* una parte del propio Adán, que después le es devuelto en forma de mujer, para que él se pueda *unir* a ella. Así, por ejemplo, Stott, partiendo de las referencias a «carne», «mi carne» y «una sola carne» en Génesis 2, afirma que:

> *[...] eso es deliberado, no una casualidad. Enseña que las relaciones heterosexuales en el matrimonio son más que una unión; son una especie de reunificación. No se trata de la unión de personas ajenas que no pertenezcan la una a la otra y que no puedan formar una sola carne de modo apropiado. Al contrario, es la conjunción de dos personas que originalmente eran una, que entonces fueron separadas la una de la otra, y que ahora se reencuentran nuevamente en la unión sexual de los cónyuges.*
>
> *Seguramente esto es la explicación del misterio profundo de la intimidad heterosexual [...]. Las*

[228] Este uso de *ezer* para describir a Dios mismo es explicado por Brownson en *Bible, Gender, Sexuality,* capítulo 2, apartado «Critiquing Biological Understandings of Gender Complementarity», argumento «(2) The focus in Genesis 2...», página 30. Él da, como ejemplos, estos versículos: Éxodo 18:4; Deuteronomio 33:7, 26 y 29; 1 Samuel 7:12; diferentes salmos: 33:20; 70:6; 115:9-11; 121:2; 124:8 y 146:5, y Daniel 11:34.

> *relaciones heterosexuales son mucho más que una unión de cuerpos; son una armonización de personalidades complementarias [...].*[229]

Estoy de acuerdo con Stott en que, en la historia de Adán y Eva, todo el proceso fue así, pero para mí —y me sabe mal decirlo, porque soy un gran admirador de Stott y de sus libros— el resto de su argumento cojea. Las parejas que se unen hoy en día, a fin de ser una sola carne, evidentemente no provienen de este proceso de separación y posterior reunificación. Eso es así, tanto si se trata de una mujer y un hombre como de dos personas del mismo sexo. El adjetivo «heterosexual» que Stott añade, varias veces, a su explicación es válido para Adán y Eva, evidentemente. Pero si el proceso no es aplicable a todas las parejas posteriores, quizás el apelativo «heterosexual» tampoco. Scott lo cuela dentro de su argumento sobre Génesis 2, al igual que la expresión «personalidades complementarias», al final de la cita, sin ninguna justificación o explicación. O sea, para mí, la creación de la mujer a partir de la costilla de Adán sigue siendo una historia de similitud, de tener la misma esencia o, en términos científicos modernos, de ser de la misma especie. No hay elementos, en el texto, para hacer más derivadas.

En realidad, el argumento de la complementariedad es un argumento más anatómico o biológico que bíblico; por eso, hablaremos de él en el siguiente capítulo. Para un análisis mucho más detallado del poco apoyo bíblico que hay para este concepto, recomiendo el capítulo 2 del libro de Brownson, *Bible, Gender, Sexuality*.[230]

---

[229] Stott: *Issues Facing Christians Today*, sección IV, capítulo 16, apartado «Sex and Marriage in the Bible», páginas 310-311, traducción mía del inglés. El libro en español, *La fe cristiana frente a los desafíos contemporáneos*, sección IV, capítulo 4, apartado «Sexo y matrimonio en la Biblia», página 362, lo expresa con palabras similares.

[230] Brownson hace una crítica muy detallada —y contundente— de los diferentes argumentos, a partir de la *imago Dei*, que ofrecen autores como Gagnon, y de la poca base bíblica, e incongruencia teológica, que tienen. Véase Brownson:

Por otro lado, creo que es interesante señalar que, de todo lo que se nos explica en los dos relatos de la creación en Génesis, no es nada fácil saber qué puede considerarse normativo o prescriptivo, y qué debería entenderse como simplemente descriptivo, es decir, un detalle accesorio o un aspecto cultural de la narrativa. Lo demuestra el hecho de que, en diferentes momentos de la historia, diferentes corrientes judías o cristianas han subrayado, o al contrario, han minimizado o ignorado, aspectos como estos:

- La *fecundidad*: Históricamente, la procreación era de suma importancia para el judaísmo (era un deber casarse y tener hijos); en cambio, venía a ser irrelevante para el cristianismo primitivo (el matrimonio era visto casi como una distracción innecesaria ante el inminente retorno del Señor).
- El *descanso*: El seguimiento estricto del sábado o *sabbat* ha sido, de siempre, una marca identitaria de los judíos. De forma similar, el descanso dominical fue importante, incluso muy importante, en ciertos momentos históricos del protestantismo (algunos lectores quizás recordarán que es un elemento destacado en la trama de la película *Carros de fuego*). Actualmente, la idea de no trabajar en domingo es un tema menor en muchas de nuestras iglesias evangélicas; a menudo se ha reconvertido en un simple principio general de descanso regular.
- La *agricultura* como actividad: Esto ha sido enfatizado por unos pocos (los *amish*, por ejemplo), pero ha sido bastante irrelevante para la mayoría de las corrientes cristianas y judías, sobre todo a partir de la revolución industrial.

Bible, Gender, Sexuality, capítulo 2, apartado «Critiquing Biological Understandings of Gender Complementarity», argumento «(3) The fact that male and female are both created in the divine image...», página 31 y siguientes.

- El hecho de que *el hombre deje a los padres* cuando se casa: Este es un principio importante en manuales cristianos modernos sobre el matrimonio, pero no era considerado significante —aparentemente— en la época bíblica, cuando, en todo caso, era la mujer la que dejaba a los padres, más que el hombre.
- La *igualdad* entre el hombre y la mujer: Esta idea se puede fundamentar en el primer relato de Génesis (mujer y hombre creados, sin distinción, a imagen de Dios) y también en el hecho de que, en el segundo relato, la mujer proviene del costado del hombre, no de su cabeza ni de su pie.[231]
- La *jerarquía* o *superioridad* del hombre respecto a la mujer —o sea, la *desigualdad*, ¡todo lo contrario del punto anterior!—: Nos puede parecer chocante —incluso aberrante— hoy en día, pero eso se ha argumentado a partir del hecho de que el hombre es creado primero —la segunda carta a Timoteo también hace hincapié en eso (2 Timoteo 2:13)— y que es el hombre quien pone nombre a la mujer, tal como había hecho con los animales.[232]

Estos ejemplos hacen pensar que, en realidad, en todas las épocas se han leído bastante selectivamente los relatos de la

[231] Eso lo menciona, por ejemplo, Stott en *Issues Facing Christians Today*, sección IV, capítulo 13 (sección IV, capítulo 1, en la edición en español, *La fe cristiana frente a los desafíos contemporáneos*). Stott explica que esta es una idea a la que se refiere el comentarista bíblico Matthew Henry, que tal vez la obtuvo del teólogo medieval Pedro Lombardo, que lo comenta en su obra *Cuatro libros de sentencias*, escrita alrededor del año 1157.

[232] Solo he mencionado aquí los motivos para defender una supuesta superioridad jerárquica del hombre basados en los relatos de creación de los capítulos 1 y 2 de Génesis. Quizás el texto más importante para postular esa superioridad sería el castigo o maldición que Dios pronuncia contra la mujer, por haber comido de la fruta prohibida y haber dado a Adán, en el relato conocido habitualmente como «la caída»: «Desearás a tu marido, y él te dominará» (Génesis 3:16, NVI).

creación, según los prejuicios socioculturales o intereses del momento. Webb, en quien me he basado bastante, para enumerarlos, dedica un buen espacio a esta cuestión en *Slaves, Women & Homosexuals*. En un momento de su análisis dice esto:

> *Es imposible no tener la impresión de que algunos aspectos del Edén son simplemente una parte de la narración y nada más, mientras que otros aspectos son extremadamente significativos.*[233]

Ahora bien, debo decir que en todo lo que escribe Webb, yo personalmente no he encontrado ninguna explicación clara de cómo distinguir, en los relatos de la creación en Génesis, entre los aspectos esenciales y los accesorios. Entiendo, al igual que Webb, que a veces nos puede ayudar, para evaluar la aplicabilidad o pertinencia de un determinado aspecto, lo que se ha comentado en otros lugares de la Biblia al respecto —particularmente, como ya he expresado, lo que se ha indicado en el Nuevo Testamento—. Pero estas referencias posteriores, si las hay —que no siempre—, también necesitan ser valoradas e interpretadas, con todas las dificultades que eso pueda comportar. Y la idea de la trayectoria o direccionalidad de la revelación bíblica, que sería la idea central de los análisis de Webb —y que explico en el capítulo 12—, tampoco resuelve todas las dudas.

Como prueba anecdótica de lo difícil que puede resultar saber qué lecciones sacar de los relatos descriptivos de la creación de Génesis, explico algo que propone Moore.[234] Él se fija en el hecho de que Dios deja al hombre, Adán, decidir a quién quiere tener como acompañante. Adán no se conforma con ninguno de los otros

---

233 Webb: *Slaves, Women & Homosexuals*, capítulo 5, apartado «Criterion 6», subapartado «B. Neutral examples», página 127, traducción mía.

234 Moore: *A Question of Truth*, capítulo 5, apartado «An alternative view», páginas 140-141.

animales. Cuando se le presenta la mujer, dice que sí. La encuentra atractiva y deseable como pareja. Pero la decisión es del hombre, no de Dios. Si aplicásemos esto como principio, para el caso de la homosexualidad, tendríamos que decir que Dios deja a cada uno decidir a quién desea tener como pareja; y si un hombre encuentra atractivo a otro hombre, ¿por qué no? El argumento tiene una cierta lógica, y es original e ingenioso, pero tal vez resulte problemático a nivel teológico, y no he encontrado ningún otro autor que lo haya querido citar o desarrollar en sus análisis.[235]

En los próximos capítulos analizaremos más a fondo los diferentes planteamientos, en el debate sobre la homosexualidad, que tienen que ver con cómo Dios nos ha creado y con qué finalidades. Pero antes podemos hacer también una breve referencia al tercer capítulo de Génesis.

En Génesis 3 encontramos la historia de cómo Adán y Eva desobedecen a Dios, después de las palabras engañosas de la serpiente a Eva, y acaban «malditos», sometidos a una nueva realidad de imperfección y mortalidad, y expulsados del jardín de Edén por Dios. Es lo que comúnmente se conoce como «la caída».

Pero hay que señalar que los términos «caída» y «pecado original» no aparecen en la Biblia. Son conceptos teológicos derivados solo indirectamente de Génesis 3. Tienen su base, sobre todo, en el análisis que hace al respecto el apóstol Pablo, particularmente en Romanos 5, donde dice, por ejemplo, esto (refiriéndose a Adán):

---

[235] Solo recuerdo una referencia —hecha de pasada y sin citar a Moore como fuente— sobre el hecho de que Dios dejó *a Adán* determinar si Eva era idónea o no, en Wilson: *Letter to My Congregation*, capítulo 6, apartado «Not the First Big Marriage Controversy», página 142. Uno de los problemas del argumento «Dios da libertad para escoger» sería que, si se aplicara este principio de forma general y amplia, se podría entender como dando luz verde también a la bestialidad, pero sería muy forzado, teniendo en cuenta el propósito de dar a Adán compañerismo y ayuda.

Por medio de un solo hombre, el pecado entró en el mundo, y por medio del pecado entró la muerte; fue así como la muerte pasó a toda la humanidad, porque todos pecaron.
(Romanos 5:12, NVI)

Durante dos milenios se han escrito libros y se ha debatido sobre cómo hay que entender la caída y de qué manera aquella primera desobediencia de Adán marcó o ejemplificó el inicio de la desobediencia universal —con argumentos que aquí no intentaremos analizar—. Lo único que está medianamente claro es que somos seres mortales y vemos, en todas partes y en nosotros mismos, signos constantes de imperfección y debilidad, si no directamente de maldad y corrupción. Y lo vemos no solamente en la raza humana, sino en cierto modo en toda la creación. Como dice también Pablo, en otro punto de la carta a los Romanos:

[20] *[La creación] fue sometida a la frustración. Esto no sucedió por su propia voluntad, sino por la del que así lo dispuso. Pero queda la firme esperanza* [21] *de que la creación misma ha de ser liberada de la corrupción que la esclaviza, para alcanzar así la gloriosa libertad de los hijos de Dios.*
(Romanos 8:20-21, NVI)

Muchos autores, particularmente los que son de una línea tradicionalista, postulan que la tendencia homosexual, la atracción sexual hacia personas del mismo sexo, es una manifestación más de la caída.[236] Para ellos, es otro ejemplo de cómo la intención original del creador se ha torcido. Algunos considerarían la propia orientación homosexual, en sí, como una corrupción moral, pero

---

[236] Allberry, por ejemplo, lo dice muy categóricamente en *Is God Anti-Gay?*, capítulo 3, apartado «Is it sinful to experience same-sex attraction?», página 50.

esta apreciación es seguramente muy minoritaria hoy en día. La mayoría la categorizarían simplemente como una muestra más de nuestra naturaleza caída, una especie de desorden o trastorno. Así pues, sería una condición médica o psicológica, como muchas otras que podemos padecer como seres humanos imperfectos; si nos toca, según esta teoría, debemos aprender a convivir con ello, con las dificultades que comporta, y a gestionar adecuadamente nuestras circunstancias particulares.

No todo el mundo lo entiende así, al menos en el caso de la homosexualidad y de ciertas condiciones similares, por ejemplo, la intersexualidad, como veremos en el siguiente capítulo, pero es un argumento que tiene muchos proponentes. Ahora bien, hay que indicar que es un argumento indirecto o derivado, porque no se fundamenta directamente en lo que dice Génesis 3. Las consecuencias para Adán y Eva de su desobediencia incluyen un elemento de relaciones de pareja alteradas —Dios dice a Eva «Desearás a tu marido, y él te dominará» (Génesis 3:16, NVI)—, pero ninguna mención de la homosexualidad. Y el apóstol Pablo, en Romanos 5, solo habla del pecado y de la muerte, como fruto de la desobediencia de Adán, en términos muy generales. Ahora bien, si uno ya tiene como premisa que la homosexualidad, o la práctica homosexual, es pecado, su asociación con Génesis 3 y nuestra naturaleza caída es fácil de hacer.

Hay que decir también que algunos teólogos protestantes cuestionan la caída tal y como se explica normalmente. Notan, por ejemplo, que Génesis habla de la bondad de la creación, no de un estado de perfección. Y que no está claro que Adán y Eva fuesen inicialmente seres inmortales: simplemente pierden el acceso al árbol de la vida cuando son expulsados del jardín de Edén. Por otro lado, el judaísmo no lee el relato de Edén en términos de caída —los judíos no están influenciados por el apóstol Pablo, claro—, sino como una alegoría de la pérdida de la inocencia y el paso a la madurez. Para quien quiera explorar más las diferentes maneras que tienen los teólogos de entender e interpretar la caída en general, y de aplicarla al debate sobre la homosexualidad en particular, es muy recomendable el análisis que hace Keen al respecto, en el capítulo 7 de *Scripture, Ethics, and the Possibility of Same-Sex Relationships*.[237]

Nosotros pasaremos a tratar otra vertiente de los argumentos sobre cómo Dios nos ha creado: diferentes cuestiones anatómicas y biológicas que suelen salir en el debate sobre la homosexualidad.

[237] Keen: *Scripture, Ethics, and the Possibility of Same-Sex Relationships*. El capítulo se titula «Is It Adam's Fault? Why the Origin of Same-Sex Attraction Matters» («¿Es culpa de Adán? Por qué es importante el origen de la atracción a personas del mismo sexo») y es especialmente interesante el apartado «Human Origins, the Fall, and Biblical Interpretation» («Los orígenes de la humanidad, la caída y la interpretación bíblica»).

19. LOS ASPECTOS FISIOLÓGICOS Y BIOLÓGICOS EN EL DEBATE TEOLÓGICO

En todo el debate sobre la homosexualidad en el contexto cristiano pesa mucho el versículo de Génesis 1:27, que dice que Dios nos creó «hombre y mujer» o «varón y hembra», dependiendo de la traducción. Es el aspecto al que Jesús también se refiere, muy claramente, cuando lanza esta pregunta a los fariseos, en su conversación sobre el divorcio: «¿No habéis leído [...] que en el principio el Creador "los hizo hombre y mujer" [...]?» (Mateo 19:4, NVI). Constituye la base de uno de los argumentos tradicionalistas más importantes.[238]

En la literatura cristiana sobre la homosexualidad, el «cómo Dios nos ha creado biológicamente» normalmente gira en torno a dos ejes principales:

- el aspecto fisiológico o anatómico y
- el aspecto reproductivo.

Estos factores se completan —o se matizan— con una serie de otros aspectos biológicos, descubiertos por los científicos, básicamente:

- ciertos aspectos cognitivos o rasgos de comportamiento diferenciadores y
- aspectos genéticos.

---

[238] Por ejemplo, tal como explica Brownson, el inmenso estudio de Robert Gagnon, *The Bible and Homosexual Practice* —que algunos señalan como la exposición definitiva de la postura tradicionalista—, pone mucho énfasis en las diferencias biológicas como el aspecto esencial de la complementariedad (Brownson: *Bible, Gender, Sexuality*, capítulo 2, apartado «Analyzing "Gender Complementarity"», página 20).

Todo esto es lo que intentaré explorar ahora, en este capítulo, haciendo una exposición y análisis de los diferentes argumentos y razonamientos con los que me he encontrado:

a. En primer lugar, en cuanto al aspecto fisiológico, algunos dirían que es *obvio* que el pene del hombre está diseñado para insertarse en la vagina de la mujer, que a su vez está diseñada para recibirlo. Dios nos ha creado así. Como si eso resolviera todo el debate. En general, en los libros que he consultado, este argumento no se expresa de forma tan simple y cruda, pero muchas veces aparece.[239] Para los tradicionalistas es el aspecto más tangible de la complementariedad que, según ellos, es presente en la relación hombre-mujer, pero no en las relaciones homosexuales. Keen, cuando resume este argumento tradicionalista, lo expresa así:

> *Pretender que nuestros cuerpos no nos digan nada sobre cómo Dios —o la biología— ha diseñado el sexo es rehuir de tratar honestamente aquello que sabemos de la fisiología masculina y femenina.*[240]

Pero hay que decir que en general los revisionistas no discuten este aspecto de la complementariedad del diseño de nuestros cuerpos. Pero por varios motivos, que ahora expondremos, no lo ven un argumento decisivo en el debate.

---

[239] Véase, por ejemplo, Schmidt: *Straight & Narrow*, capítulo 3, apartado «Reproduction, Complementarity and Responsibility», páginas 45 y 46.

[240] Keen: *Scripture, Ethics, and the Possibility of Same-Sex Relationships*, capítulo 3, página 26, traducción mía. Que conste que Keen tiene una postura revisionista. Pero intenta presentar los argumentos de ambos campos y esta frase corta resume muy bien el pensamiento tradicionalista.

b. En cuanto a la práctica sexual, está claro que normalmente las relaciones sexuales implican la penetración del pene dentro de la vagina. Pero los detractores de este argumento anatómico o fisiológico señalan que, en general, las iglesias no hacen ningún intento de limitar la práctica sexual en el matrimonio (heterosexual) a este aspecto. Es decir, hay un cierto consenso de que otras formas de estimulación erótica son permisibles, e incluso sanas y recomendables, para una relación sexual plena y satisfactoria (siempre dentro del matrimonio). Sin ir más lejos, hoy en día no creo que nadie discuta que los besos, las caricias y los masajes sean formas de estimulación totalmente legítimas. Incluso los pequeños gestos de cariño y consideración también nos pueden «encender» sexualmente. Y no es necesario que estas prácticas amorosas culminen, siempre y necesariamente, con la penetración del pene en la vagina como manera de llegar al orgasmo. Como dice Brownson:

> *La sexualidad en general, y el acto de hacer el amor en particular, tienen que ver con muchísimas más cosas que simplemente cómo encajan ciertas partes del cuerpo.*[241]

Creo que esto es bastante innegable para todo el mundo. Los revisionistas van un paso más allá y sugieren que, si esto es así, quizás no habría que considerar el encaje fisiológico como un aspecto esencial del matrimonio ni de unas relaciones sexuales plenamente satisfactorias.

Este argumento revisionista queda reforzado por el hecho de que, en general, en las iglesias evangélicas, no se

[241] Brownson: *Bible, Gender, Sexuality,* capítulo 2, apartado «Biological Understandings of Gender Complementarity», página 22, traducción mía.

considera un impedimento para celebrar un matrimonio que uno de los contrayentes tenga alguna condición física que impida mantener unas relaciones conyugales normales (una discapacidad física, por ejemplo, o un accidente o enfermedad que haya provocado la mutilación o extirpación de los genitales).[242]

c. Moore, que dedica bastantes páginas en *A Question of Truth* a todo el tema del propósito de las relaciones sexuales, propone otro argumento, más filosófico, respecto a las prácticas sexuales que se apartan de lo que el diseño de los órganos sexuales parecería indicar como normal o adecuado. Dice que, del mismo modo que no criticaríamos a un carpintero, si aguanta clavos en la boca para irlos tomando de uno en uno cuando los tiene que meter con un golpe de martillo, argumentando que los dientes y la boca están diseñados para comer y hablar, ¿por qué debemos criticar como inmoral el uso no reproductivo de los órganos sexuales, argumentando que estos están diseñados solo para el coito heterosexual?[243]

---

[242] Keen habla brevemente de este supuesto en *Scripture, Ethics, and the Possibility of Same-Sex Relationships* (capítulo 3, apartado 2, página 32), en el que critica la postura católica romana al respecto (de esto doy también información en la nota al pie número 259). No he investigado más toda esta cuestión, pero quizás la prohibición de casarse, que aplican a las personas impedidas fisiológicamente para mantener unas relaciones conyugales normales, tendría algo de base en los comentarios de Jesús sobre los eunucos de nacimiento (Mateo 19:12). Como explico en el capítulo 21, personalmente entiendo que no hay que tomar los comentarios de Jesús como prescriptivos; se pueden entender simplemente como descriptivos de la realidad, inevitable, que debía afrontar cualquier hombre sin pene en aquella época.

[243] Moore: *A Question of Truth*, capítulo 8, apartado «Purpose», subapartado «The purpose of organs», página 225.

d. Por otro lado, en lo que al aspecto anatómico se refiere, más de un autor en el debate sobre la homosexualidad ha destacado que no es tan fácil dividir la raza humana única o categóricamente en hombres y mujeres. Sabemos que un muy pequeño porcentaje de los seres humanos —eso sí, bastante menos de un uno por ciento—[244] no son claramente ni masculinos ni femeninos. Ha caído en desuso el término «hermafrodita» para describir a estos individuos.[245] En vez de esto, se habla de la «intersexualidad» para referirse a las personas que tienen una genética, unos rasgos fisiológicos o, incluso, unos órganos reproductores —casi siempre imperfectamente desarrollados— correspondientes a ambos sexos. El término científico es moderno, pero el fenómeno ya era conocido en la antigüedad. Seguramente Jesús mismo se refiere a ello, cuando conversa con los discípulos tras haber sentenciado en contra del divorcio fácil, al hablar de los que «son eunucos porque nacieron así» (Mateo 19:12, NVI).

¿Cómo hay que entender todo esto? Los teólogos tradicionalistas tienden a pensar que la intersexualidad es un efecto más de nuestra naturaleza «caída» (corrompida por el efecto del pecado de Adán). Lo pondrían en el mismo saco que las deformidades físicas. Según esta visión, estas imperfecciones, junto con las enfermedades en general y la propia mortalidad humana, a la que todos estamos sujetos,

---

[244] Según el artículo «Intersex», de la Wikipedia en inglés (https://en.wikipedia.org/wiki/Intersex), no hay una definición clara de la intersexualidad, de modo que, según el número de condiciones que se incluyen en ella, las cifras varían considerablemente.

[245] Se ha rechazado el término «hermafrodita» básicamente por dos motivos: por un lado, en humanos no hay ningún caso auténtico de hermafroditismo, es decir, la capacidad de producir óvulos y espermatozoides al mismo tiempo (ver por ejemplo https://es.wikipedia.org/wiki/Hermafroditismo#Hermafroditismo_y_humanos), y, por otro, el término se ha usado a menudo para estigmatizar a las personas afectadas (https://en.wikipedia.org/wiki/Hermaphrodite).

no eran parte de la intención divina, sino que entraron en la creación a través de la desobediencia de Adán. Mientras no llegue la nueva creación al final de los tiempos, momento en que Dios hará desaparecer la muerte y la enfermedad, tenemos que asumir que vivimos en un mundo imperfecto.

Pero esta concepción de la intersexualidad puede llevar a posturas contradictorias, como ahora veremos.

e. Ya hemos comentado al final del capítulo 18, cuando hablábamos de Génesis 3 y de la caída, que en general los teólogos tradicionalistas entienden la tendencia o condición homosexual en los mismos términos que la intersexualidad. O sea, ven ambas cosas como una manifestación de la naturaleza caída de la raza humana, es decir, como una anomalía o una especie de trastorno —aunque quizás no lleguen a usar directamente ese término, para no ser políticamente incorrectos—.[246] Pero, aun siendo, para ellos, unos casos parecidos, tienen tendencia a darles un tratamiento diferente.

Así, por ejemplo, McLaughlin, que conoce personalmente un caso de intersexualidad, habiendo expresado que no está claro cómo el individuo en cuestión evolucionará en la pubertad, ni si sentirá atracción hacia los hombres o las mujeres, o hacia ambos, dice eso:

> *El espacio aquí no permite un tratamiento teológico adecuado de situaciones como esta, y yo tampoco me considero cualificada para ofrecerlo. Mi instinto es que a los niños que son biológicamente intersexuales*

[246] Y porque, como ya hemos comentado, los psiquiatras y psicólogos, y la profesión médica en general, ya no entienden la homosexualidad en términos de trastorno (ver el punto *e* del capítulo 15).

> *habría que darles mucho tiempo, libertad y apoyo para que se aclaren.*[247]

O sea, sin ser categórica al respecto, McLaughlin sugiere libertad para las personas intersexuales —y en ningún momento apunta al celibato, que Jesús prevé para los que «son eunucos porque nacieron así»—. En cambio, para gays y lesbianas, ella tiene una postura tradicionalista estricta. Para explicar esta aparente dicotomía, dice eso:

> *¿Puede la existencia de niños intersexuales preciosos, como el de mi amiga, poner en entredicho los límites bíblicos que hacen descartar el matrimonio homosexual? Yo creo que no.*
>
> *[...] Casi todas las buenas reglas tienen excepciones.*
>
> *¿Por qué no podemos decir, pues, que las personas que sienten atracción sexual exclusivamente a personas del mismo sexo son excepciones? Porque la Biblia es clara en su no a la práctica homosexual.*[246]

Si la Biblia, en contra de lo que señala McLaughlin, no es tan clara, ni mucho menos, en su condena de las relaciones homosexuales, se desmonta todo su argumento. (También detecto una cierta diferencia de tono en cómo habla de este caso de intersexualidad, comparado con la homosexualidad).[248]

---

[247] McLaughlin: *Confronting Christianity*, capítulo 9, apartado «What About Those Born Intersex», páginas 172-173, traducción mía.

[248] Tal vez McLaughlin se siente legitimada para ser más crítica con la homosexualidad porque ella misma considera que ha superado, o por lo menos controlado, su tendencia lesbiana. Pero ya hemos comentado, en el capítulo 16, cómo su historia personal podría ser más un caso de bisexualidad que de homosexualidad.

Otro ejemplo de una postura divergente, respecto a las personas intersexuales, por un lado, y las personas lesbianas y gays, por otro, lo tendríamos en las tesis de la teóloga Rosaria Butterfield, que Keen critica así:

> *Rosaria Butterfield coloca a las personas intersexuales (aquellas que nacen con rasgos sexuales tanto masculinos como femeninos) dentro de la categoría de la caída o corrupción de la naturaleza, pero sitúa a las personas gays y lesbianas en un estado de corrupción moral. Ella niega la existencia de la orientación sexual (homosexual o heterosexual). En vez de eso, en su opinión todos los deseos y actuaciones sexuales tienen su raíz o en la santidad o en el pecado interior. Butterfield reconoce las evidencias científicas sobre el desarrollo sexual atípico (casos de intersexualidad). Pero cuando se trata de patrones permanentes de atracción sexual, confía en explicaciones espirituales. Así, ser intersexual no es pecaminoso, pero las personas gays o lesbianas que experimentan una atracción «involuntaria» que «nace como un eructo o un reflejo» están manifestando los efectos morales del pecado original. Butterfield no contempla la posibilidad de que la atracción a personas del mismo sexo sea una condición congénita. Trata la anatomía física externa en términos de naturaleza caída, pero no así la neuroanatomía del cerebro.*[249]

[249] Keen: *Scripture, Ethics, and the Possibility of Same-Sex Relationships*, capítulo 7, páginas 67 y 68, traducción mía. La fuente que cita es: Butterfield, Rosaria Champagne: *Openness Unhindered: Further Thoughts of an Unlikely Convert on Sexual Identity and Union with Christ*, Pittsburgh: Crown & Covenant, 2015, páginas 94-98, 123 y 125. En la nota 2 del capítulo 7, Keen hace un análisis más detallado de la posición de Butterfield. Explica, entre otras cuestiones, que no tiene claro cómo Butterfield distingue entre la tentación y el deseo sexual involuntario.

f. Como último apunte respecto a la intersexualidad, cabe decir que no todos los teólogos hacen el mismo encaje de la intersexualidad —y de la homosexualidad— con los primeros capítulos de Génesis (creación y caída). La postura de Megan DeFranza al respecto es esta:

> *El capítulo 1 de Génesis nos describe la creación a grandes rasgos, con brocha gorda, omitiendo un buen número de las buenas obras de Dios —particularmente aquellas que mezclan categorías generales (los anfibios que van entre la tierra y el agua, el alba y el atardecer que son mezcla de día y noche, los individuos intersexuales que combinan rasgos masculinos y femeninos)—. Los primeros ejemplos no los consideramos un producto de la caída. ¿Qué lógica hay, pues, para interpretar que estos últimos son contrarios al plan de Dios?*[250]

Así pues, el argumento de algunos teólogos revisionistas como DeFranza es que la homosexualidad, junto con la intersexualidad y otras condiciones o identidades sexuales minoritarias, se puede entender simplemente como una manifestación de la variedad humana. Según esta idea, es solo una pequeñísima parte de la inmensa variedad que exhibe el mundo creado, algo que el relato de Génesis no intenta describir en todo su amplio abanico.

Esto encajaría también con la idea de que ciertos aspectos de lo que explica Génesis describen lo que es normal, pero no necesariamente lo que ha de ser normativo.

---

[250] DeFranza, Megan R.: «Response to Wesley Hill», apartado «Adam, Eve, and Augustine», en *Two Views*, capítulo 3, página 154, traducción mía.

g. Ahora bien, más allá de cuestiones anatómicas, varios autores[251] defienden que la complementariedad hombre-mujer tiene que ver también con toda una serie de otras diferencias innatas entre los sexos. Algunas distinciones pueden ser controvertidas, pero no hay que fundamentarlas en antiguas ideas patriarcales de los papeles del hombre y la mujer —ni tampoco analizarlas a través del prisma de teorías más recientes de identidad de género—. Simplemente, las investigaciones han demostrado bastante claramente que «los hombres son de Marte, las mujeres son de Venus», como dice el título del libro sobre cómo mantener unas relaciones satisfactorias de pareja, que ha popularizado algunos de estos descubrimientos científicos.[252] LeVay explica lo mismo en términos más técnicos:

> *Se ha demostrado, por ejemplo, que las mujeres en general demuestran más fluidez lingüística, más capacidad para recordar ciertas cosas (caras, fechas...), mejor motricidad fina con las manos, más empatía y expresividad emocional. Los hombres, a su vez, en general demuestran más capacidad en tareas de orientación espacial (puntería, rotación mental de figuras geométricas, navegación sobre el terreno) y también más asertividad, competitividad, agresividad e independencia. Evidentemente, todo esto son*

---

251 Uno de ellos sería Stott, que habla de las diferencias psicológicas, además de las fisiológicas, cuando trata la complementariedad. Stott: *Issues Facing Christians Today*, sección IV, capítulo 13, página 241 (en la versión en español, *La fe cristiana frente a los desafíos contemporáneos*, sección IV, capítulo 1, página 281).

252 El libro es *Men Are from Mars, Women Are from Venus*, publicado hace más de quince años por el doctor en psicología John Gray. Se han hecho varias ediciones en español, con el título *Los hombres son de Marte, las mujeres son de Venus*. La primera creo que fue de la editorial Grijalbo, en 1996.

generalizaciones. Tanto entre la población femenina como entre la masculina hay mucha variedad entre los individuos, y las capacidades de cada sexo se solapan considerablemente.[253]

Ahora bien, constatar esas pequeñas diferencias entre los sexos es una cosa. Argumentar, a partir de su existencia, que la única relación de pareja intrínsecamente buena, que Dios puede bendecir, es la de un hombre y una mujer que se complementan es ir mucho más allá. Tal argumento, llevado a su conclusión lógica, significaría sugerir que la idoneidad de la pareja requiere un determinado grado de feminidad y de masculinidad. Aparte de ser psicología barata, bastante cuestionable, resulta que el estudio científico de estos aspectos asociados con la masculinidad y la feminidad también podría reforzar las tesis revisionistas. LeVay explica que un buen número de estudios (realizados sobre un amplio abanico de aspectos cognitivos y de comportamiento) han producido resultados con hombres gays que se alejan significativamente de los resultados de los hombres heterosexuales, acercándose, al menos hasta cierto punto, a los resultados obtenidos por las mujeres heterosexuales. Se han visto también, pero en menos casos, resultados de mujeres lesbianas que se acercan más a los resultados de los hombres.[254]

---

253 LeVay: *Gay, Straight, and the Reason Why*, capítulo 5, apartado «Gendered Traits in Adulthood», página 51 y siguientes.

254 LeVay, en *Gay, Straight, and the Reason Why*, capítulo 5, da muchos detalles sobre los diferentes estudios efectuados, primero en el apartado «Origin of Gendered Traits», cuando habla de los efectos hormonales (a partir de la página 53), y sobre todo en los demás apartados hasta el final del capítulo: «Cognitive Traits», «Handedness», «Olfaction», «Personality Traits» y «Overview».

h. Otro aspecto biológico, de cómo Dios nos ha creado —o de cómo la caída nos ha dejado—, que conviene mencionar es un argumento presentado por algunos tradicionalistas, como por ejemplo McLaughlin, en torno a la cuestión de la orientación y la genética.

McLaughlin no niega que hay personas (ella, de hecho, habla de «muchas personas») que experimentan invariablemente atracción sexual hacia personas del mismo sexo durante toda su vida. Y tampoco niega la posibilidad de un componente genético en la orientación sexual. Pero considera todo eso una especie de cortina de humo, cuando se trata de cuestiones morales o éticas, porque:

> *Muchos comportamientos que son negativos en términos morales (por ejemplo, el alcoholismo) se pueden vincular a predisposiciones genéticas.*[255]

McLaughlin solo da el ejemplo del alcoholismo. Sin embargo, hay otros autores que mencionan como posibles casos de predisposición genética las adicciones en general y también la pederastia. (Respecto a la pederastia, hasta hay voces que proponen considerarla otra orientación sexual más).[256]

---

255 McLaughlin: *Confronting Christianity,* capítulo 9, apartado «When Paradigms Break». El argumento está expresado brevemente en la página 170; la cita viene concretamente de la nota al pie número 22 de este capítulo (página 174).

256 El artículo del periodista Richard Sanders de la BBC en 2015 «Are paedophiles' brains wired differently?» («¿El cerebro de los pedófilos tiene conexiones diferentes?») informa de esta conclusión del investigador Dr. James Cantor, de Canadá, que ve clarísimamente que «la pedofilia es una orientación»; pero Sanders explica que es una conclusión controvertida, que muchos otros investigadores no comparten. Véase: https://www.bbc.com/news/magazine-34858350 (consultado en diciembre de 2022).

Cuando los cristianos oímos o leemos esto, la tendencia es horrorizarnos y decir: «¡Vaya! Claro. No podemos excusar o justificar nada hablando de genética». Incluso se crea una especie de asociación, en nuestra mente, entre la homosexualidad y las adicciones o la pederastia. Pero si lo analizamos un poco fríamente, podemos ver que son muy diferentes y que la comparación no es válida.

El alcoholismo y ciertos otros comportamientos adictivos son muy censurables, y a menudo auténticamente nefastos, porque afectan muy negativamente no solamente a las personas adictas, sino también a todo su entorno: maltrato de la pareja y de los hijos, despilfarro de recursos para mantener la adicción y abandono de las responsabilidades familiares y laborales, entre otros resultados. Todo eso, sin hablar del impacto en la salud del adicto. Por otro lado, la pederastia es altamente criticable porque los menores son vulnerables e influenciables; los daños psicológicos de una relación sexual forzada o no claramente consentida, en la infancia o la adolescencia, están bien documentados.

La homosexualidad en sí no tiene nada de todo eso. Puede ser que algunas formas de vivir la homosexualidad impliquen, por ejemplo, una promiscuidad muy elevada, adicción al sexo, o ciertas prácticas sexuales peligrosas (sexo con pastillas), pero todo eso también pasa con las relaciones heterosexuales.

En resumen, hay que decir un no categórico a ciertos comportamientos claramente destructivos y perjudiciales —para aquellos que los practican y para las personas de su entorno—. Eso se fundamenta en un razonamiento ético o moral muy claro. Pero un matrimonio gay, una relación de pareja permanente caracterizada por el amor y la fidelidad, no encaja en ese supuesto. (Si quieres criticarlo, hay que volver a razonamientos bíblicos y teológicos).

i. El otro gran argumento biológico, un argumento primordial, es el aspecto reproductivo. El razonamiento parece sencillo. Si uno de los propósitos —o el principal propósito— del sexo, tal como está diseñado por Dios, es la procreación, el acto sexual debería ser siempre, necesariamente, entre un hombre y una mujer. Es verdad que las posibilidades que nos ofrece la ciencia moderna, de fertilización *in vitro* y otras técnicas, complican un poquito este análisis, pero sigue siendo básicamente verdad que únicamente las relaciones heterosexuales pueden producir hijos.

Pero una vez más los revisionistas, sin dejar de afirmar la importancia obvia de la reproducción, en el relato bíblico y para la supervivencia de la raza humana, no ven concluyentes los argumentos. Más bien, ven en ellos ciertas debilidades o contradicciones, que analizaremos en los puntos que vienen a continuación.

j. En cuanto al relato bíblico, el aspecto procreativo aparece, evidentemente, en Génesis, cuando Dios dice al hombre y a la mujer: «Sed fructíferos y multiplicaos; llenad la tierra y sometedla» (Génesis 1:28, NVI). Pero hay que señalar que «sed fructíferos y multiplicaos» es una instrucción que reciben también los seres marinos y las aves en Génesis 1:22 y parece razonable entender que se aplica a toda la creación animal. Por lo tanto, la fecundidad es un mandato muy generalista.

Por otro lado, no hay ninguna mención de la procreación en el relato de Adán y Eva en el capítulo 2 de Génesis. No forma parte de la descripción del matrimonio en que «dejará el hombre a su padre y a su madre, se unirá a su mujer y serán una sola carne» (Génesis 2:24, RV2020). Y en el Nuevo Testamento, el hecho de tener hijos no aparece en ningún momento, ni en las palabras de Jesús ni en las epístolas paulinas, como un factor importante del matrimonio.

Quizás todo eso obliga, de entrada, a una cierta cautela, antes de dar demasiada importancia a la vertiente reproductiva de las relaciones heterosexuales y del matrimonio hombre-mujer.

k. Bastantes comentaristas también señalan que en el mundo superpoblado en el que vivimos el mandato de llenar la tierra y sojuzgarla se ha cumplido sobradamente —incluso demasiado—. Ya no hay tanta necesidad de ser fecundos. ¿Por qué esgrimir, pues, el mandato original de la procreación como motivo para prohibir, hoy día, relaciones que no tienen inherente esta posibilidad? De hecho, en general, los tradicionalistas no están en contra de todas las relaciones de pareja no procreativas, sino solamente de las relaciones homosexuales. Eso lo analizamos en el siguiente punto.

l. Prácticamente todo el mundo, de todo el espectro teológico —incluida la Iglesia católica—, admite que la procreación no es el único propósito del sexo. Si fuese así, la recomendación a los matrimonios debería ser solo tener relaciones sexuales en los períodos de cada mes en que la mujer es fértil, teniendo en cuenta el ciclo menstrual. Para hallar voces significativas a favor de una postura tan extrema, hay que buscar en la Edad Media o antes (Ambrosio, en el siglo IV, por ejemplo, consideraba inmorales las relaciones sexuales entre marido y mujer durante el embarazo de ella, porque entonces no serían procreativas).[257]

[257] La postura de Ambrosio y de otros teólogos de la antigüedad, como Agustín, que también consideraban que la procreación era el *único* motivo válido

Por lo tanto, hay una cuasi unanimidad en admitir que la capacidad procreativa no es esencial para que un matrimonio sea válido.[258] Eso queda muy evidente, porque:

- La Biblia no sugiere, en ningún momento, que la infertilidad de la pareja —que normalmente, en aquella época, se expresaba en términos de esterilidad de la mujer— pueda ser motivo para disolver o anular la unión matrimonial. Ciertamente, en el contexto sociológico de los tiempos bíblicos, no tener hijos era considerado un gran infortunio —uno que la intervención milagrosa de Dios podría resolver—, pero nada más. Así, por ejemplo, la descripción que da Lucas del matrimonio sin hijos de Elisabet (Isabel, en algunas traducciones) y Zacarías (Lucas 1:6-7) es muy positiva; y en el Antiguo Testamento, no era nada impropio el hecho de que Elcaná (Elcana, en algunas traducciones) continuara amando muchísimo a su mujer, Ana, pese a que ella no quedaba embarazada (1 Samuel 1:5).
- En general, todas nuestras Iglesias —y la Iglesia católica también— están dispuestas a casar a personas mayores que no estén ya en edad fértil. En su caso,

para que una pareja casada mantuviera relaciones sexuales, está explicada por Brownson en *Bible, Gender, Sexuality,* capítulo 6, página 110.

258 Brownson lo expresa así: «[...] en casi todas las tradiciones protestantes, la procreación ya no se entiende en términos de la esencia del matrimonio. Incluso entre aquellos protestantes que quieren mantener la procreación como una parte del significado básico del matrimonio, el propósito unitivo del matrimonio, que enfatiza el amor y la fidelidad de los cónyuges, es igual de importante que su finalidad procreativa» (Brownson: *Bible, Gender, Sexuality,* capítulo 6, página 111, traducción mía).

> la falta de capacidad reproductiva no es ningún impedimento para el matrimonio.[259]

Esto, para muchos revisionistas, es del todo incongruente. ¿Cómo puede alguien afirmar que la capacidad reproductiva no es esencial para el matrimonio, pero al mismo tiempo negar a las parejas homosexuales estables la posibilidad de unirse en matrimonio, porque su unión no puede ser procreativa? Muchos de los autores evangélicos que defienden la postura tradicionalista, contraria al matrimonio gay, pasan por alto esta dicotomía. Y cuando intentan justificarlo, como hace Holmes en *Two Views*, los razonamientos que ofrecen, a mi juicio, no son nada convincentes.[260]

---

259 Tanto Brownson (*Bible, Gender, Sexuality*, capítulo 6, páginas 110-111) como Keen (*Scripture, Ethics, and the Possibility of Same-Sex Relationships*, capítulo 3, apartado «Key Progressive Arguments on Same-Sex Relationships», punto 2, páginas 31-32) dedican unos párrafos a analizar la postura católica sobre la procreación dentro del matrimonio —y sobre los métodos anticonceptivos considerados lícitos—, así como las diferentes corrientes de pensamiento que hay en la Iglesia protestante al respecto. También lo hace Holmes, haciendo referencia especialmente a la concepción agustiniana del matrimonio (*Two Views*, capítulo 4, página 170 y siguientes). Keen critica como incongruente la postura católica, por el hecho de que el código de derecho canónico católico establece que «la *esterilidad* no prohíbe ni dirime [anula] el matrimonio» (1084.3), pero en cambio «la *impotencia* antecedente y perpetua para realizar el acto conyugal [...] hace nulo el matrimonio» (1084.1) (las citas del texto canónico provienen de https://www.vatican.va/archive/cod-iuris-canonici/esp/documents/cic_libro4_cann1082-1094_sp.html, consultado en agosto de 2023, las cursivas y la explicación «[anula]» son mías).

260 Holmes, por ejemplo, después de rechazar la idea de que las iglesias puedan haberse equivocado celebrando matrimonios con mujeres postmenopáusicas, no explica qué lógica ve para aceptar estas uniones que no entre en conflicto con sus motivos para no aprobar las uniones de dos personas del mismo sexo (Holmes, capítulo 4 de *Two Views*, apartado «Arguments for Same-Sex Marriage», página 187). Y la dialéctica de la Iglesia católica en torno a todo este tema acaba siendo bastante enrevesada (véanse, por ejemplo, los comentarios de Moore sobre el documento católico *Persona Humana* en

Con todo esto creo que hemos tratado los aspectos más importantes de la biología humana que se están utilizando en el debate teológico sobre la homosexualidad. Si en ello has encontrado un argumento clave, absolutamente incontestable, para resolver el debate, te felicito, porque has llegado más lejos que yo. Personalmente, yo aquí veo argumentos tanto en un sentido como en el otro.

Y lo que sí percibo es el peligro de ser selectivo. Me da la sensación de que los tradicionalistas son muy dados a usar la biología cuando es favorable a sus tesis (la anatomía masculina y femenina, la capacidad reproductiva). Pero minimizan, o directamente pasan por alto, los casos poco habituales o excepcionales (los matrimonios de personas mayores o con impedimentos físicos; las personas gays, lesbianas, intersexuales o transgénero).[261] También tienden a dar poca importancia a otros aspectos biológicos (la orientación, la genética) que son mucho menos tangibles, pero no menos reales.

A Question of Truth, apartado «Purpose», subapartado «Purpose and finality», páginas 216-219, y el análisis de Brownson en *Bible, Gender, Sexuality*, capítulo 6, apartado «Implications for the Debate over Gay and Lesbian Relationships and Marriage», páginas 119-121).

261 Gushee, cuando trata el fenómeno de la intersexualidad, menciona también el de las personas transgénero. Sus comentarios al respecto son muy interesantes. Dice que estas personas son «realidades incómodas» (la expresión inglesa que usa es *stubborn facts)* para muchos cristianos, como también lo son ciertos descubrimientos científicos. Y entonces pasa a proponer maneras de integrar el conocimiento científico y el conocimiento bíblico. Véase Gushee: *Changing Our Mind: Definitive 3rd Edition*, capítulo 15, «Proposal 1», páginas 92-93.

20. EL MATRIMONIO

Este capítulo pretende profundizar en cómo deberíamos entender el matrimonio[262] como creyentes y cuál sería su esencia. Lo iniciaremos con algunas cuestiones generales, para luego ir hacia la pregunta básica para nuestro estudio: ¿un matrimonio, para merecer la aprobación divina, debería ser, necesariamente, entre un hombre y una mujer? Para los tradicionalistas, la respuesta es un sí rotundo. Como ya hemos hecho en otros capítulos, comentaremos los diferentes argumentos que se esgrimen a favor de esta postura tradicional, mantenida por la Iglesia durante dos milenios, y los motivos por los cuales los revisionistas no lo ven tan claro. Pero cabe señalar que algunas cuestiones que versan sobre la opción de *descartar* el matrimonio no se tratarán aquí, sino en el capítulo siguiente, sobre la soltería y el celibato.

Dicho eso a modo de introducción, vamos a entrar en materia.

a. Lo primero que podemos decir es que, si bien la Iglesia ha querido establecer una teología del matrimonio (la Iglesia católica incluso le otorga el carácter de sacramento), no es una institución puramente cristiana, sino una costumbre prácticamente universal.[263] De hecho, en la era cristiana no fue hasta después de varios siglos que se extendió la práctica de celebrar las bodas con una ceremonia religiosa.[264] Esta

---

262 Para no complicar las cosas, uso el término «matrimonio» de forma general y amplia, sin intentar distinguir, a cada momento, entre aquellas modalidades de emparejamiento que sí son matrimonio para todo el mundo y aquellas que, para algunos, no se ajustan a su definición.

263 Según Coontz, la única excepción documentada es el pueblo Na, de China (Coontz, Stephanie: *Marriage, a History. From Obedience to Intimacy or How Love Conquered Marriage,* Viking Penguin, 2005, capítulo 2, página 24).

264 Para más información (en inglés) ver, por ejemplo: https://www.wedding chaplain.com/post/history-of-church-weddings (consultado en diciembre

idea de la universalidad del matrimonio queda patente, en la Biblia, en el hecho de que es en el relato de Génesis de la creación de la raza humana, representada por Adán y Eva, donde tenemos su primera explicación.

Ahora bien, pese a tener este carácter universal, está también muy claro —no solo para los sociólogos y antropólogos, sino también para los teólogos— que bastantes (incluso muchos) aspectos del matrimonio son culturales, y varían considerablemente en diferentes contextos históricos y geográficos.

No nos tiene que sorprender, pues, que un «modelo bíblico» del matrimonio no lo tenemos. En el Antiguo Testamento tenemos algún ejemplo de matrimonio más o menos como lo entenderíamos hoy en día en Occidente, pero también otras fórmulas bien diversas.[265] Así, encontramos bastantes casos de poliginia, es decir, un hombre casado con varias mujeres (Jacob/Israel, Gedeón y David, entre otros), y también de concubinato: una concubina era una categoría de esposa de rango inferior, una especie de mujer-sirvienta, sin los derechos de una esposa normal.[266] También vemos el matrimonio de levirato: si un hombre

de 2022). Para un tratamiento académico y más completo, véase Long, Kimberly Bracken: *From This Day Forward. Rethinking the Christian Wedding*, Westminster John Knox Press, 2016, apartados «Early Christian Writings on Marriage» (página 50 y siguientes), «Marriage and the Church: Early Rites» (página 56 y siguientes) y «Church Weddings» (página 59 y siguientes).

265 En general, las costumbres matrimoniales que vemos en la Biblia son similares a las costumbres que se seguían en todas las culturas del Oriente Próximo de la época. Para más información, véase, por ejemplo, Instone-Brewer, *Divorce and Remarriage in the Bible*, particularmente el capítulo 1.

266 Así, por ejemplo, Abraham tenía concubinas (Génesis 25:6); dos de las cuatro mujeres de Jacob (Israel), las siervas Bilhá y Zilpá (Bilha y Zilpa, en algunas traducciones), tenían el estatus de concubinas (Génesis 35:22), y el rey David tenía concubinas (2 Samuel 5:13).

moría sin descendencia, su hermano estaba obligado a tomar como mujer a la viuda y mantener relaciones conyugales con ella; los hijos que naciesen de esa relación contarían como descendientes del hermano muerto, no del progenitor biológico.[267] E incluso leemos de un profeta, Oseas, llamado por Dios a casarse con una prostituta (Oseas 1:2).

Por otro lado, el procedimiento para contraer matrimonio podía variar mucho. A veces se iniciaba con un período esponsalicio (un estado prematrimonial de aún más compromiso que el noviazgo típico, que muchos todavía recordamos, y tal vez añoremos, de la España del siglo XX), pero no siempre. Normalmente se celebraba con una larga fiesta (de una semana o más), pero no siempre.[268] En una ocasión, incluso, leemos que proveyeron mujeres para los hombres de la tribu de Benjamín mediante la organización de un acto multitudinario de rapto o secuestro (Jueces 21:21). Ahora bien, en general, en todos los tiempos bíblicos, un matrimonio era una cosa organizada y acordada entre las respectivas familias, por motivos socioeconómicos y prácticos. Sí que, a veces, quien lo instigaba era el hijo (Jueces 14:2), y sabemos que en algunas ocasiones, por lo menos, se consultaba a la chica para asegurar que estuviera conforme con el marido elegido (Génesis 24:5). Pero la idea romántica de matrimonio que tenemos tan asumida hoy en día, en España y en nuestras iglesias, y en general en todo Occidente, no tiene ningún reflejo claro en la Biblia. Incluso el poema romántico —y erótico— del Cantar de los Cantares no deja claro si los amantes están casados; más bien, parece que no.

---

267 El matrimonio de levirato está regulado en Deuteronomio 25:5-10 y forma parte de la pregunta de los saduceos a Jesús en Mateo 22:23-28.

268 No consta, por ejemplo, cuando José tomó a María como esposa, que hiciesen ninguna festa.

b. Uno de los motivos para explicar, en el punto anterior, la gran variedad de formas que toma el matrimonio en el Antiguo Testamento es este: quizás, como creyentes, deberíamos relajarnos un poco en nuestra defensa del matrimonio. Si lo hacemos, en cierto modo estaremos emulando al Padre. Dios no simplemente admitió, en la ley dada a Moisés, la posibilidad de la carta de divorcio, como una concesión a la dureza de corazón de los humanos. A la luz de todos los ejemplos bíblicos que he explicado, parece claro que Dios no ha querido controlar y corregir todo lo que su pueblo hacía en este ámbito. Más bien, ha demostrado un grado bastante elevado de flexibilidad y permisividad. Ya sé que tenemos el célebre versículo de Malaquías 2:16, donde Dios dice que «él aborrece el repudio» (RV2020)[269] y algunas otras referencias a la fidelidad matrimonial. Pero en general, en los profetas, vemos mucha más preocupación por otras cuestiones de integridad y justicia social, como manera de ser fiel a Dios.

Y en el Nuevo Testamento, si bien Jesús fue muy terminante con los fariseos cuando le preguntaron sobre el divorcio, fue comprensivo con la mujer samaritana que había tenido varios maridos (Juan 4:1-32)[270] y condescen-

[269] Las RVR anteriores lo expresan igual, y luego hay traducciones aún más enfáticas, como por ejemplo la LBLA: «yo detesto el divorcio». Sin embargo, hay otras versiones, en general más recientes, que no ven clara esta manera de traducir Malaquías 2:16 (con Dios como sujeto del verbo *aborrecer*), y lo expresan de forma bastante diferente, entre ellas la NVI, que opta por: «El hombre que aborrece y repudia a su esposa —dice el Señor, Dios de Israel—, cubre de violencia sus vestiduras». Ahora bien, en todos los casos la crítica al repudio o divorcio es bien clara.

[270] Un amigo que leyó el manuscrito comentó lo siguiente respecto a la mujer samaritana: «En nuestra tradición occidental se le ha tildado de promiscua, pero no creo que fuera el caso. Más bien, era víctima de un sistema patriarcal que veía a la mujer como madre de los hijos de un hombre. Y cuando la mujer era estéril, el divorcio era común. Al final, ya que no queda nadie dispuesto

diente con la mujer pillada in fraganti cometiendo adulterio (Juan 8:1-10). Jesús *no* aprovechó la ocasión para lamentar la falta de ética y la pérdida de valores, como tienen tendencia a hacer algunos de nuestros predicadores y dirigentes eclesiásticos.

c. De todos modos, vemos en la Biblia que el matrimonio tiene algo muy especial. Jesús, además de sentenciar que debería ser permanente, nos indica que Dios mismo se implica en él: «Por tanto, lo que Dios ha unido, que no lo separe el hombre» (Mateo 19:6, NVI).[271] Así, los autores cristianos que escriben sobre el matrimonio suelen describirlo en términos de alianza o pacto,[272] más que de un simple contrato,[273] y hacen notar que se celebra a tres bandas: los dos

---

a casarse con ella, un hombre le ofrece techo a cambio de cocina y favores sexuales. En esta situación Jesús se acerca a ella como víctima y provoca una situación que favorece la restauración de relaciones en su pueblo». A raíz de su comentario retoqué este párrafo para decir que Jesús fue «comprensivo» con ella.

271 La implicación de Dios en la relación matrimonial se ve también en Proverbios 2:17, referido a la mujer inmoral que abandona al marido de su juventud, donde leemos que actúa «olvidándose de su pacto con Dios» (NVI) o «olvida la alianza de su Dios» (BLP).

272 En el mundo hispano, los teólogos y las traducciones bíblicas del ámbito católico suelen emplear el término «alianza»; en cambio, en el campo protestante se opta a menudo —pero no siempre— por «pacto». Curiosamente, estos términos, que normalmente traducen el hebreo *berith* (ver también la nota siguiente), aparecen bien poco en la Biblia referidos directamente al matrimonio; en general se usan para la relación de Dios con su pueblo u otros tipos de alianzas. Una de las pocas excepciones es Malaquías 2:14, donde la RV2020 —y las RVR anteriores— y algunas otras versiones —pero no todas— usan «pacto», según la comprobación hecha en https://www.biblegateway.com/verse/es/Malaqu%C3%ADas%202:14. Lo mismo pasa con las diferentes traducciones de la Biblia al inglés, donde el término *covenant* no se aplica directamente al matrimonio humano; en cambio, aparece casi siempre, y de forma reiterativa, en los libros y artículos cristianos que versan sobre el matrimonio.

273 Instone-Brewer explica que el vocablo hebreo *berith,* traducido normal-

contrayentes junto con Dios mismo, que pone ahí su sello, podríamos decir.

El aspecto especial del matrimonio queda reforzado por Efesios 5:32, donde leemos que el matrimonio es un *mysterion*, término griego que la mayoría de las traducciones españolas traducen por «misterio» («grande» o «profundo»), uno que en cierto modo refleja o simboliza la relación de Cristo con la Iglesia.[274] (Volveremos a hablar de ello en el punto *l*, hacia el final de este capítulo).

d. A nivel teológico o doctrinal, para muchos[275] lo más esencial, y el punto de partida para todo lo que podemos decir, bíblicamente, sobre el matrimonio, está en las palabras

---

mente al inglés con el término *covenant* —y al español por *alianza* o *pacto*—, cubre un amplio abanico de actos, desde pactos comerciales hasta alianzas de pueblos con otros países o con deidades. Pero él tiene claro que la unión matrimonial sí que era una especie de contrato. El primer capítulo de su libro *Divorce and Remarriage in the Bible* tiene justamente como subtítulo «Marriage Is a Contract» y el resumen al inicio dice esto: «El matrimonio en el antiguo Oriente Próximo era contractual e implicaba unos pagos, unas obligaciones pactadas y unas sanciones. Si cualquiera de los contrayentes incumplía las estipulaciones del contrato, la parte inocente podía optar por el divorcio y quedarse con la dote. Se encuentran paralelismos exactos a estas prácticas en el Pentateuco» (Instone-Brewer: *Divorce and Remarriage in the Bible*, capítulo 1, página 1, traducción mía).

274 Así, la NBV (*Nueva Biblia Viva*) y la NTV (*Santa Biblia, Nueva Traducción Viviente*) en Efesios 5:32 dice que la unión matrimonial «ilustra la manera en que Cristo se relaciona con la Iglesia» (NBV) o «ilustra la manera en que Cristo y la Iglesia son uno» (NTV). Y la *Bíblia Evangèlica Catalana* (BEC) incluso traduce el término *mysterion* por *símbol* («símbolo»). Como dije en la versión catalana de este libro, quizás «símbolo» no suene tan especial como «misterio», pero tiene cierta lógica, siendo que el argumento del versículo es que el matrimonio, de alguna manera, refleja o apunta hacia la relación entre Cristo y su Iglesia.

275 Según Stott, por ejemplo: «Lo que más se aproxima a una definición del matrimonio es Génesis 2:24, pasaje que Jesús mismo [...] citó como palabra de Dios» (*La fe cristiana frente a los desafíos contemporáneos*, sección IV, capítulo 2, página 305; en inglés: *Issues Facing Christians Today*, sección IV, capítulo 14, página 261).

de Jesús en su debate con los fariseos sobre el divorcio en Mateo 19:3-12 y Marcos 10:2-12. Jesús les recuerda que «al principio de la creación Dios "los hizo hombre y mujer". "Por eso dejará el hombre a su padre y a su madre, y se unirá a su esposa, y los dos llegarán a ser un solo cuerpo"» (Marcos 10:6-8, NVI), citando frases de los dos relatos de la creación, en Génesis, capítulos 1 y 2.

Hemos comentado ya, con bastante detalle, estas palabras de Jesús y el contexto en que las pronunció en el capítulo 17. Y el hecho de que estén expresadas en términos de «hombre y mujer» —un detalle muy importante para los tradicionalistas— se ha analizado a fondo en el capítulo 18, sobre la creación y los primeros capítulos de Génesis, y en el capítulo 19, sobre los argumentos fisiológicos y biológicos que salen en el debate. No repetiremos nada de todo eso aquí. Pero nos conviene analizar un poco más otro aspecto de lo que nos recuerda Jesús: la idea de formar «un solo cuerpo» (NVI) o, dicho más literalmente, «una sola carne» (RV2020), que trataremos en el siguiente punto.

e. ¿Qué significa que los cónyuges forman una sola carne? Particularmente para los tradicionalistas, es una referencia bastante obvia a la intimidad de la relación sexual. Ya hemos comentado en los capítulos 17 y 18 que no está del todo claro si, originalmente, en Génesis se refiere a las relaciones conyugales o simplemente a un nuevo vínculo de parentesco.[276] Pero al margen de eso, la expresión hace pensar en una auténtica unión de los cónyuges. Para los tradicionalistas, entre un hombre y una mujer, claro. Pero

[276] Ahora bien, parece que la alusión a la relación sexual es clara para el apóstol Pablo, teniendo en cuenta cómo escribe en 1 Corintios 6:15-16 (pasaje que cito unas líneas más adelante).

¿ha de ser así forzosamente? ¿Cómo debemos entender esta idea de unión?

El análisis de algunos autores tiene en cuenta que formar una sola carne (en griego, *sarx)* y formar un solo cuerpo (en griego, *soma)* se usan en el Nuevo Testamento como sinónimos.[277] Lo vemos cuando el apóstol Pablo escribe a los corintios, criticando a aquellos cristianos (hombres) que no ven problemas con mantener relaciones sexuales con una prostituta. Pablo dice que eso significa ser «un cuerpo» con ella, pero lo relaciona explícitamente con la expresión «una sola carne» de Génesis 2:24:

> [15] *¿O ignoráis que vuestros cuerpos son miembros de Cristo? ¿Voy yo a tomar a los miembros de Cristo y los haré miembros de una ramera? ¡De ninguna manera!* [16] *¿O no sabéis que el que se une con una ramera es un cuerpo con ella? Pues la Escritura dice:* Los dos serán una sola carne.
>
> (1 Corintios 6:15-16, RV2020)

Y este no es el único lugar en el Nuevo Testamento en el que se mezclan y se asimilan formar una sola carne y formar un solo cuerpo. Es una parte importante de la línea argumental de Efesios 5:29-33, pasaje que habla de la unión matrimonial como un reflejo o símbolo de la relación de Cristo con su Iglesia y que reproduzco y analizo más adelante, en el punto *l*.

---

[277] Vines, por ejemplo, lo hace en *God and the Gay Christian,* particularmente en el capítulo 8, en los apartados «The Language of "One Flesh"» y «Can Same-Sex Couples Become "One Flesh"?», páginas 144 a 146. También lo hace la autora tradicionalista McLaughlin, en un argumento sobre las relaciones profundas y de compromiso que todos deberíamos cultivar, que cito en el siguiente capítulo, sobre la soltería y el celibato.

La idea de que todos los cristianos formamos un solo cuerpo, los unos con los otros, en unión con Jesucristo, la vemos también en otros versículos, como por ejemplo estos:

> *[...] nosotros, siendo muchos, formamos un solo cuerpo en Cristo, y cada miembro está unido a todos los demás.*
>
> (Romanos 12:5, NVI)

> *Todos fuimos bautizados por un solo Espíritu para constituir un solo cuerpo —ya seamos judíos o gentiles, esclavos o libres— [...].*
>
> (1 Corintios 12:13, NVI)

Si formar un solo cuerpo puede ser sinónimo de formar una sola carne y se aplica a nuestra relación como creyentes con Jesús y con todos nuestros hermanos, y si en el Antiguo Testamento expresiones con «hueso» y «carne» se usaban para expresar parentesco con la familia o el clan y no para describir la relación de los cónyuges —lo que hemos comentado en el capítulo anterior—, eso pone en duda un argumento de los tradicionalistas. Porque bastantes autores tradicionalistas sugieren —más o menos explícitamente— que la única relación en la que se puede dar esa compenetración, ese misterio, que hace que los cónyuges formen «una sola carne» es un matrimonio heterosexual: un hombre con una mujer. En cambio, a los revisionistas les parece muy osado insistir en que el concepto de formar una sola carne requiere necesariamente la complementariedad de una mujer con un hombre, si la misma Biblia ya lo aplica a otras relaciones.

f. Otra cuestión que debemos comentar un poquito más es lo que explica Génesis sobre el propósito de Dios cuando crea a la compañera para Adán:

> *Luego Dios el Señor dijo: «No es bueno que el hombre esté solo. Voy a hacerle una ayuda adecuada».*
> (Génesis 2:18, NVI)

El aspecto más obvio es que si la utilidad del matrimonio, para los cónyuges, es combatir su soledad y que sean de ayuda mutua, *a priori* eso lo pueden cumplir igual de bien dos personas del mismo sexo que dos personas del sexo opuesto. En general, los tradicionalistas también admiten que, evidentemente, dos personas pueden ser de ayuda mutua, la una para la otra, y pueden hacerse compañía, la una a la otra, y pueden tener una relación duradera y de mucha complicidad y profundidad, tanto si esas personas son del mismo sexo como si no. Esta faceta del matrimonio que nos explica la Biblia no requiere que los cónyuges sean forzosamente un hombre y una mujer.

g. Pero aún deberíamos fijarnos en otro aspecto de la afirmación: «No es bueno que el hombre esté solo. Voy a hacerle una ayuda adecuada».

Aunque la mujer fue dada al hombre, a Adán, para combatir *su* soledad y serle de ayuda *a él*, no hay inconveniente para decir que estos aspectos deben ser mutuos, tal como afirmarían prácticamente todos los teólogos cristianos —todos los de épocas recientes, por lo menos—. Si en Génesis 2 están expresados en términos de la mujer en beneficio de Adán es porque la historia, tal y como está narrada, no ofrece ninguna otra manera de expresarlo. La idea de mutualidad, en todo caso, la podemos fundamentar en varios comentarios del apóstol Pablo, como por ejemplo estos:

> [3] *El hombre debe cumplir su deber conyugal con su esposa, e igualmente la mujer con su esposo.* [4] *La mujer ya no tiene derecho sobre su propio cuerpo, sino su esposo. Tampoco el hombre tiene derecho sobre su propio cuerpo, sino su esposa.*
>
> (1 Corintios 7:3-4, NVI)

> [11] *[...] en el Señor, ni la mujer existe aparte del hombre ni el hombre aparte de la mujer.* [12] *Porque así como la mujer procede del hombre, también el hombre nace de la mujer; pero todo proviene de Dios.*
>
> (1 Corintios 11:11-12, NVI)

Pero fijémonos bien en esto: estamos diciendo que Pablo no se ciñe a lo que dice Génesis 2, que la mujer es para el hombre. Con una visión transformada por su conocimiento de Cristo y del mensaje del evangelio, él va más allá. ¿Podría ser legítimo hacer lo mismo con otro aspecto del relato de Génesis, y no ceñirnos al hecho de que está narrado en términos de un hombre y una mujer?

h. El apóstol Pablo, evidentemente, no contempló la posibilidad de un matrimonio hombre-hombre o mujer-mujer. Era simplemente inimaginable en su contexto sociológico. Pero sí que sabemos que él podía ser muy radical e innovador con sus razonamientos, capaz de romper completamente con ideas muy asentadas. Es lo que vemos, por ejemplo, en esta frase que escribió a los gálatas:

> *Ya no hay judío ni griego, esclavo ni libre, hombre ni mujer, sino que todos sois uno solo en Cristo Jesús.*
> (Gálatas 3:28, NVI)

Eso chocaba con la manera en que se habían leído hasta entonces las escrituras judías. También iba en contra de los fundamentos de la cultura grecorromana. Era extraordinario como Pablo se atrevía a releer y reinterpretar las escrituras, hasta tal extremo que ¡no sé si le habrían aprobado la asignatura de Hermenéutica, en algunos de nuestros seminarios o facultades de teología!

Eso, para mí, es el aspecto más importante de este versículo de Gálatas: el hecho de que Pablo no se dejaba atar por corrientes o conceptos bíblicos generalmente aceptados.

i. Hay algún revisionista[278] que intenta ir aún más allá en su uso de Gálatas 3:28, para sugerir —aunque sea indirectamente— que, si en Jesucristo se pierde la distinción entre hombre y mujer, quizás no deberíamos distinguir entre un matrimonio formado por un cónyuge de cada sexo y uno formado por dos individuos del mismo sexo.

Pero es un argumento que no tiene muchos adeptos,[279] seguramente porque se basa en un solo versículo y sacándolo de contexto. La línea argumental de Pablo en Gálatas 3 gira en torno al hecho de que todos somos justificados por la fe en Jesucristo, sin importar nuestra procedencia étnica o religiosa o nuestra condición social. Como dice Chalke:

---

278 Por ejemplo, Vines, que hace un argumento a partir de Gálatas 3:28, un poco rebuscado, en *God and the Gay Christian*, capítulo 8, apartado «The Matter of Gender Hierarchy», página 141 y siguientes.

279 Muchos de los libros revisionistas que he usado para este estudio no hacen ningún argumento basado en Gálatas 3:18.

> *Ahora bien, este pasaje [Gálatas 3:28] no es una llamada a favor de la abolición de la esclavitud, ni de los sexos, ni de las identidades nacionales y las culturas.*[280]

Estoy de acuerdo con Chalke. Ciertamente, no debemos hacer diferenciación entre las personas, en el sentido de tener favoritismos o dar mejor trato a unos que a otros (Santiago 2:1-9), pero no podemos dejar de ser sensibles a las identidades y las situaciones personales.[281]

En fin, dejemos aquí esta pequeña digresión sobre Gálatas 3:28 y retomemos nuestro análisis del matrimonio.

j. El primer gran pensador cristiano que intentó construir una teología completa sobre el matrimonio fue, sin duda, el obispo Agustín de Hipona. Sus ideas al respecto han tenido una gran influencia, no solo dentro de la Iglesia católica, sino también entre los teólogos protestantes. Este sería el caso de los dos autores tradicionalistas del libro *Two Views*, Hill y Holmes, que emplean un marco agustiniano para construir sus argumentos. Así, Hill, por ejemplo, menciona los tres bienes o bondades del matrimonio *(bona nuptiarum)* que señala Agustín: *proles* (hijos), *fides* (fidelidad) y *sacramentum*, que

[280] Chalke: «A Matter of Integrity», página 7, traducción mía. Chalke tiene una postura revisionista, respecto a la homosexualidad, no basada en Gálatas 3:18, sino en todo un conjunto de pasajes y argumentos bíblicos —de manera similar a como Wilberforce y otros llegaron a una postura abolicionista, respecto a la esclavitud—.

[281] También es cierto que hay unos cuantos pasajes, en las cartas en el Nuevo Testamento, que hacen distinción, en las instrucciones que dan, sobre cómo deben comportarse hombres y mujeres, pero seguramente muchas de esas indicaciones tienen que ver con aspectos culturales y el deseo de no ser motivo de escándalo en aquel contexto social.

Hill describe como un signo visible y permanente del amor de Dios en Jesucristo.[282]

En cuanto a *proles*, ya hemos explicado, en el punto *l* al final del capítulo precedente (sobre cuestiones fisiológicas y biológicas), que la fecundidad o capacidad reproductiva no se puede considerar un aspecto esencial del matrimonio. Puede ser un elemento importante en términos teológicos —y para las parejas que deseen tener hijos, por descontado—, pero no es el factor determinante para que un matrimonio sea válido o tenga sentido. Los razonamientos para afirmar esto son muy sólidos y, al menos para mí, no admiten dudas.

Los otros dos aspectos indicados por Agustín, *fides* y *sacramentum*, los comentaremos ahora, en los puntos que vienen a continuación.

k. El concepto de *fides* tiene algo que ver con la idea de compañerismo, que hemos comentado en el punto *f*, y mucho con la idea de alianza o pacto que hemos explicado antes, en el punto *c*. Es la idea de que el matrimonio es un pacto de fidelidad y compromiso mutuos.

En general, en el pensamiento protestante, este aspecto del matrimonio es esencial, mucho más importante que cualquier posible vertiente sacramental —que algunos teólogos protestantes aceptan, pero sin asumir toda la idea

282 Hill: «Christ, Scripture and Spiritual Friendship», apartado «A Scriptural, Augustinian Theology of Marriage», en el libro *Two Views*, capítulo 3, página 128. La idea de *signo* o *símbolo* es el aspecto sacramental que, en general, los teólogos protestantes están dispuestos a admitir. En la teología católica incluye también la idea de la *presencia* o *mediación* del Señor a través del sacramento, tal como explica, por ejemplo, Lligades, Josep: «¿Què vol dir que el matrimoni és un sagrament?», 2018, en https://www.catalunyareligio.cat/ca/blog/font-raja-sempre/vol-dir-matrimoni-es-sagrament-227342 (consultado en enero de 2023).

de sacramento que tiene la Iglesia católica—.[283] Y para los revisionistas en el debate sobre la homosexualidad, también es mucho más importante que el sexo biológico de los dos cónyuges, tal como explica Keen:

> *Los progresistas están de acuerdo en el hecho de que varón y hembra son una parte de la buena creación de Dios, pero creen que el amor fiel establecido en una alianza, no la diferenciación sexual, es el fundamento del matrimonio según la Biblia. El capítulo 2 de Génesis es un texto clave, para esto, junto con las interpretaciones de Génesis que hace Jesús en Marcos capítulo 10.*[284]

Vines argumenta lo mismo, pero de una forma más extensa y mucho más expresiva:

> *Lo que a mí me parece lo más importante en el matrimonio no es si los individuos que forman pareja son anatómicamente diferentes el uno del otro. Es si dos personas inherentemente diferentes tienen la voluntad de establecer una alianza y mantener una relación de entrega mutua. Las diferencias en las personalidades, las pasiones, los trabajos, las metas y las necesidades son las diferencias que requieren sacrificios de cada uno hacia su pareja y que reflejan el amor sacrificial de Cristo hacia nosotros. Esas diferencias, al ser valora-*

---

[283] Hago un breve comentario sobre la diferente comprensión de protestantes y católicos, respecto a la vertiente sacramental, en la nota al pie anterior, número 282.

[284] Keen: *Scripture, Ethics, and the Possibility of Same-Sex Relationships*, capítulo 3, apartado «Key Progressive Arguments on Same-Sex Relationships», punto 1, página 28, traducción mía.

das y motivar sacrificios, dan vida a la base bíblica del matrimonio. Las parejas de personas del mismo sexo pueden también dar expresión viva a este sentimiento profundo de la diferencia, y lo hacen.[285]

Fijémonos en esto: Vines señala que los cónyuges, unidos en matrimonio, «reflejan el amor sacrificial de Cristo hacia nosotros». Esto sería, más o menos, la idea (protestante) de *sacramentum*, que ahora pasamos a tratar.

l. El vocablo *sacramentum* es el término que la Vulgata, la traducción al latín de la Biblia, utilizó para traducir el griego *mysterion* de Efesios 5:32,[286] expresado como «misterio» por la mayoría de las traducciones al español. Este versículo de Efesios da a entender que el misterio del matrimonio refleja o simboliza la relación de Cristo con la Iglesia, tal como lo hemos comentado antes, en el punto *c*.

Es un ejemplo de una idea alegórica recurrente en la Biblia, que algunos llaman la «metáfora matrimonial». El símil ya se percibe un poco en el Antiguo Testamento, cuando los profetas describen las infidelidades del pueblo de Israel en términos de adulterio (por ejemplo, en Jeremías 3:1-13 o Ezequiel 23). Pero donde realmente tiene relevancia es en el Nuevo Testamento. Ahí encontramos unos cuantos ejemplos. Ya en los evangelios, Juan el Bautista habla de

---

[285] Vines: *God and the Gay Christian*, capítulo 8, apartado «The Difference That Matters», página 147, traducción mía.

[286] Lo explica Brownson, en *Bible, Gender, Sexuality*, capítulo 5, apartado «"One Flesh" in Ephesians 5:21-33», página 100. Según el artículo sobre la Vulgata de Wikipedia en inglés, el Nuevo Testamento en latín estaba disponible como más tarde en el año 410 (https://en.wikipedia.org/wiki/Vulgate#Jerome's_work_of_translation) y, por ende, es probable que Agustín —que murió en el año 430— lo conociera. Si no, por lo menos habría tenido acceso a la *Vetus Latina*, la versión previa.

Jesús como novio o esposo (Juan 3:29), y en otra ocasión Jesús se describe a sí mismo en los mismos términos (Mateo 9:15). También nos brinda la parábola del banquete de bodas (Mateo 22:1-14), que empieza así: «El reino de los cielos es como un rey que preparó un banquete de bodas para su hijo» (Mateo 22:2, NVI). Asimismo, algunas cartas paulinas (notablemente Efesios, que ya he mencionado, y citaré en un momento) también usan el símil matrimonial. Por último, al final de Apocalipsis, leemos de las bodas del Cordero (Jesucristo) con su esposa (el pueblo santo o la Iglesia), engalanada y resplandeciente (Apocalipsis 19:7-9).

Seguramente el pasaje bíblico más significativo es el de Efesios capítulo 5, a causa de la conexión directa que hace entre el matrimonio (terrenal) y la relación de Cristo con su Iglesia, y la importancia que parece atribuir a ello:

> [29] *[...] nadie ha odiado jamás a su propio cuerpo; al contrario, lo alimenta y lo cuida, así como Cristo hace con la iglesia,* [30] *porque somos miembros de su cuerpo.* [31] *«Por eso dejará el hombre a su padre y a su madre, y se unirá a su esposa, y los dos llegarán a ser un solo cuerpo».* [32] *Esto es un misterio profundo; yo me refiero a Cristo y a la iglesia.*
>
> (Efesios 5:29-32, NVI)

Pues bien, unos cuantos autores tradicionalistas[287] intentan encontrar argumentos en contra del matrimonio homosexual en cómo la relación entre Cristo y su Iglesia está descrita en términos matrimoniales. Los razonamientos que usan los encuentro bastante forzados, como ahora veremos.

[287] Hill, Holmes y McLaughlin, entre otros (unos cuantos).

El primer problema que tienen es que ya no pueden hablar en términos de complementariedad, porque la relación de Cristo con su Iglesia no es una relación de igualdad o mutualidad. Por lo tanto, han de formular sus argumentos en términos de diferenciación[288] o de roles diferentes: Cristo como cabeza de la Iglesia, su cuerpo, y el hombre, cabeza de la mujer (Efesios 4:15 y 5:23-25).

McLaughlin, que atribuye mucha importancia a este argumento e intenta demostrar su lógica y aplicabilidad —sin enfatizar el aspecto jerárquico o patriarcal—, nos ofrece esta explicación:

> *... del mismo modo que Dios creó la posibilidad de ser padres para mostrarnos cómo ama a sus hijos, creó el sexo y el matrimonio para ofrecernos una pequeña idea de lo que significa estar en unión con Cristo.*

Y, en otro punto, McLaughlin dice esto:

> *Dios creó el sexo y el matrimonio como un telescopio para que pudiéramos vislumbrar su deseo cósmico de tener intimidad con nosotros. Nuestros papeles en este gran matrimonio no son intercambiables.*[289]

---

[288] La diferenciación es el aspecto clave que señala Keen cuando explica este argumento tradicionalista (Keen: *Scripture, Ethics, and the Possibility of Same-Sex Relationships*, capítulo 3, apartado «Key Traditionalist Arguments on Same-Sex Relationships», subapartado «4. Heterosexual marriage is a living icon or symbol of the union between Christ and the church», páginas 27-28).

[289] Las dos citas son de McLaughlin, *Confronting Christianity*, traducción mía. La primera es del capítulo 9, apartado «Two Ways to Be One Body», página 155; la segunda proviene del capítulo 8, apartado «The Offense of the Marriage Metaphor», página 140.

La inferencia es clara: si en la relación matrimonial espiritual, de salvación, los papeles no son intercambiables, tampoco lo pueden ser en la relación matrimonial terrenal.

Veo dos aspectos problemáticos con todo esto:

- El primero es que los símiles o metáforas se emplean habitualmente para ilustrar una verdad muy específica. Jesús como «cordero» evoca una idea; Jesús como «buen pastor», otra; y como «león de Judá», todavía otra.

  Es cierto que a veces la ilustración es muy rica en detalles y nos ofrece varias enseñanzas. La parábola del hijo pródigo (Lucas 15:11-32) sería el caso paradigmático de esto. Y cuando Jesús dice «yo soy la vid verdadera» (Juan 15:1), aprovecha la metáfora para enseñarnos varios aspectos de nuestra relación con él y con el Padre. Pero igualmente debemos tener claras las limitaciones que tienen las metáforas, aun reconociendo que apelan a nuestra imaginación y nos retan a buscar aplicaciones para nuestra vida diaria.
- El otro aspecto que me hace dudar es que, en general, los símiles en la Biblia consisten en elementos terrenales, cosas cotidianas o bien conocidas, que nos ayudan a comprender realidades espirituales intangibles. Cuando los tradicionalistas intentan utilizar la relación Cristo-Iglesia para decirnos cómo puede ser, y cómo no puede ser, el matrimonio humano, están empleando la metáfora en el sentido contrario, y de una forma extraña, no para definir las cualidades que debería evidenciar la relación, sino para acotar la definición de lo que es. Es un poco como usar la idea de Dios como padre bondadoso, no

> para estimularnos a ser buenos padres y madres de nuestros hijos, sino para sugerir que, para ser padres válidos, deberíamos ser padres adoptivos, como él. Si eso es absurdo, quizás habría que ir con cuidado antes de hacer un argumento similar respecto al matrimonio.

Vines dedica también un espacio en su libro *God and the Gay Christian* a comentar el pasaje de Efesios 5, pero él llega a una conclusión diferente a la de McLaughlin, más sencilla y más razonable:

> *El matrimonio humano, según Efesios, es un «misterio profundo», que apunta a aquella relación suprema que es la unión eterna de Cristo con la Iglesia. Dado que el pacto de Jesucristo con nosotros es indestructible, nuestros vínculos matrimoniales deberían ser igual de permanentes. Por lo tanto, el aspecto más importante del matrimonio es la alianza que establecen los dos cónyuges.*[290]

Con eso creo que hemos cubierto todos los argumentos importantes sobre el matrimonio y cómo hay que entenderlo que he podido sacar de los diferentes libros y artículos que he leído sobre la homosexualidad. ¿Cómo los ves?

Yo personalmente me inclino a pensar que el único argumento de peso, para insistir en que el matrimonio debería ser forzosamente entre un hombre y una mujer, es lo que hemos señalado en el punto *d*: los comentarios de Jesús citando frases de Génesis 1 y 2: «en el principio el Creador "los hizo hombre y mujer"» y «"Por eso

[290] Vines: *God and the Gay Christian*, capítulo 8, apartado «Marriage as a Reflection of Christ and the Church», página 135, traducción mía.

dejará el hombre a su padre y a su madre, y se unirá a su esposa, y los dos llegarán a ser un solo cuerpo"». Es el arguento recurrente, que hemos tratado en el capítulo 17 y al que hemos hecho referencia también en los capítulos 18 y 19.

O sea, nos encontramos de nuevo con la disyuntiva de decidir si lo de «hombre y mujer» lo leemos como un elemento prescriptivo y esencial del matrimonio, o simplemente como su expresión habitual. Podría ser solo esto último. Si fuera así, igualmente sería lógico y comprensible que el relato del inicio de la humanidad tuviera como protagonistas a un hombre y una mujer, y que Jesús se expresara en términos de hombre y mujer cuando hablaba sobre el divorcio con los fariseos. Realmente este es un punto crítico en el debate.

Pero no se acaba todo aquí. En el capítulo que viene a continuación comentaremos brevemente la soltería y el celibato, para completar nuestro repaso de los argumentos tradicionalistas y las críticas que reciben. Y luego, en los capítulos posteriores, entraremos de lleno en los argumentos de los revisionistas.

21. LA SOLTERÍA Y EL CELIBATO

Utilizo el término «celibato» en este libro para referirme a la situación de aquellas personas que deciden, deliberadamente, no casarse y abstenerse de relaciones sexuales, por motivos religiosos. En ciertos aspectos puede ser sinónimo de «ser soltero»; o sea, a veces los términos pueden ser intercambiables. Pero la soltería no es exactamente lo mismo. Muchas personas solteras lo son por circunstancias: buscan pareja, pero no la encuentran. Y hoy en día, como ya sabemos todos, en nuestra sociedad ser soltero no implica la «castidad»,[291] es decir, la abstención de relaciones sexuales. Habiendo aclarado conceptos, vamos a hablar de lo que podemos discernir en la Biblia sobre la soltería y, particularmente, sobre el celibato, y qué implicaciones puede tener para el debate sobre la homosexualidad.

Los expertos nos dicen que, en toda la historia del judaísmo desde los patriarcas hasta los tiempos de Jesús, era generalmente aceptado que la voluntad de Dios era que todas las personas —por lo menos todos los individuos sanos, sin impedimentos físicos— tenían que casarse y levantar descendencia. No se libraban de este deber ni los sacerdotes ni, en general, los profetas.[292] De hecho, en todo el Antiguo Testamento no hay ninguna palabra para «soltero».[293] La obligación de casarse se entendía particularmente por el mandato de Dios en Génesis 1: «Sed fructíferos y multiplicaos; llenad la tierra y sometedla» (Génesis 1:28, NVI).[294]

---

[291] Algunas veces, sobre todo en escritos más antiguos, «castidad» se usa como sinónimo de «celibato», porque la persona célibe hace un voto de castidad.

[292] Jeremías fue una excepción, porque Dios le ordenó que no se casara (Jeremías 16:2), al menos mientras viviera en aquel lugar (probablemente Jerusalén).

[293] Según el *Illustrated Bible Dictionary*, entrada «Marriage», volumen 2, página 954.

[294] En la cultura grecorromana también se suponía que todo el mundo debía

Por lo tanto, las palabras de Jesús a sus discípulos, cuando estos exclaman «es mejor no casarse» tras oír como su maestro había criticado la permisividad de los fariseos con el divorcio, eran rompedoras. Les debía de sorprender mucho que Jesús contemplara la posibilidad de que algunos optaran, por decisión propia, ser como eunucos (hombres sin genitales), por causa del reino de Dios:

> [10] *—Si tal es la situación entre esposo y esposa —comentaron los discípulos—, es mejor no casarse.*
>
> [11] *—No todos pueden comprender este asunto —respondió Jesús—, sino solo aquellos a quienes se les ha concedido entenderlo.* [12] *Pues algunos son eunucos porque nacieron así; a otros los hicieron así los hombres; y otros se han hecho así por causa del reino de los cielos. El que pueda aceptar esto que lo acepte.*
>
> (Mateo 19:10-12, NVI)

Es importante notar que Jesús deja bien claro que la opción de no casarse no es para todo el mundo, sino solamente para aquel que «pueda aceptar esto» (NVI) o «sea capaz de recibir esto» (RVR1960). Este comentario final parece dirigido particularmente a aquellos que se hacen eunucos «por causa del reino de los cielos».[295] En el caso de aquellos que Jesús describe como

---

casarse y levantar descendencia, hasta tal punto que, en Roma, se promulgó una ley, la *Lex Iulia de maritandis ordinibus* (18 a. C.), que penalizaba a aquellos que no lo hacían, algo que explica, por ejemplo, Keen, en *Scripture, Ethics, and the Possibility of Same-Sex Relationships*, capítulo 6, apartado «Christian Tradition on Celibacy», página 61 y nota al pie 18.

295 El consenso, desde hace muchos siglos, es que lo de «hacerse eunucos» de Mateo 19:12 *no* se refiere a la automutilación genital, sino a vivir *como* eunucos. La entrada «Eunuch» de la *International Standard Bible Encyclopedia* (volumen 2, página 202) explica que la Iglesia primitiva no lo tenía del todo claro, pero muy pocos discípulos —el caso más célebre es el del teólogo y lingüista Orígenes (c. 184 - c. 254 d. C.)— optaron por el paso drástico de autocastrarse. Y en el siglo IV diferentes cánones eclesiásticos

eunucos de nacimiento o hechos eunucos por los hombres, no es necesario tomar los comentarios del Señor como un mandamiento de soltería; se pueden entender simplemente como descriptivos de la realidad, inevitable, que debía afrontar cualquier hombre sin pene en aquella época.

Esta enseñanza a favor del celibato quedaba reforzada por la condición de soltero de Jesús mismo —según todas las fuentes más fiables[296] y el consenso académico— y por otras palabras del Señor a sus discípulos en las que minimizaba la importancia del matrimonio y de la familia:

- En la resurrección seremos como los ángeles, no nos casaremos (Mateo 22:30 y Marcos 12:25).
- Quien por causa del reino de Dios deje casa, esposa, hermanos, padres o hijos recibirá mucho más en esta vida y luego la vida eterna (Lucas 18:29-30).[297]

Y si con eso no había suficiente, otra cosa que hizo que en los primeros años de la Iglesia el celibato estuviera a la orden del día

---

establecieron que los eunucos de nacimiento o hechos así por los hombres podrían acceder al ministerio cristiano, pero *nunca* aquellos que se habían autoemasculado.

[296] La idea de una supuesta relación de Jesús con María Magdalena, popularizada por el autor Dan Brown en *El código Da Vinci*, aparte de no tener ninguna base bíblica, tampoco tiene evidencias claras en ningún texto apócrifo posterior. Para más información ver, por ejemplo, Chaffey, Tim: «Was Jesus Married?» (https://answersingenesis.org/jesus/was-jesus-married/, consultado en enero de 2023).

[297] En los versículos similares de Mateo 19:29 y Marcos 10:29, no todos los manuscritos incluyen a la mujer en la lista de todo aquello que, si lo dejamos por causa de Jesús y el evangelio, seremos recompensados con creces. La RV2020 —siguiendo las RVR anteriores— la incluye en sus traducciones respectivas; sin embargo, la NVI y la BLP, y algunas otras, han optado por omitirla. Por otro lado, el pasaje de Lucas 14:26 sí incluye a la mujer, pero no habla de dejarla, sino de «sacrificar el amor» (NVI) o «aborrecer» (RV2020 y RVR anteriores) a la esposa.

y no algo raro era la convicción, bastante generalizada, de que la nueva venida del Señor y el fin del mundo eran inminentes. ¿Qué sentido tenía casarse y tener hijos si las cosas terrenales estaban a punto de desaparecer?

Por último, todo indica que al cabo de pocos años del inicio de la Iglesia empezaron a aparecer ciertas corrientes ascéticas que promovían un estilo de vida extremadamente austero, que comportaba la abstención de muchos placeres legítimos, entre ellos las relaciones sexuales entre cónyuges. Lo deducimos de ciertos comentarios en las epístolas paulinas que parecen escritos expresamente para combatir esas ideas.[298]

Con este trasfondo, no nos debe extrañar que los corintios le preguntasen a Pablo sobre la conveniencia de abstenerse de relaciones sexuales. El apóstol, aparte de dejar claro que está en contra de la abstención entre cónyuges, les contesta con una respuesta muy matizada. Ciertamente sugiere como mejor opción, para poder servir al Señor sin distracciones, la de no casarse. Pero deja bien claro que esta opción no se puede imponer. Aquí hay unos fragmentos de lo que dice:

> [32] *Yo preferiría que estuvieran libres de preocupaciones. El soltero se preocupa de las cosas del Señor y de cómo agradarlo.* [33] *Pero el casado se preocupa de las cosas de este mundo y de cómo agradar a su esposa;* [34] *sus intereses están divididos. La mujer no casada, lo mismo que la joven soltera, se preocupa de las cosas del Señor; se afana por consagrarse al Señor tanto en cuerpo como en espíritu. Pero la casada se preocupa de las cosas de este mundo y de cómo agradar a su esposo.* [35] *Os digo esto por vuestro propio bien, no para poneros restricciones [...].*

---

[298] Aparte de 1 Corintios 7, que analizamos aquí, hay los versículos de Colosenses 2:20-23 y 1 Timoteo 4:3.

> [38] *De modo que el que se casa con su prometida hace bien, pero el que no se casa hace mejor.*
>
> (1 Corintios 7:32-35, 38, NVI)

Con todo lo que dice, Pablo deja bien claro, lo mismo que Jesús, que el celibato no es una vocación para todo el mundo. Y el tratamiento tan detallado y mesurado que ofrece (dedica buena parte del séptimo capítulo de 1 Corintios a este tema) sugiere claramente que es una decisión que ha de tomarse después de mucha reflexión, sopesando las implicaciones y estando bien convencido.

A lo mejor tenemos una idea un poco mística de lo que puede significar tener un don o una vocación. Y en el caso del celibato, nos preguntamos cómo se puede discernir. En este sentido, encuentro muy interesante y práctico este comentario de Brownson:

> *Lo que resalta, en el contexto de 1 Corintios 7, es que el tipo concreto de «don» que cada uno haya recibido, en relación con el matrimonio y el celibato, viene determinado por el grado en que el individuo en cuestión es capaz de ejercer autocontrol (7:9, 36-40). [...] Usando unas categorías más modernas, eso significa no la ausencia o represión de los deseos sexuales, sino la capacidad de sublimación, para canalizar esos deseos y energías hacia el servicio concentrado y disciplinado a Dios.*[299]

Todo lo que hemos comentado hasta ahora tiene que ver con el celibato en general, para cualquier seguidor o seguidora de Jesús que perciba ese llamamiento. Hasta aquí, ningún problema.

---

299 Brownson: *Bible, Gender, Sexuality,* capítulo 7, apartado «Implications for the Debate about Gay or Lesbian Committed Unions», página 141, traducción mía.

Pero ¿qué pasa con las personas gays y lesbianas, o sea, las que sienten atracción sexual, exclusiva y permanentemente, hacia personas del mismo sexo? Si sienten nula atracción hacia personas del sexo opuesto es muy arriesgado intentar casarse con una de ellas, en un «matrimonio de orientación mixta» (como el que describo al final del capítulo 5). Pero según la enseñanza tradicional de la Iglesia, no se pueden casar con una persona del mismo sexo. Y tampoco deben mantener relaciones sexuales fuera del matrimonio, claro. Con estas prohibiciones, lo único que les queda es el celibato.

Eso quiere decir que, para un colectivo, las personas lesbianas y gays, el celibato no es una opción, a escoger libremente si consideran que tienen el don o la vocación, sino una obligación. Eso rompe con la enseñanza de la Iglesia durante dos mil años,[300] basada en las palabras de Jesús y Pablo, según la cual el celibato no es para todo el mundo. Como dice Vines:

> *¿Dónde nos deja esta discusión? El debate sobre los cristianos gays nos empuja a una de dos cosas: a cambiar nuestra comprensión del celibato o a cambiar nuestra comprensión del matrimonio.*[301]

---

300 Keen hace un repaso histórico de la importancia que el celibato ha tenido en la doctrina y praxis de la Iglesia a lo largo de los siglos. Ha variado mucho, porque el celibato fue fomentado y enaltecido durante los primeros siglos de la era cristiana —la expresión más extrema fue la Iglesia siria oriental, que en el siglo II imponía la obligación a todo el mundo que se bautizaba de mantenerse casto (no mantener relaciones sexuales, ni siquiera con su cónyuge) hasta la muerte—; en cambio, fue fuertemente desaconsejado, casi rechazado, por los reformadores del siglo XVI, lo que explica la poca atención dada al celibato en el protestantismo, hasta hoy, a pesar de ser una opción eminentemente bíblica. Para más información véase Keen: *Scripture, Ethics, and the Possibility of Same-Sex Relationships*, capítulo 6, apartado «Christian Tradition on Celibacy», páginas 60 a 64.

301 Vines: *God and the Gay Christian*, capítulo 3, apartado «Undermining the Meaning of Celibacy», página 58, traducción mía.

Es pertinente analizar un poco más las razones que da Pablo para afirmar que, para ciertas personas, lo mejor es casarse. Según el apóstol, el matrimonio y las consiguientes relaciones conyugales sirven para evitar ciertas tentaciones sexuales o caer en un estado emocional de frustración insoportable:

> [2] *[...] en vista de tanta inmoralidad, cada hombre debe tener su propia esposa, y cada mujer su propio esposo.* [3] *El hombre debe cumplir su deber conyugal con su esposa, e igualmente la mujer con su esposo. [...]* [5] *No os neguéis el uno al otro, a no ser de común acuerdo, y solo por un tiempo, para dedicarse a la oración. No tardéis en volveros a unir nuevamente; de lo contrario, podéis caer en tentación de Satanás, por falta de dominio propio. [...]*
>
> [8] *A los solteros y a las viudas les digo que sería mejor que se quedaran como yo.* [9] *Pero, si no pueden dominarse, que se casen, porque es preferible casarse que quemarse de pasión.*
>
> (1 Corintios 7:2-3, 5, 8-9, NVI)

Cabe señalar que, con estas palabras, Pablo establece otro propósito, pragmático, para el matrimonio, además de los que ya conocíamos de Génesis y de las palabras de Jesús: dar una salida adecuada al deseo sexual para evitar comportamientos o estados personales peores. Parece claro que las indicaciones de Pablo nacen de un proceso de reflexión —lo que Keen (lo comentaremos en el capítulo siguiente) llama un proceso deliberativo o de discernimiento—, porque no hay ninguna base para ellas en las Sagradas Escrituras a las que tenía acceso Pablo, ni en lo que sabemos que le podía haber llegado de las enseñanzas de Jesús. El apóstol tenía que hacer este discernimiento porque se encontraba ante una situación nueva en la Iglesia primitiva (una inquietud por el tema del celibato) sin precedentes en la historia del pueblo judío, que requería unas directrices espirituales.

Evidentemente, todo lo que Pablo dice a los corintios lo expresa en términos de matrimonio heterosexual, porque ni él ni sus oyentes podrían imaginar otra cosa. Pero justamente, con algunas manifestaciones de la homosexualidad hoy en día, nosotros también nos encontramos ante una situación nueva, sin precedentes, fuera y dentro de nuestras iglesias, que también obliga a una respuesta. Y para los revisionistas, los consejos de Pablo parecen muy adecuados: el matrimonio homosexual también puede servir para dar una salida adecuada al deseo sexual de las personas gays y lesbianas.

Naturalmente, los tradicionalistas no quieren aceptar eso, porque va en contra de la definición que tienen asumida del matrimonio: que debe ser forzosamente entre una mujer y un hombre, como ya hemos comentado ampliamente. Pero respecto al celibato en concreto, tienen algunos argumentos adicionales, que ahora trataremos.

Uno de ellos es que las personas lesbianas y gays que se ven obligadas a mantenerse en el celibato son parecidas a los solteros heterosexuales que no encuentran pareja —y deberían mantenerse castos—. Keen, que dedica todo un capítulo (muy bueno) de su libro a analizar los argumentos alrededor del celibato y su aplicabilidad,[302] rechaza esta comparación, por dos motivos muy claros:[303]

- En primer lugar, decir no a la tentación no es tan difícil cuando no encuentras a nadie que cuando conoces al amor de tu vida. Cuando los cristianos heterosexuales se

[302] Keen: *Scripture, Ethics, and the Possibility of Same-Sex Relationships*, capítulo 6. Otros autores también dedican todo un capítulo al celibato, entre ellos Brownson, que hace un estudio teológico muy detallado en el capítulo 7 de *Bible, Gender, Sexuality*; Runcorn, con el capítulo 14 de *Love Means Love*, y Vines, con el capítulo 3 de *God and the Gay Christian*.

[303] Keen: *Scripture, Ethics, and the Possibility of Same-Sex Relationships*, capítulo 6, apartado «Single People Today», página 59.

enamoran locamente, se casan. Cuando un cristiano gay o lesbiana se enamora, ¿qué debe hacer? ¿Encontrar las fuerzas para decir que no, para rechazar no solamente la gran ilusión del momento del enamoramiento (el «flechazo»), sino también toda esperanza de tener una pareja y una familia?

- En segundo lugar, hay una diferencia abismal entre una persona actualmente soltera, pero que puede dedicarse activamente a buscar pareja, y una que lo tiene totalmente prohibido. Como dice el refrán: «De ilusión también se vive».

Es cierto que en general los autores tradicionalistas son bastante realistas con las dificultades que deben afrontar las personas que se proponen vivir en el celibato en nuestra sociedad occidental.[304] Ponen mucho énfasis en la necesidad de que la Iglesia les dé apoyo y lamentan, con toda la razón, que en muchos ámbitos protestantes o evangélicos casi no hay lugar para el celibato: el ideal para un pastor o líder de Iglesia es estar casado y tener hijos.[305]

Los tradicionalistas también insisten mucho en el hecho de que asumir el celibato no quiere decir vivir en soledad. Dios nos ha creado para vivir en comunidad, para desarrollar y cuidar las relaciones interpersonales. Así, por ejemplo, Hill pone como parte del

[304] Casi todos los autores tradicionalistas consultados hablan de esto, particularmente los autores de orientación homosexual, como por ejemplo Allberry, Hill, Howard y Perry.

[305] Esto lo comentan varios autores, entre ellos Allberry, que explica cómo otro pastor lo animó muy insistentemente a que se casara (hasta que Allberry se vio forzado a explicarle que era gay): Allberry, *Is God Anti-Gay?*, capítulo 4, apartado 2 «Honor singleness», página 56. Evidentemente este ideal de pastor casado y con hijos no tiene ninguna base bíblica, y es totalmente opuesto a las palabras de Jesús y Pablo sobre la utilidad del celibato. Queremos ser muy bíblicos, los evangélicos, pero en esto realmente no lo somos en absoluto.

título de su artículo en el libro *Two Views* «la amistad espiritual».[306] Y McLaughlin también expresa muy elocuentemente esta idea, vinculándola, justamente, a la enseñanza bíblica relacionada con ser un solo cuerpo:

> *A veces hay gente que dice que la Biblia condena las relaciones con personas del mismo sexo. No es así. La Biblia nos manda tener relaciones con personas del mismo sexo, a un nivel de intimidad que los cristianos pocas veces logramos. Jesús predicaba un evangelio de intimidad radical: primero y principalmente con él, pero también, a través de él, unos con otros. A partir de las palabras de Jesús durante su última cena con los discípulos, Pablo argumenta que los cristianos estamos íntimamente ligados unos con otros: «Ese pan que partimos, ¿no significa que entramos en comunión con el cuerpo de Cristo? Hay un solo pan del cual todos participamos; por eso, aunque somos muchos, formamos un solo cuerpo» (1 Corintios 10:16-17).*
>
> *En el marco de la fe cristiana, la unidad de ser un solo cuerpo no es solamente para esposo y esposa; es para todo el mundo.*
>
> *[...]*
>
> *Las mismas escrituras que dicen no a la intimidad sexual entre personas del mismo sexo dicen un sí rotundo a otras expresiones de intimidad.*[307]

Está muy bien lo que dice McLaughlin para subrayar la necesidad de establecer relaciones interpersonales profundas y de compromiso. Pero yo tengo claro que la relación entre hermanos

---

[306] El título completo es «Christ, Scripture, and Spiritual Friendship» (capítulo 3 de *Two Views*).

[307] McLaughlin: *Confronting Christianity,* capítulo 9, páginas 155-156 y 159, traducción mía (con cita bíblica de la NVI).

en la fe, o entre buenos amigos, por muy profunda que sea, no es la misma que la relación entre cónyuges. No tiene la exclusividad ni la permanencia que deben caracterizar el matrimonio, ni tampoco la relación física, sexual. El matrimonio puede tener, y debería tener, un grado de intimidad y complicidad más elevado.

Por otro lado, Keen critica la postura tradicionalista a favor del celibato obligatorio explicando la historia de un chico cristiano, Ryan Robertson, que pasa unos años llenos de lucha emocional, sesiones de consejería y oración persistente, en un entorno evangélico conservador, mientras busca cómo superar o asumir su homosexualidad. Después de irse automedicando con sustancias cada vez más fuertes, acaba muriendo de sobredosis.[308]

Pongo a continuación un fragmento del libro de Keen que encapsula muy bien su discrepancia con el planteamiento tradicionalista del celibato obligatorio para todas las personas de orientación no heterosexual:

> *El celibato durante toda la vida es una cosa bella y plena de significado para aquellos que tienen la gracia y la vocación necesarias. Pero puede conducir a la muerte física y emocional para aquellos que no. En el debate sobre las relaciones entre personas del mismo sexo, los tradicionalistas no han tratado adecuadamente la cuestión de la abstinencia sexual permanente. ¿Es factible el celibato durante toda la vida para cualquier persona que se lo proponga (incluido todo un grupo demográfico que consiste en millones de personas)? A menudo los tradicionalistas esquivan estas*

---

308 Keen cita tres fuentes para esta historia personal (*Scripture, Ethics, and the Possibility of Same-Sex Relationships*, capítulo 6, nota 5), que en enero de 2023 seguían disponibles en Internet: el blog justbecausehebreathes.com; el testimonio de sus padres en el congreso de Exodus en 2013, https://youtu.be/P8ntauVWRUY, y su charla en la Gay Christian Network (actualmente Q Christian Fellowship) en 2014, https://youtu.be/Jk_-9Jlx1Bs.

cuestiones, tal como ha pasado con dos libros recientes de autores tradicionalistas: se han centrado en el cambio de orientación sexual y en los matrimonios de orientación mixta, para luego tratar solo muy brevemente el celibato para toda la vida.[309]

La utilidad del matrimonio gay para evitar comportamientos o estados peores no es una propuesta únicamente de autores revisionistas. Hay voces tradicionalistas que no quieren cambiar la doctrina de la Iglesia sobre el matrimonio, pero disciernen que, para algunas personas lesbianas o gays, el matrimonio homosexual —o si el ordenamiento jurídico en cuestión no lo permite, una relación permanente de pareja— puede ser una auténtica «barca salvavidas». Por lo tanto, están dispuestos a ser flexibles y a aplicar una política de «tolerancia pastoral» o «adaptación pastoral a las realidades personales».[310]

La idea de practicar tolerancia, de conceder excepciones a la norma, en atención a la situación particular de cada uno, a mí me recuerda el caso de Naamán, que leemos en 2 Reyes, capítulo 5. Después de seguir —a regañadientes— las indicaciones que le había dado el profeta Eliseo de bañarse en el río Jordán, el extranjero Naamán acaba curado milagrosamente por Dios de la lepra que

---

[309] Keen: *Scripture, Ethics, and the Possibility of Same-Sex Relationships*, capítulo 6, apartado «The Truth about Sexual Orientation Change», página 58. Keen detalla, en la nota al pie 6, cuáles son los argumentos de estos dos libros, de los autores Kevin DeYoung y Preston Sprinkle.

[310] Entre los tradicionalistas a favor de la tolerancia pastoral encontramos a Lewis Smedes, según explica Brownson en *Bible, Gender, Sexuality*, capítulo 7, apartado «Implications for the Debate about Gay or Lesbian Committed Unions», página 144, citando como referencia (en la nota 23) «Lewis B. Smedes, "Like the Wideness of the Sea", *Perspectives*, May 1999; cf. Smedes, *Sex for Christians: The Limits and Liberties of Sexual Living*, rev. ed. (Grand Rapids: Eerdmans, 1994), pp. 238-244», y también Stephen Holmes, de cuyo punto de vista doy más información en el capítulo 26, punto c, y en la nota al pie 367.

sufría. Entonces tiene claro que solo puede adorar al Dios verdadero, el Dios de Israel. Pero pide, y recibe de boca de Eliseo, una concesión: cuando tenga que acompañar a su soberano, el rey de los arameos, al templo de Rimón, que Dios le excuse el hecho de prosternarse ante aquella deidad, ya que el rey se apoya en su brazo. Comentaremos más la idea de la tolerancia pastoral, con más justificaciones y ejemplos, en el capítulo 26, donde analizamos las diferentes opciones o estrategias que hay para nuestras iglesias.

El argumento para permitir el matrimonio gay como una concesión tiene que ver con el hecho de percibir (con realismo) las alternativas. He leído unas cuantas historias de cristianos gays y lesbianas que han querido seguir la enseñanza tradicional de la Iglesia y mantenerse célibes, pero sin éxito.[311] No es difícil encontrar relatos de hombres cristianos gays que han intercalado períodos de «victoria» (autocontrol) con otros de «derrota» (descontrol) en los que consumen pornografía homosexual y, cuando ya no pueden más, acaban yendo de escondidas a bares y locales gays para tener relaciones casuales de una noche con el primer hombre que encuentran. Se sienten culpables, fracasados, con su autoestima destrozada.[312] Y encontramos también historias de chicas cristianas

---

311 Howard habla muy sensatamente de esto en *Dwelling in the Land,* capítulo 1, apartado «Dealing with "failure"», página 17. Los casos que describo a continuación son los más o menos «típicos» con los que me he encontrado en los libros que he leído. Son un poco diferentes para los hombres gays que para las mujeres lesbianas, seguramente a causa de las diferencias entre la homosexualidad masculina y femenina que hemos comentado en el capítulo 15, puntos *c* y *d,* diferencias que se ven también en las historias personales descritas en el capítulo 16. Hay referencias a casos concretos en las siguientes notas al pie (notas 312 y 313).

312 Hill explica un caso, en *Washed and Waiting,* capítulo 1, página 56. Asimismo, aunque terminan superándolo (ver mi comentario más adelante sobre el hecho de que los «casos de éxito final» son los que se acaban publicando), vemos esto en el relato de Bob Ragan, explicado por Howard, en *Dwelling in the Land,* capítulo 13, páginas 238 a 242, y en la experiencia (breve) de Tim Otto, que él comparte en *Oriented to Faith,* capítulo 1, apartado «Shame», páginas 5 y 6.

lesbianas que, en su desesperación, se han metido en relaciones lésbicas insanas (cortas, tempestuosas y sin propósito de futuro).[313] Y parece muy lógico pensar que parte del problema ha sido que su entorno no les permitía contemplar una unión más permanente. ¿Deberían haber sabido controlar sus instintos? Quizás. Pero eso significa pedirles más autocontrol que al resto de los cristianos.

Algunos cristianos gays y lesbianas acaban superando estas etapas y encuentran la manera de vivir en el celibato. Me parece fantástico, y no quiero poner en duda sus testimonios. Pero deberíamos ir con mucho cuidado, antes de señalar estos relatos como ejemplos, por dos motivos claros:

- En primer lugar, si estos individuos han podido asumir el celibato, puede ser simplemente porque ellos sí que han recibido el don o la vocación, aunque haya sido simplemente en forma de un convencimiento de que, por ahora, el estado de soltero es lo que Dios quiere para sus vidas.
- En segundo lugar, las historias de éxito siempre serán las que más se terminan publicando. Es mucho más difícil que las experiencias de celibatos fracasados se difundan.[314] Ahora bien, tenemos un buen indicador de su existencia con las tasas elevadas de depresión y suicidio que hemos comentado, y que bastantes libros mencionan. Y si estos casos extremos son solo la punta del iceberg, porque no son

---

313 Durante un tiempo, este fue el caso de McFerren, que lo explica en *First Steps Out*, capítulo «Why Listen to Me?», posiciones 240-262. Y el primer testimonio (anónimo) que ofrece Marin en *Love Is an Orientation*, «Appendix. Testimonies from the Gay Community», posiciones 2103-2124, es otro ejemplo de ello. Otras autoras cristianas también explican relaciones lésbicas similares, aunque pudieron salir de ellas, durante o poco después de su proceso de conversión, como por ejemplo Howard, en *Dwelling in the Land*, y Perry, en *Gay Girl, Good God*.

314 Hill explica un caso, de un hombre gay en el Reino Unido, pero no indica su nombre, en *Washed and Waiting*, capítulo 1, página 56.

> noticia las muchas personas gays y lesbianas que aguantan como pueden su desánimo y sus frustraciones, sin que lleguen a niveles patológicos, las historias de éxito quizás serán muy minoritarias.

Entiendo que es imposible saber la prevalencia de estos dos factores con certeza. Ahora bien, a mí me parecen lógicos y probables. Además, conozco de cerca un caso de «poco éxito» con el celibato —de un hombre gay—, y todo el sufrimiento que ha producido.

Por lo tanto, me genera muchas dudas, incluso un sentimiento de profundo malestar, leer tantos relatos, y libros enteros, que venden el mensaje: «Con la ayuda de Dios yo lo conseguí; así que tú también lo puedes hacer». No me cabe duda de que estas personas escriben con las mejores intenciones. Y lo hacen con total convencimiento, claro, porque en su caso funcionó. Pero para gente que lleva años luchando infructuosamente para intentar vivir «cristianamente» su homosexualidad, creo que el efecto más probable de palabras «de ánimo», como estas de Perry, solo será más desánimo y frustración:

> *La verdad es que ser cristiano y tener que decir no a la atracción a personas del mismo sexo es difícil (vaya si es difícil), pero del mismo modo que el Padre envió un ángel a dar fortaleza a su Hijo, Él nos ha enviado a alguien muchísimo mejor: el Espíritu Santo. Es cuando somos dirigidos por el Espíritu, cuando nos fijamos en Jesús y no en el desánimo (ni en las mentiras o la condena), que somos capaces de hacer lo que le agrada al Padre. Ser fortalecidos para aguantar y que se nos dé el poder para obedecer no hace que la obediencia resulte fácil, pero sí que la hace factible.*[315]

[315] Perry: *Gay Girl, Good God*, capítulo 16, página 127, traducción mía.

Hago esta crítica con todos los respetos, porque he aprendido muchísimo de los libros que he leído, escritos por cristianos con fuertes atracciones hacia personas del mismo sexo que se han propuesto ser fieles al Señor viviendo en el celibato. La percepción y profundidad que destilan sus escritos, fruto normalmente de años de sufrimiento y lucha, hacen que sus libros estén llenos de lecciones para cualquier discípulo de Jesucristo, tenga la orientación sexual que tenga. Y no me cabe duda de que algunos pueden ser recursos valiosos para los creyentes que se planteen el celibato —para los creyentes heterosexuales, también—.

Pero no tengo claro que tengan la receta idónea para todos los cristianos de orientación gay o lesbiana. Veo aplicables las palabras de Jesús en Mateo 19:12: «El que pueda aceptar esto que lo acepte». También lo digo, seguramente, porque empiezo a ver factibles y justificables otras opciones, gracias a algunos argumentos de los revisionistas, para mí muy sólidos, que ahora pasaremos a tratar.

22. UNA CLAVE INTERPRETATIVA (REVISIONISTA) QUE NOS OFRECE LA PROPIA BIBLIA

Lo que explico en este capítulo ocupa un lugar especial en toda la evolución de mi pensamiento sobre la homosexualidad como cristiano evangélico. Está construido alrededor de un argumento desarrollado por la autora Karen Keen en *Scripture, Ethics, and the Possibility of Same-Sex Relationships,* concretamente en el capítulo 5, «What is Ethical? Interpreting the Bible like Jesus» («¿Qué es ético? Cómo interpretar la Biblia como Jesús»). Este capítulo de Keen, particularmente la segunda parte, me fue toda una revelación. Por primera vez leía un argumento muy bien razonado, muy convincente, que me parecía absolutamente bíblico, pero... ¡revisionista! Hasta ese momento, los libros revisionistas que había leído me habían parecido poco rigurosos.[316] El libro de Keen, no. Es un libro que puedo recomendar sin paliativos. Es cierto que mucho de lo que explica Keen lo tratan también otros autores, con razonamientos similares. Pero el argumento de Keen que aquí expondré, después de una breve introducción, significó un verdadero punto de inflexión en mi comprensión de las tesis revisionistas y de cómo podían ser defendidas con la Biblia en la mano.

Estoy seguro de que la idea de la Biblia como revelación progresiva no será nueva para la mayoría de mis lectores. Es una idea expresada muy bien por el autor de la epístola a los Hebreos cuando dice:

---

316 Eso también le pasó a Justin Lee, con un libro que le dejaron, que encontró horroroso: mal escrito y con argumentos bíblicos con muy poco fundamento. Véase Lee: *Unconditional,* capítulo 4, posiciones 497-499.

> [1] *Dios, que muchas veces y de varias maneras habló a nuestros antepasados en otras épocas por medio de los profetas,* [2] *en estos días finales nos ha hablado por medio de su Hijo.*
>
> (Hebreos 1:1-2a, NVI)

De todos modos, en nuestras iglesias muchas veces no profundizamos mucho en esto. Citamos, y nos apropiamos, versículos de cualquier sitio de la Biblia —cuando nos interesa— y tendemos, inconscientemente, a dar el mismo valor a todo, como Palabra de Dios. Algunos autores describen esto como hacer una lectura «lineal» o «plana» de la Biblia,[317] y lo critican, por todos los problemas hermenéuticos —de interpretación y aplicación— que conlleva.[318]

Pero hay que decir que aplicar una hermenéutica de revelación progresiva a toda la complejidad humana tampoco es fácil. Ya hemos citado a Gushee, en nuestro análisis de los pasajes de Levítico en el capítulo 9, que nos advierte que saber cómo aplicar las normas del Antiguo Testamento, en la era cristiana, es «una cuestión en realidad bien compleja, que ha constituido un reto para los lectores serios de la Biblia durante toda la historia del cristianismo». Y hemos comentado los análisis, bastante sofisticados, de Webb, que intentan buscar la trayectoria o direccionalidad de

---

[317] Ver, por ejemplo, Sánchez Núñez, Juan: *Ética teológica y homosexualidad,* capítulo «Biblia, pecado y homosexualidad: "deshaciendo entuertos"», punto 6, página 84.

[318] Están apareciendo diferentes libros, en inglés, sobre la necesidad de saber —o redescubrir— cómo leer más inteligentemente —de una forma más ponderada y sofisticada— la Biblia, como por ejemplo: Enns, Peter: *The Bible Tells Me So. Why Defending the Scripture Has Made Us Unable to Read It,* Harper One (Harper Collins Publishers), 2014, y Wright, Tom (Wright, N. T.): *Scripture and the Authority of God,* 2.ª edición (revisada y ampliada), Society for Promoting Christian Knowledge (SPCK), 2013.

la enseñanza bíblica, respecto al papel de la mujer, la esclavitud y la homosexualidad.

Pues bien, Keen nos hace notar que la revelación progresiva de la Biblia no es simplemente incrementalista. Los libros posteriores no se limitan a ofrecer enseñanzas adicionales, o nuevos detalles. A veces *modifican significativamente* lo que ya estaba escrito. Uno de los ejemplos que da Keen del Antiguo Testamento es la manera en que el libro de Deuteronomio enmienda lo que decía Éxodo respecto a los esclavos.

Comparando los pasajes de Éxodo 21:2-11 y Deuteronomio 15:12-18, no solo vemos énfasis o detalles diferentes en Deuteronomio, como por ejemplo:

- tener una buena actitud a la hora de liberar a un esclavo al cabo de seis años, recordando como todo el pueblo de Israel había sido esclavizado en Egipto,
- dar provisiones en abundancia a los esclavos liberados para ayudarlos a afianzarse.

Vemos también un aspecto totalmente contradictorio en relación con lo que decía Éxodo, concretamente respecto a las mujeres esclavas:

- Éxodo no contemplaba la liberación de una esclava, salvo en dos casos muy concretos: por un lado, si la chica había entrado al servicio de la casa casada ya con el hombre forzado a esclavizarse, tenía que marcharse también cuando él quedara en libertad (Éxodo 21:3); y por otro, si el amo —o su hijo— la había tomado como esposa y luego la había menospreciado y abandonado, tras tomar como esposa a otra mujer diferente, debía quedar libre (Éxodo 21:9-11).
- Deuteronomio, en cambio, dice clarísimamente que todos los esclavos hebreos se tenían que tratar por igual, tanto los

hombres como las mujeres: había que liberarlos al cabo de seis años, sin coste y dando provisiones con generosidad (Deuteronomio 15:12-14).

Habiendo explicado esto, Keen hace el siguiente comentario:

> *¿Cómo podía ser que el autor bíblico se sintiera cómodo adaptando la revelación divina? Según Éxodo, la Ley original sobre los esclavos fue dada directamente por Dios en el monte Sinaí: «El Señor dijo a Moisés... Estas son las leyes que darás a los israelitas» (ver Éxodo 19:18 a 21:11 para el contexto). [...] Los autores bíblicos entendían la naturaleza y la función de la revelación de una manera diferente a la que nos han enseñado a muchos de nosotros en nuestras iglesias. No la veían como inflexible e insensible. Más bien, entendían que las leyes tenían que interpretarse con discernimiento, no ser aplicadas sin tomar en cuenta el contexto. El propósito de la norma legal original era ofrecer ciertas protecciones a los esclavos; la ley adaptada mejoraba aquel objetivo mostrando un mayor cuidado de las personas implicadas.*[319]

Luego, Keen explica que se percibe un principio interpretativo similar en el Nuevo Testamento con el divorcio. Primero parece que Jesús sentencia contra el divorcio de forma taxativa (Marcos 10:2-12), diciendo que Moisés solo lo había permitido por la dureza de corazón de los israelitas. Pero después tanto Mateo, que escribe su evangelio más tarde —según la opinión cuasi unánime de los expertos—, como Pablo, cuando explica cómo aplicarlo en las iglesias, encuentran excepciones: Mateo, en casos de inmoralidad sexual, probablemente adulterio o fornicación (Mateo 5:32

[319] Keen: *Scripture, Ethics, and the Possibility of Same-Sex Relationships*, capítulo 5, página 51, traducción mía.

y 19:9),[320] y Pablo, en el caso de una separación instigada por el cónyuge no creyente (1 Corintios 7:15). ¿Cómo debemos entender esto? Según Keen:

> *Cuando Mateo y Pablo interpretan el mandato de Jesús, no lo trivializan. Afirman que las parejas no deberían divorciarse. Por lo tanto, su método interpretativo no es un rechazo de la ley. Más bien, usan un método deliberativo para discernir cómo habría que aplicar una norma. Entienden que, para llegar a la voluntad de Dios, hay que hacer una aplicación con matices. La aplicación indiscriminada de una normativa puede llevar a resultados crueles nunca pretendidos por Dios.*[321]

Y este «método deliberativo» hay que aplicarlo incluso en el caso de una enseñanza (la permanencia del matrimonio) basada en la creación. ¿Con qué criterio? Keen contesta la pregunta así:

> *Pero ¿cómo podemos estar seguros de que aplicamos las Escrituras de forma correcta y que no estamos simplemente interpretando la Biblia según nuestro capricho? Estos ejemplos nos orientan: en los casos de las normas referidas a la esclavitud y el divorcio, la clave interpretativa es prestar atención a las necesidades de las personas.*[320]

Para recalcar la importancia de discernir las necesidades de las personas, Keen nos recuerda otras enseñanzas, tanto de Jesús como de Pablo:

---

[320] El término usado en griego, *porneia,* tiene un significado muy amplio. Para más comentarios sobre estos versículos de Mateo véanse las notas al pie 51 y 52.

[321] Keen: *Scripture, Ethics, and the Possibility of Same-Sex Relationships,* capítulo 5, página 52, traducción mía.

- Jesús admite que David violó la ley cuando él y sus compañeros comieron el pan sagrado del templo (Mateo 12:3-4) que solo los sacerdotes, descendientes de Aarón, podían consumir (Levítico 24:5-9). Pero lo excusa. ¿Por qué? Porque David y sus hombres tenían hambre.
- Cuando Jesús se defiende de las críticas —de las autoridades religiosas— sobre cómo él entiende el sábado o *sabbat*, el día de descanso, no tira por la borda todo lo que dicen las Escrituras al respecto, sino que habla de priorizar la necesidad —de un animal caído en un hoyo o de una persona con una mano paralizada (Mateo 12:9-13)— y el sufrimiento —de un hombre paralizado durante treinta y ocho años (Juan 5:5-9)—.

  Y fijémonos en esto: la necesidad humana tiene prioridad sobre lo que manda la Biblia incluso cuando se trata de un tema (el *sabbat)* tan importante que figura entre los diez mandamientos y, además, está explícitamente vinculado a la creación.
- El apóstol Pablo advierte contra la aplicación ciega de normas alimentarias y de la celebración de festividades religiosas y del *sabbat* (Colosenses 2:16-23). Hay que decir que Pablo tampoco lo echa todo por la borda. De hecho, sabemos que él mismo podía seguir estas costumbres: asistía a la sinagoga en las ciudades que visitaba e incluso participó en un rito de purificación especial con otros hombres en Jerusalén (Hechos 21:22-26). Pero aplicaba las normas cuando le parecía apropiado, con discernimiento y no como una obligación.

Keen se fija en un detalle interesante de los argumentos de Pablo en la carta a los Colosenses. Además de la necesidad de liberarnos de normas y costumbres que nos puedan (re)esclavizar, Pablo señala que son solo una sombra de las cosas futuras:

> [16]*Así que nadie os juzgue a vosotros por lo que coméis o bebéis, o con respecto a días de fiesta religiosa, de luna nueva o de reposo.* [17]*Todo esto es una sombra de las cosas que van a venir; la realidad se halla en Cristo.*
>
> (Colosenses 2:16-17, NVI)

Para Keen, la expresión «sombra de las cosas que van a venir» es una clara referencia escatológica, al final de los tiempos. Y así es como suena en la NVI que he reproducido aquí. Es como lo interpretan también la mayoría de las versiones españolas que he consultado.[322] Parece muy justificado, teniendo en cuenta las referencias clarísimas de Pablo, unos versículos más adelante, a Cristo y a las cosas celestiales que se revelarán (Colosenses 3:1-4). Pero el original griego de Colosenses 2:17, *skia ton mellonton,* con un gerundio, es ambiguo y admite una traducción en pasado, tal y como hace, por ejemplo, la JBS («sombra de lo que estaba por venir»), lo cual sería una referencia a la primera venida de Jesucristo.

En definitiva, si la referencia es a la segunda venida de Jesús, que es la interpretación mayoritaria, por lo menos en las traducciones protestantes de la Biblia,[323] estamos ante una referencia escatológica tan clara, o más, que la referencia simbólica a las bodas de Cristo con su Iglesia, que los tradicionalistas intentan utilizar para reforzar su visión del matrimonio, que solo puede ser válido entre un hombre y una mujer.[324] Y para Keen, está claro, en la mente

---

322 De las diecinueve versiones disponibles en BibleGateway (https://www.biblegateway.com/verse/es/Colosenses%202:17, consultado en noviembre de 2023), quince optan por el sentido futuro escatológico, entre ellas la NVI, que he citado, las tres RVR, la LBLA y la BLP; en cambio, solo cuatro escogen el sentido pasado, entre ellas la JBS, que cito al final del párrafo. Respecto a las versiones católicas consultadas, ver la siguiente nota, número 323.

323 De las tres biblias católicas consultadas, la BUN y la BCEE optan por el sentido pasado en Colosenses 2:17 (ambas ponen «sombra de lo que tenía que venir») y solo la BCdB por el sentido futuro, escatológico.

324 Lo hemos comentado en el capítulo 20, punto *l*.

de Pablo, que por mucha vinculación simbólica con las cosas del porvenir que pueda haber, consideraciones más inmediatas, de necesidad y de libertad en Cristo deben prevalecer. Lo expresa así:

> *Un enaltecimiento incuestionado del símbolo, sin tener en cuenta las circunstancias, es incorrecto. Pablo, siguiendo a Jesús, enseña que es más importante atender a las necesidades que poner en práctica una simbología que apunta a cosas celestiales. ¿Por qué? Porque la misericordia ante el sufrimiento humano es lo que cuenta. Las bodas escatológicas son, verdaderamente, la celebración final de que no existirá «ni llanto, ni lamento ni dolor» (Apocalipsis 21:3-4).*[325]

Me he centrado mucho en todos los argumentos de Keen, sobre la necesidad de un proceso de discernimiento, porque entra a fondo en esta idea. Pero ella no es la única que hace referencia a esto. Encontré también muy interesante este comentario de Wink al respecto:

> *Jesús, en una afirmación que recordamos poco, dijo eso: «¿Por qué no juzgáis por vosotros mismos lo que es justo?» (Lucas 12:57). Una libertad soberana de esa índole les da terror a muchos cristianos; preferirían estar bajo la ley, y que se les dijera qué está bien. Pero Pablo mismo se hace eco de lo que expresa Jesús, cuando dice: «¿No sabéis que aun a los ángeles los juzgaremos? ¡Cuánto más los asuntos de esta vida!» (1 Corintios 6:3).*[326]

---

325 Keen: *Scripture, Ethics, and the Possibility of Same-Sex Relationships*, capítulo 5, página 54, traducción mía (con cita bíblica de la NVI).

326 Wink, Walter: «Homosexuality and the Bible», capítulo 4 del libro *Homosexuality and Christian Faith* (coordinador: Wink, Walter), página 46, traducción mía (con citas bíblicas de la NVI).

Y Wink no las menciona, pero este comentario suyo me trae a la mente otras palabras de Jesús, en Mateo 18:

> *Os aseguro que todo lo que atéis en la tierra quedará atado en el cielo, y todo lo que desatéis en la tierra quedará desatado en el cielo.*
>
> (Mateo 18:18, NVI)

Es como si el Señor no deseara dejar fijadas ciertas cosas, sino que nos deja a nosotros decidirlas —guiados por el Espíritu Santo—. ¡Menuda responsabilidad! ¿Verdad?

23. POR SUS FRUTOS LOS CONOCERÉIS Y OTRAS ENSEÑANZAS BÍBLICAS QUE TENER EN CUENTA

Como parte de todo el debate sobre la homosexualidad, unos cuantos autores revisionistas —entre ellos, Chalke, Gushee, Keen y Wilson— ponen énfasis en el fruto que producen unos y otros, en función de las posturas que adoptan, y las decisiones que toman, y la importancia que debería tener este fruto en nuestro discernimiento. De todos ellos, los comentarios de Runcorn sobre este tema (él le dedica todo un capítulo de su libro *Love Means Love*[327]), los he encontrado particularmente perspicaces, y forman la base de buena parte de lo que ahora expondré.

Runcorn empieza su exposición sobre el fruto diciendo esto:

> *Los que hablan y escriben a favor de las relaciones entre personas del mismo sexo a menudo son acusados de ser falsos maestros por las personas que mantienen puntos de vista diferentes. Evidentemente es muy importante poder discernir entre lo que es verdad y lo que es falso. Eso era una preocupación continuada en las iglesias del Nuevo Testamento. Y en una ocasión, Jesús mismo advirtió a sus seguidores, diciéndoles: «Guardaos de los falsos profetas». «Vienen disfrazados», dice Jesús: «parecen ovejas, pero en realidad son lobos». ¿Cómo distinguirlos, pues?*
>
> *Jesús no estableció pruebas bíblicas o doctrinales para evaluar la ortodoxia. Lo que ofreció era una forma mucho*

[327] Runcorn: *Love Means Love*, capítulo 13 «Good fruit: patience, trust and the test of time» («El buen fruto: paciencia, confianza y la prueba del tiempo»).

> *más práctica de saberlo: «Por sus frutos los conoceréis. ¿Acaso se recogen uvas de los espinos o higos de los cardos? Del mismo modo, todo árbol bueno da fruto bueno, pero el árbol malo da fruto malo. Un árbol bueno no puede dar fruto malo, y un árbol malo no puede dar fruto bueno» (Mateo 7:16-18).*[328]

A mí, lo primero que me vino a la cabeza, cuando leí esto, era lo que he comentado al comienzo de este estudio, sobre las actitudes farisaicas de muchos líderes cristianos en sus críticas y denuncias de la homosexualidad. Lo que han demostrado ha sido poca sensibilidad, poca compasión, poco amor. Y el fruto que han producido, en aquellas personas lesbianas y gays que les han prestado atención, ha sido el desánimo, la depresión, el suicidio. O eso, o los han alejado, quizás definitivamente, de la Iglesia y del evangelio. Si son estos los resultados, tal vez algo falla con sus enseñanzas.

Precisamente esta es conclusión a la que llegó, como pastor, el autor Ken Wilson. Se dio cuenta de que cuando intentaba seguir una postura bíblica estricta lo que producía era un resultado perjudicial. Durante sus primeros años de pastorado, había tenido esta experiencia con parejas (heterosexuales) que querían que los casara; él se negaba si uno de los dos era una persona divorciada. Con el tiempo, tuvo que reconocer que el fruto de esa política era malo, y se lo replanteó. La experiencia previa con personas divorciadas lo ayudó a determinar qué hacer, unos años más tarde, cuando se enfrentaba a casos de parejas gays o lesbianas que querían casarse. (Doy algunos detalles más de la experiencia de Wilson en el siguiente capítulo).

Pero Runcorn explica que la prueba del fruto se puede aplicar también desde otra vertiente. Significa tomar en serio la

[328] Runcorn: *Love Means Love*, capítulo 13, página 105, traducción mía (con cita bíblica de la NVI).

experiencia vivida por cristianos gays y lesbianas. Cita al arzobispo de Canterbury, Justin Welby —procedente del ala evangélica y carismática del anglicanismo—, que dijo esto: «Se ven parejas de gays que evidencian una relación de una calidad increíble». Welby precisó que lo había observado en ciertos amigos, y que eso lo había interpelado de manera notable.

Runcorn hace otro comentario sobre el fruto, concretamente sobre cómo discernirlo, que encuentro particularmente acertado y útil —y me ha hecho reflexionar mucho—:

> *El fruto necesita tiempo para crecer y revelar su calidad. De hecho, como cualquier cultivo, empieza de forma invisible. Por lo tanto, hay que tener una estrategia de discernimiento a más largo plazo. Debemos estar dispuestos a esperar. [...] También nos demanda la capacidad de vivir con preguntas no resueltas y, tal vez, con evidencias que parecen contradecir nuestras creencias recibidas.*
>
> *La prueba del fruto no puede basarse en presuposiciones sobre lo que es bueno o malo. El fruto tiene que hablar por sí mismo. [...]*
>
> *Para que el fruto crezca, necesita ser cuidado y cultivado. Por lo tanto, la prueba del fruto requiere un compromiso práctico de inclusión relajada, cariñosa y hospitalaria. El discernimiento no puede producirse a una distancia «prudencial». [...]*
>
> *Los que seguían a Jesús se escandalizaron en repetidas ocasiones cuando veían dónde, y con quién, su ministerio y su predicación estaban echando raíces y fructificando. Las evidencias que veían con sus ojos no cuadraban con sus expectativas sociales y religiosas. ¿De verdad se conseguirían frutos tan buenos de unos «árboles» tan sospechosos y malos?*[329]

[329] Runcorn: *Love Means Love*, capítulo 13, página 106, traducción mía.

Keen, por su parte, habla de la importancia del fruto en términos más técnicos (hermenéuticos) o teológicos, diciendo esto:

> *La Biblia nos señala virtudes específicas. Por ejemplo: «[...] el fruto del Espíritu es amor, alegría, paz, paciencia, amabilidad, bondad, fidelidad, humildad y dominio propio. No hay ley que condene estas cosas» (Gálatas 5:22-23). La apropiación de una ética de las Escrituras basada en la virtud significa prestar atención no simplemente a acciones externas, sino al corazón. [...]*
>
> *Una ética basada en la virtud es particularmente útil para el debate [... porque ...] la virtud no depende de cuestiones culturales relativas, tal como puede pasar con un mandamiento. El fruto del Espíritu trasciende todas las épocas y culturas. [...]*
>
> *En el debate sobre las relaciones entre personas del mismo sexo, los progresistas presentan un argumento convincente basado en una ética de la virtud. Si el pecado se define como algo contrario al fruto del Espíritu, ¿cómo pueden ser pecaminosas las relaciones homosexuales amorosas monógamas? Estas uniones son totalmente capaces de exhibir el fruto del Espíritu. Si Jesús dice que toda la Ley se puede resumir en el amor, ¿verdad que cumplen el requisito estas relaciones? Pablo dice «lo que vale es la fe que actúa mediante el amor» (Gálatas 5:6). Y todo el propósito de la Ley es, justamente, enseñarnos a amarnos unos a otros (Romanos 13:8-10).*[330]

330 Keen: *Scripture, Ethics, and the Possibility of Same-Sex Relationships*, capítulo 5, apartado «Are Same-Sex Relationships Virtuous?», páginas 47 y 48, traducción mía (con citas bíblicas de la NVI).

Aparte de proponer el fruto, o la virtud, como herramienta de discernimiento espiritual —algo que a mí me parece muy bíblico—, Keen, en el último párrafo citado, pregunta por qué (por qué razones objetivas) las relaciones homosexuales amorosas monógamas deben considerarse pecaminosas. Es una pregunta que plantean unos cuantos autores. Consideran que es muy difícil encontrar una explicación razonable de por qué las uniones homosexuales, si son monógamas y permanentes y basadas en el amor mutuo y la fidelidad, han de ser malas. ¿A quién hacen mal? Y ¿qué mal hacen? Más bien parece que tienen el potencial de producir el bien, de ser fructíferas, emocional y espiritualmente hablando.

Aquellos que somos padres y madres sabemos que es importante explicar a nuestros hijos e hijas el porqué de las normas que les imponemos y de las recomendaciones que les hacemos, sobre todo cuando llegan a la adolescencia y empiezan a cuestionárselo todo. Obviamente, eso también se aplica a asuntos de sexualidad. En este sentido, no es difícil encontrar explicaciones de por qué el adulterio es malo: implica la rotura de promesas, la traición y el engaño, el abandono; en definitiva, la falta de amor. Y quizás no resulte tan evidente, pero también se pueden encontrar razones para advertir contra las relaciones sexuales prematrimoniales, entre ellas, la necesidad de madurar y no precipitarse, y el hecho de que crean vínculos lo suficientemente significativos que deberían reservarse para una relación de compromiso permanente.

Pero ¿qué argumentos tenemos, para nuestros hijos adolescentes y jóvenes, si nos plantean el caso de una persona que descubre que su orientación es exclusivamente homosexual y pretende iniciar una relación romántica con alguien del mismo sexo? ¿Por qué es tan malo? ¿Sencillamente porque la Biblia lo dice?[331] ¿Cuando la Biblia dice otras cosas que no aplicamos hoy en día?

---

[331] Esto lo comenta Wilson: *Letter to my Congregation*, capítulo 2, página 36. Gushee argumenta más o menos lo mismo: *Changing Our Mind*, capítulo

En cambio, lo que sí que es muy bíblico, y un elemento importantísimo a lo largo del Nuevo Testamento, es la regla del amor. Si la aplicabilidad de los versículos que condenan la homosexualidad es dudosa, ¿no deberíamos aplicar el amor como principio rector, como sugieren versículos como estos?:

> [37] *—"Ama al Señor tu Dios con todo tu corazón, con todo tu ser y con toda tu mente" —le respondió Jesús—.* [38] *Este es el primero y el más importante de los mandamientos.* [39] *El segundo se parece a este: "Ama a tu prójimo como a ti mismo".* [40] *De estos dos mandamientos dependen toda la ley y los profetas.*
>
> (Mateo 22:37-40, NVI)

> *El amor no perjudica al prójimo. Así que el amor es el cumplimiento de la ley.*
>
> (Romanos 13:10, NVI)

> *En Cristo Jesús de nada vale estar o no estar circuncidados; lo que vale es la fe que actúa mediante el amor.*
>
> (Gálatas 5:6, NVI)

> *En efecto, toda la ley se resume en un solo mandamiento: «Ama a tu prójimo como a ti mismo».*
>
> (Gálatas 5:14, NVI)

A la vista de estos versículos —y otros—,[332] quizás deberíamos analizar muy bien por qué dudamos tanto, antes de hacer pre-

---

16, página 98. De hecho, son bastantes los autores que lo plantean, entre ellos, Brownson, que hace numerosas referencias a la importancia de encontrar una «lógica moral» para establecer cuestiones de ética, en *Bible, Gender, Sexuality*.

332 Los versículos que he citado, sobre la importancia del amor, son comentarios

valecer una ética de amor sobre el estricto cumplimiento de los mandamientos bíblicos. Wilson explica que le costó hacer este planteamiento, diciendo esto:

> *Debo admitir que con mi identidad evangélica tenía recelos cuando oía este énfasis en «la ética del amor». ¿No figuraba mucho esta ética en la manera en que el protestantismo liberal abordaba las Escrituras? Necesitaba quitarme de encima los prejuicios e investigarlo más. Me sorprendí de ver cuánto se resaltaba esto en el Nuevo Testamento: Jesús, Pablo, Santiago —y también Juan, que usa un lenguaje diferente para la misma noción—, todos lo enfatizaban. Era una parte importante de la tradición apostólica después de Jesús. Me parece que se enfatizaba tanto dicha ética justamente porque el movimiento surgido de Jesús conocía demasiado bien el peligro de una aplicación ultracelosa o perjudicial de la Biblia.*[333]

Keen percibe como motivo, en la mente de muchos tradicionalistas, para rechazar la aplicación de una ética del amor las reticencias que tienen cuando eso puede implicar poner en oposición una ética de la virtud, aunque sea muy bíblica, y unos mandamientos

de Jesucristo y de Pablo, de quienes aún encontraríamos más en la misma línea. Pero también podemos encontrar otros en las epístolas de Santiago y de 1 Juan (ver, por ejemplo, Santiago 2:8 y 1 Juan 2:9-10).

333 Wilson: *Letter to my Congregation,* capítulo 4, apartado «Let's Apply the Bible's Ultimate Ethic: The Rule of Love», página 87, traducción mía.

bíblicos, sobre todo unos que entienden como emanados de la propia creación.[334]

Por mi parte, yo añadiría que está bien que queramos tener mucho cuidado con todo lo que leemos en la Biblia, para aplicarlo si es lo que toca. Pero tal vez debería hacernos aún más respeto esto que leemos en la carta de Santiago:

> [12] *Así hablad y así haced, como los que habéis de ser juzgados por la ley de la libertad,* [13] *porque juicio sin misericordia se hará con aquel que no haga misericordia; y la misericordia triunfa sobre el juicio.*
>
> (Santiago 2:12-13, RVR1995)[335]

Dicho de otro modo, tal y como lo expresan algunos revisionistas, como Wink y Gushee, en sus conclusiones personales:[336] ante la posibilidad de equivocarnos en cómo leemos, entendemos

[334] Keen: *Scripture, Ethics, and the Possibility of Same-Sex Relationships,* capítulo 5, apartado «Are Same-Sex Relationships Virtuous?», página 48 y nota al pie 5, donde pone como ejemplo un debate entre el experto en Nuevo Testamento Preston Sprinkle y el filósofo cristiano Jeff Cook, disponible en: https://www.prestonsprinkle.com/blogs/theologyintheraw/2015/06/preston-sprinkle-and-jeff-cook-a-debate-about-homosexuality.

[335] He optado aquí por la traducción de la RVR1995, porque creo que a muchos lectores evangélicos les sonará más el vocablo «misericordia» —que también usan las otras RVR—. La NVI y la RV2020 hablan de «compasión» en vez de «misericordia»; además, la NVI no usa la preposición «sobre», sino «en»: «¡La compasión triunfa *en* el juicio!» (cursiva mía). El verbo griego *katakauxaomai* significa «triunfar», en el sentido de «exultarse» o «gloriarse», por ejemplo, en una marcha triunfal. Parece que el versículo 13 queda abierto a los dos significados: el triunfo de la misericordia *sobre* el juicio, o su triunfo *en* el juicio o *a la hora* del juicio. Sea como fuere, lo que está claro es que la misericordia —o la compasión— ha de prevalecer.

[336] Véanse Wink: *Homosexuality and Christian Faith,* capítulo 4, página 48, y Gushee: *Changing Our Mind,* capítulo 19, particularmente las páginas 121-122.

y aplicamos la palabra de Dios, más vale fallar hacia el lado del amor y la tolerancia.[337] Deberíamos evitar, a toda costa, caer en el error de los fariseos.

[337] Cabe decir que esta manera de abordar la interpretación bíblica tiene una larguísima tradición, una que podemos hallar en voces tan tradicionalistas como el mismísimo Agustín de Hipona, que escribe así: «Cualquiera, por tanto, que considera que comprende las Escrituras divinas, o cualquier parte de ellas, de una manera que no construye el doble amor a Dios y al prójimo no comprende absolutamente nada de ellas» (*Doctrina cristiana*, 1.35.40, citado por Martin en *Sex and the Single Savior*, capítulo 3, página 49, traducción mía del inglés).

24. MÁS TESTIMONIOS (Y ALGUNAS LECTURAS MUY RECOMENDABLES)

En el capítulo 5 he descrito algunos relatos inspiradores de cristianos que, aun reconociendo sus tendencias homosexuales —su atracción sexual, permanente e inalterable, hacia personas del mismo sexo—, han asumido plenamente la postura cristiana tradicional sobre la homosexualidad y, por tanto, el sacrificio de una vida de celibato o el inmenso reto de un matrimonio de orientación mixta. Después, en el capítulo 16, he analizado más testimonios del campo tradicionalista, de personas que manifiestan que han podido superar o dejar atrás su homosexualidad, hasta el punto de que han podido adoptar patrones de vida típicamente heterosexuales y sentirse cómodas haciéndolo.

Para hacer lo mismo con el campo revisionista, me había planteado dedicar también un capítulo a explicar algunos testimonios de cristianos gays y lesbianas que han llegado a la conclusión contraria. Son también personas con una verdadera fe en Jesús, comprometidas con el evangelio y con ganas de ser auténticos seguidores y discípulos. Pero en buena conciencia, delante de Dios, y normalmente después de años de oración, estudio bíblico e intentos fallidos de cambiar o reconducir su sexualidad, han llegado al convencimiento de que es legítimo el «matrimonio gay», y han entrado, o estarían abiertos a entrar, en una unión permanente y monógama con otra persona del mismo sexo.

Sin embargo, prefiero no compartir sus relatos aquí, aunque son muy interesantes y, a mi juicio, muy genuinos. Para quien tenga curiosidad, hay unos cuantos en internet.[338] Y mis fuentes

[338] Son muy recomendables los vídeos en YouTube de Carlo Inzunza, particularmente este: https://www.youtube.com/watch?v=JW7CQCxwPCk. En

bibliográficas para este estudio también contienen historias personales muy válidas e informativas de gays y lesbianas que han asumido plenamente una postura afirmadora.[339] Pero entiendo que sus testimonios siempre pueden generar dudas. ¿Se estarán autoengañando, quizás? Evidentemente tienen un interés personal en las tesis revisionistas. Y ya nos dice la Biblia que «nada hay tan engañoso como el corazón» (Jeremías 17:9, NVI). Por otro lado, ya he explicado, en el capítulo 6, que los ejemplos inspiradores tampoco pueden resolver, por sí solos, cuestiones doctrinales.

Ahora bien, el motivo principal para no citar a estos cristianos gays y lesbianas es que, en general, los testimonios y los argumentos que más me han influenciado a mí personalmente, y que me han empujado a hacer este estudio, son otros. Me refiero a los diferentes líderes, pastores y enseñantes heterosexuales que han cambiado de opinión y que explican todo el proceso de deliberación y recon-

---

español también hay el blog de Carlos Osma, que explica su propia historia aquí: https://homoprotestantes.blogspot.com/p/sobre-el-autor.html. En inglés hay varias entrevistas con la cantante Vicky Beeching, entre ellas esta de la BBC: https://www.youtube.com/watch?v=ODcPyWd44vQ. También hay bastantes testimonios en las webs de entidades cristianas pro-LGTB+, por ejemplo, estos: https://www.qchristian.org/blog/jessica-wang-story; https://opentable.lgbt/personal-stories/2021/4/16/gail-who-i-am-needs-no-excuse; https://calvinchimes.org/2018/04/20/gay-relationships-and-christian-faith-stories-from-students/. Comprobé la disponibilidad de todo este material en mayo de 2024. Y hay más, evidentemente. Pero quizás no sea fácil de encontrar. Mi experiencia es que buscadores como Google dan muchísimos más resultados tradicionalistas que revisionistas, por mucho que se intente afinar la búsqueda.

339 Este sería el caso de los autores Justin Lee y Matthew Vines, cuyos libros he mencionado en algunos momentos, y también de la autora lesbiana Karen Keen, que he citado bastante (ella explica sus vivencias personales en un apartado del capítulo 8 de su libro). Y no los cito (solo leí su libro cuando estaba acabando el mío), pero encontré muy informativo el relato de los cónyuges David y Constantino Khalaf. Su libro incluye relatos de otras personas y consejos muy útiles para cualquier pareja cristiana —tanto homosexual como heterosexual— que quiera construir un matrimonio saludable y duradero: Khalaf, David, & Khalaf, Constantino: *Modern Kinship. A Queer Guide to Christian Marriage*, Westminster John Knox Press, 2019.

sideración, a veces de unos cuantos años, que han seguido hasta llegar a ver la homosexualidad de otro modo. Son unos grandes conocedores de la Biblia, algunos de ellos reconocidos expertos en el mundo académico, otros con muchos años de experiencia pastoral a sus espaldas. Se han convencido de la necesidad de un cambio de postura y de paradigma, y han tenido la valentía de expresarlo públicamente, a veces con un elevado coste personal.

Una de esas personas es el pastor bautista londinense Steve Chalke. En 2013, siendo un líder y conferenciante reputado, con una notable trayectoria en el mundo evangélico, se expresó así en un artículo en la revista evangélica más importante del Reino Unido, *Christianity*:[340]

> *Tengo un sentimiento tanto de deber como de temor al escribir este artículo. Deber, porque, a mi entender, los principios de justicia, reconciliación e inclusión forman parte del núcleo del mensaje de Jesús. Temor porque reconozco que muchos consideran que la Biblia enseña que la práctica homosexual en cualquier circunstancia es «una subversión grotesca y pecaminosa», «un desorden, objetivamente hablando» o, tal vez, si adoptan un tono algo más liberal, «lejos de lo que Dios desea como óptimo».*
>
> *Algunos pensarán que me he alejado de las Escrituras, que ya no soy evangélico. Sin embargo, no he formado esta opinión desdeñando la autoridad de la Biblia, sino abordando lo que dice, procurando, con reflexión y oración, tomarlo muy en serio.*

El artículo causó furor. Es contundente, pero muy bien argumentado. Si tienes un buen nivel de inglés, lo recomiendo, porque en tan solo una docena de páginas resume la mayoría de los

[340] Actualmente la revista se titula *Premier Christianity*.

argumentos más claros a favor del matrimonio gay y de la plena inclusión de gays y lesbianas en todos los ministerios de la Iglesia —y, además, de momento sigue disponible, gratis, en Internet—.[341] Como era de esperar, después de su publicación, unas cuantas iglesias, organizaciones y eventos decidieron no invitar más a Chalke a dar charlas y conferencias.

Otro autor que me ha influenciado mucho es David Gushee. Es un reconocido experto en ética cristiana, con varios libros publicados, pero a pesar de venir del mundo académico escribe de una forma llana y su libro *Changing Our Mind* es muy recomendable —si el idioma no es un impedimento, claro—. Si piensas adquirirlo, asegúrate de comprar la última edición, la *Definitive Edition [...] With Response to Critics*. Tiene varios apartados nuevos, respecto a las ediciones anteriores, y su «respuesta a los críticos» la encontré muy aguda.

Me gusta Gushee, en particular, porque es razonable y ponderado. Lo expresa muy bien Matthew Vines, a quien Gushee pidió hacer la introducción del libro:

> *Esto a menudo no se reconoce en círculos más progresistas, pero los cristianos que se sienten intranquilos con la idea del matrimonio gay tienen sus motivos legítimos para tener dudas al respecto. Su preocupación por no dejar en entredicho la autoridad de las Escrituras ni diluir las normas sexuales de la Iglesia no está sin fundamento, ni puede resolverse con argumentos pro-LGBTQ que, en esencia, dicen simplemente que «Pablo era un hombre producto de su tiempo» y «el amor es el amor». David Gushee, de forma*

[341] El artículo se titula «A Matter of Integrity» y en julio de 2023 estaba disponible en: https://www.oasisuk.org/wp-content/uploads/2020/10/A-MATTER-OF-INTEGRITY.pdf. Yo lo consulté inicialmente cuando estaba en otra dirección (más información en la bibliografía).

> *muy encomiable, no rehúye de estas inquietudes ni las trivializa.*[342]

En el capítulo 1 de su libro, Gushee explica que se sentía cada vez más incómodo con las respuestas —reiterativas y superficiales— sobre la homosexualidad que oía en los entornos evangélicos en los que se movía. No lo convencían, a pesar de que él había sido coautor de un libro de texto sobre ética cristiana, traducido a nueve idiomas, que expresaba el punto de vista tradicional sobre el tema.[343] Ese sentimiento de insatisfacción yo también lo he experimentado.

Por otro lado, al igual que otros que han acabado posicionándose a favor de un replanteamiento de cómo la Iglesia debería entender la homosexualidad, Gushee explica que lo han influenciado mucho los contactos personales con gente de las minorías sexuales:

> *He cambiado de opinión, gracias particularmente a los encuentros transformadores y de mucha bendición que he tenido con cristianos gays, lesbianas, bisexuales y transexuales durante la última década. Una de esas personas es mi estimada hermana, a la que amo tanto que no tengo palabras para expresarlo, que hace poco reveló que era lesbiana.*[344]

Yo también puedo identificarme con este comentario de Gushee, porque resulta que yo tengo un hermano, en Inglaterra, que es gay. Es una persona encantadora y no lo ha tenido nada fácil. Su situación y las dificultades que él y, de rebote, el resto de

---

[342] Vines, Matthew: «Introduction», en Gushee, *Changing Our Mind. Definitive 3rd Edition*, posición 239, traducción mía.

[343] El libro que menciona es: Gushee, David P., & Stassen, Glen H.: *Kingdom Ethics. Following Jesus in Contemporary Context* (1.ª edición: Inter-Varsity Press, 2003; 2.ª edición: Eerdmans, 2016).

[344] Gushee: *Changing Our Mind. Definitive 3rd Edition*, capítulo 1, página 5, traducción mía.

la familia hemos tenido que afrontar a lo largo de los años han contribuido mucho a mi decisión de escribir este libro.

El otro punto de conexión que tengo con Gushee, uno que yo diría que es común a todos los testimonios que he leído, es que todos los cristianos que han llegado a admitir la posibilidad de una postura diferente lo han hecho después de unos cuantos años de reflexión y estudio. Es el caso también del otro testimonio que quisiera compartir aquí, el del autor y (entonces) pastor de la iglesia de La Viña en Ann Arbor (Michigan, Estados Unidos) Ken Wilson.

El libro de Wilson, *Letter to My Congregation,* tiene bastantes similitudes con otros libros que he leído para hacer este estudio. O sea, analiza los mismos pasajes bíblicos y su grado de aplicabilidad, y comenta las similitudes de la homosexualidad con otras cuestiones sociales que han sido objeto de un replanteamiento.

Pero su libro es especial porque Wilson tiene muchos años de experiencia como pastor, algo que le ha dado unas vivencias y perspectivas personales que otros autores no siempre tienen. Así, por ejemplo, con las personas lesbianas y gays que venían a su iglesia, y que lo visitaban como pastor, empezó a encontrar numerosos paralelismos con lo que ya le había pasado, anteriormente, con gente divorciada que quería casarse de nuevo:

> *A diferencia de muchos pastores que conozco, yo intenté implementar una postura estricta basada en una lectura tradicional de los textos sobre el divorcio y las segundas nupcias. Me negaba a celebrar la mayoría de las bodas si uno de los novios era una persona divorciada. Y vi el fruto de aquel planteamiento. Con el tiempo, me di cuenta de que en muchas situaciones el fruto era malo. Algunas parejas simplemente se marchaban a otra iglesia, de modo que abandonaban la comunidad que conocían y amaban para ir a una iglesia diferente. O ya no asistían a ninguna iglesia.*

Y algunas personas en matrimonios tóxicos, personas escrupulosas que estaban decididas a regirse por aquello que entendían que era la enseñanza bíblica, permanecieron demasiado tiempo en situaciones inviables.[345]

Wilson también tuvo que vivir una situación dramática, cuando empezó a indicar que su posición, en el debate sobre la homosexualidad, estaba cambiando. Recibió muchas presiones de la dirección nacional y de otras iglesias del movimiento de La Viña, tantas que, al final, se vio forzado a dimitir como pastor de la iglesia de Ann Arbor, que él mismo había fundado, y marcharse. Explica detalles fascinantes de su proceso de discernimiento sobre qué tenía que hacer, de los sentimientos de miedo y angustia que le sobrevinieron y de los momentos profundos e íntimos que tuvo con el Señor.[346]

En fin, con los libros de David Gushee y Ken Wilson me he encontrado con unos argumentos muy bien expresados y razonados, pero también con unas apreciaciones personales que destilaban una espiritualidad profunda muy loable. Una combinación que me ha impactado muchísimo. Sus libros, junto con el libro de Karen Keen —que he citado en bastantes otros momentos de este estudio—, son los que más me han influenciado, de lejos, de una buena pila de libros que he leído sobre el tema de la homosexualidad. Tal como expreso en el título de este capítulo, si tienes un buen nivel de inglés son lecturas muy recomendables.

---

345 Wilson: *Letter to my Congregation*, capítulo 6, apartado «We Can't Have it Both Ways», página 133, traducción mía.

346 Wilson: *Letter to my Congregation*, capítulo 7.

25. ¿PODEMOS ACEPTAR UNA PLURALIDAD DE POSTURAS DENTRO DE LA IGLESIA?

Si has podido leer todo hasta llegar a este punto del libro, supongo que habrás entendido que hay realmente un creciente debate sobre la homosexualidad en la Iglesia evangélica o protestante de habla inglesa, con todo un conjunto de razonamientos, sólidos y bien argumentados, a favor de un replanteamiento de la postura cristiana tradicional sobre la práctica homosexual. Es más, me atrevo a decir que se intuye un respeto, cada vez más extendido, hacia los argumentos de los revisionistas, al menos por parte de ciertos sectores tradicionalistas. Respeto sin estar de acuerdo, claro.

También debes haber notado que los argumentos y contraargumentos de unos y otros son complejos. En el caso de los revisionistas, siempre iba a ser así, por fuerza, si pretendían reevaluar la aplicabilidad de unos versículos bíblicos aparentemente claros y desestimar la manera en que todas las ramas de la Iglesia, prácticamente sin excepciones, los habían aplicado durante dos mil años. Pero la argumentación de los tradicionalistas también se ha tenido que sofisticar. Ponen menos énfasis en los versículos bíblicos «condenatorios» y mucho más en otros planteamientos teológicos, referidos a la creación y el matrimonio. Se empieza a notar que bastantes autores tradicionalistas ya no se expresan en términos tan categóricos.[347] Matizan más sus palabras y hablan con

---

[347] Bastantes, pero no todos. Un libro tradicionalista relativamente reciente (2013) que hace afirmaciones categóricas sin argumentarlas bien es: Allberry, Sam, *Is God Anti-Gay?* (Para un ejemplo de sus afirmaciones, ver la siguiente nota). Hago una breve crítica del libro de Allberry, comparándolo con otros libros cristianos tradicionalistas, al final del capítulo 16. Otro libro bastante reciente (2014) que pasa completamente por alto los argumentos bíblicos y teológicos de los revisionistas —de hecho, se centra básicamente en tácticas para presentar y «luchar» a favor de la posición tradicionalista—

más respeto y más sensibilidad. Por un lado, quieren distanciarse, e incluso disculparse, de los grandes errores que ha cometido la Iglesia en su trato con los colectivos LGTB+ hasta hace no muchos años. Y, por otro lado, son conscientes de que entre aquellos que han asumido una postura revisionista en el campo evangélico hay líderes destacados y teólogos de mucho renombre.[348]

A la luz de esta realidad, no es de extrañar que haya bastantes voces que reclaman que deberíamos aceptar una pluralidad de posturas dentro de la comunidad evangélica. Lo hemos podido hacer entre calvinistas y arminianos. Entre creacionistas y evolucionistas. Entre premilenialistas, amilenialistas y postmilenialistas.[349] Entre carismáticos y no carismáticos. Entre pacifistas y proponentes de guerra justificada. ¿Por qué no con la homosexualidad?

Argumentos a favor de tratar la homosexualidad como estos otros temas, que se han discutido largamente —en algunos casos, durante siglos— en nuestras iglesias sin llegar a conclusiones definitivas, hay unos cuantos:

a. En primer lugar, la homosexualidad no es un tema doctrinal de primer orden. No figura para nada en los grandes credos de la Iglesia, que serían el Credo de los Apóstoles y el Credo de Nicea —conocido a veces como Credo de Nicea-Constan-

---

es: McDowell, Sean, y Stonestreet, John: *Same-Sex Marriage. A Thoughtful Approach to God's Design for Marriage.*

348 Un buen ejemplo de esta nueva sensibilidad es el libro *Two Views*, en el que los dos autores tradicionalistas tratan con mucha seriedad y respeto los puntos de vista de los dos autores revisionistas. Un ejemplo totalmente contrario sería el de Allberry. En el capítulo 4 de *Is God Anti-Gay*, en el apartado «Can't Christians just agree to differ on this?», página 59 y siguientes, Allberry equipara a los revisionistas en el debate sobre la homosexualidad con la supuesta profetisa Jezabel (Apocalipsis 2:20-21), que, al promover el pecado sexual y la idolatría, estaba llevando a los que la seguían a la muerte y la destrucción.

349 O «premilenaristas, amilenaristas y pos(t)milenaristas», como algunos prefieren llamarlos.

tinopla—. Estos son los documentos que, históricamente, en las tres ramas principales de la Iglesia (la católica romana, la oriental ortodoxa y las iglesias protestantes), se han usado para distinguir entre la ortodoxia y la herejía o el sectarismo. Por lo tanto, cualificar las posiciones revisionistas en el tema de la homosexualidad como «heréticas», cuando no son contrarias a estos credos, sería un uso bastante impropio del término.[350]

Incluso Allberry, un tradicionalista muy dogmático, recalca que «la Biblia no tiene una fijación con la homosexualidad; ese no es el mensaje de la Biblia».[351]

b. Conviene recalcar también que una postura revisionista sobre la homosexualidad es compatible con una postura tradicional evangélica sobre la preeminencia de la Biblia en todas las cuestiones de fe y doctrina cristiana.

De hecho, la mayoría de los autores revisionistas protestantes que he citado a lo largo de este libro son evangélicos —en este sentido tradicional del término—[352] y basan sus

---

350 Es lo que destaca, por ejemplo, el autor Matthew Distefano, en el prefacio de su libro, titulado justamente *Heretic!*, en el que explica sus puntos de vista minoritarios sobre un amplio abanico de temas teológicos. Para más información ver: Distefano, Matthew J.: *Heretic! An LGBTQ-Affirming, Divine Violence-Denying, Christian Universalist's Responses to Some of Evangelical Christianity's Most Pressing Concerns*, Quoir, 2018.

351 Allberry: *Is God Anti-Gay?*, capítulo 2, página 17, traducción mía.

352 He usado las expresiones «postura tradicional evangélica» y «evangélicos —en este sentido tradicional del término—» de forma intencionada. Dentro del conjunto de agrupaciones y denominaciones evangélicas hay, actualmente, sobre todo en Estados Unidos, una corriente evangélica muy fundamentalista, que promueve una lectura literalista, dogmática y anticientífica de la Biblia. Sus postulados tienen muy poco que ver con el evangelicalismo de hace un siglo —aunque, irónicamente, estos fundamentalistas hacen campaña a favor de un retorno a los valores cristianos tradicionales de generaciones pasadas—. Evidentemente, una postura revisionista sobre la homosexualidad *no* es fácilmente compatible con una lectura literalista de la Biblia. (Lo que es tan criticable de las corrientes fundamentalistas, en Estados

conclusiones en su lectura de la Biblia y los énfasis que ven en ella. Es lo que he intentado explicar a lo largo del libro.

c. Por otra parte, quizás deberíamos estar priorizando mucho más otros temas de comportamiento y de vida cristiana, antes que fijarnos siempre en cuestiones de sexualidad. Esta idea sería uno de los mensajes centrales del libro —muy recomendable— de Tim Otto *Oriented to Faith. Transforming the Conflict over Gay Relationships* (Una orientación hacia la fe. Cómo transformar el conflicto sobre las relaciones homosexuales). Y a mí este cambio de prioridades me recuerda estos versículos de Proverbios:

> 16 *Hay seis cosas que el Señor aborrece,*
> *y siete que le son detestables:*
> 17 *los ojos que se enaltecen, la lengua que miente,*
> *las manos que derraman sangre inocente,*
> 18 *el corazón que maquina planes perversos,*
> *los pies que corren a hacer lo malo,*
> 19 *el falso testigo que esparce mentiras,*
> *y el que siembra discordia entre hermanos.*
> (Proverbios 6:16-19, NVI)

Según estos versículos —y no son los únicos que podríamos encontrar—, parece que actitudes y comportamientos como la mentira, el orgullo, el chismorreo y el egoísmo —en definitiva, cómo tratamos a las personas que tenemos a nuestro alrededor— le preocupan tanto o más al Señor que nuestros patrones de sexualidad.

Unidos y otros lugares, es que acaban siendo muy literalistas y dogmáticas solo con ciertos temas. Con otros, pasan olímpicamente de lo que la Biblia dice con mucha claridad).

d. Por último, la problemática de la homosexualidad tiene muchas similitudes con las cuestiones discutibles, que admiten más de una postura, que describe el apóstol Pablo en su carta a los Romanos, capítulos 14 y 15. Estas cuestiones eran los alimentos que algunos —no todos— consideraban impuros y prohibidos, y la celebración —o no— de días especiales. Los argumentos de Wilson, en *Letter to My Congregation,* para considerar la homosexualidad como un caso parecido son lógicos y bastante convincentes —no solo para mí, sino también, aparentemente, para otros autores, que lo citan—. Aquí hay un resumen.

Parece que Pablo habla a dos grupos dentro de la Iglesia de Roma. No los describe en términos de creyentes judíos y creyentes gentiles, aunque, seguramente, el trasfondo era este. Habla de los «débiles» en la fe (Romanos 14:1-2) que tienen «dudas» (Romanos 14:23) y de los «fuertes» en la fe (Romanos 15:1).[353] Casi todos los comentaristas entienden que los «débiles» equivaldrían a los «conservadores» o «tradicionalistas» de hoy en día, y los «fuertes», a los actuales «liberales». Eso encaja bien con la instrucción de Pablo a los débiles (conservadores) de que no juzguen a los fuertes, y a los fuertes (liberales) de que no critiquen o menosprecien a los débiles.

Dicho eso, ¿cuáles eran, realmente, estas cuestiones que dividían a fuertes y débiles? ¿Eran temas relativamente insignificantes? ¿O escollos importantes?

En cuanto a los días especiales, podrían ser simplemente festividades judías heredadas por la Iglesia primitiva. Pero cuando Pablo dice, de los fuertes, que consideran

353 La inmensa mayoría de las traducciones al español usan los adjetivos «débil» —o «flaco»— y «fuerte» en estos versículos, haciendo una traducción bastante directa y literal del original griego, pero las hay que usan otras expresiones, como, por ejemplo, «los que tienen una fe poco formada» (BLP).

todos los días iguales (Romanos 14:5), todo hace pensar que podría referirse al sábado (día de reposo).[354] Eso aunque, como bien sabemos, la observancia del sábado o *sabbat* como día de descanso era uno de los diez mandamientos dados a Moisés y estaba basada en el relato de la creación.

En lo que respecta a los alimentos, los débiles que solo comían verduras o legumbres (Romanos 14:2) no lo hacían para seguir una dieta más saludable o por razones ecológicas —como los vegetarianos y veganos de hoy día—. En Roma, las paradas de carne en los mercados probablemente estaban vinculadas a los templos donde se hacían sacrificios animales. Los débiles no querían, bajo ningún pretexto, comer carne sacrificada a los ídolos. Para ellos, sería participar en la idolatría, en una cosa abominable; sería una violación del primero de los diez mandamientos. También podría haber influido el hecho de que los animales podrían no ser desangrados adecuadamente, en el momento de la matanza, tal y como marcaba la ley. Esta no sería simplemente la Ley de Moisés, sino el mandamiento de Dios a Noé —por tanto, a toda la humanidad— después del diluvio (Génesis 9:4), que quizás el concilio de Jerusalén tenía en mente cuando recomendó a los gentiles que se abstuvieran de comer «la carne de animales estrangulados y de sangre» (Hechos 15:20, NVI).

¿Cuestiones insignificantes? ¿Pequeñas discrepancias? Tal y como las acabamos de describir, no lo parecen. Y el tratamiento tan mesurado y matizado de ello que nos ofrece

[354] Wilson señala que en general comentaristas más recientes (Stott, Dunn, Jewett, Wright y otros) se inclinan por el sábado, mientras que comentaristas más antiguos (como Lloyd-Jones) descartan el sábado, porque lo consideran un aspecto de la Ley moral (ejemplificado por los diez mandamientos), no de la Ley ceremonial (Wilson: *Letter to my Congregation*, capítulo 4, apartado «Needed: A Way to Handle Controversial Issues», página 97).

> Pablo, y tan largo (un capítulo y medio, de los dieciséis que tiene la carta a los Romanos), también hace pensar que eran unas divergencias de opinión de primera magnitud, capaces de dividir irremediablemente la iglesia de Roma, si unos y otros no hacían un esfuerzo muy grande para valorar y tener en consideración a aquellos que vivían según el punto de vista contrario.
>
> Explicado así, las similitudes con los actuales criterios divergentes en relación con la homosexualidad a mí me parecen innegables.

No sé si te habrás fijado en el detalle, pero el título de este capítulo está puesto en forma de pregunta. ¿Podemos aceptar una pluralidad de posturas dentro de la Iglesia? Con los argumentos que acabo de describir, yo personalmente veo que hay una muy buena base para decir que sí. Ahora bien, en bastantes sectores de la Iglesia protestante de habla inglesa, tal vez esta pregunta está quedando ya desfasada con los acontecimientos recientes. Son unas cuantas las confesiones o denominaciones protestantes que, a nivel institucional, han abierto ya las puertas a la opción revisionista. Una de las últimas a hacerlo, mientras yo escribía este libro, ha sido la Iglesia de Escocia (de la Comunión Anglicana).[355] Así, pues, más que simplemente aceptar esta nueva situación, quizás la pregunta debe ser si la aceptaremos de buena gana o, por lo menos, con una actitud de respeto. Una vez más, creo que hay buenos motivos para que sea así. De todos modos, el panorama, para nuestras iglesias, no es simplemente de sí o no, de blanco o negro. Hay todo un abanico de opciones para intentar navegar en este debate, que intentaré describir en el siguiente capítulo.

---

355 Hay más información al respecto en la nota al pie 120, en el capítulo 13

26. OPCIONES PARA NUESTRAS IGLESIAS (Y LOS PROBLEMAS QUE COMPORTAN)

Este capítulo está inspirado, bastante directamente, en el capítulo séptimo del libro *Changing Our Mind*, de David Gushee, que me hizo reflexionar mucho. Y la confirmación de que el tema merecía un capítulo en mi libro la tuve cuando, al cabo de un tiempo, leí todas las reflexiones de Ken Wilson como pastor. Para Wilson, la necesidad de posicionarse, de resolver qué criterios debía aplicar en su labor pastoral con personas gays y lesbianas que venían a su iglesia, fue un factor muy importante en su proceso de replanteamiento. No sigo exactamente ni el orden ni la clasificación de Gushee (él lo divide en seis opciones, yo en cinco),[356] y añado unos cuantos comentarios y citas de otros autores, pero la idea principal y muchas de las apreciaciones son suyas.

Casi todo lo que he explicado hasta ahora en este libro se ha descrito —por mor de la simplicidad— en términos de dos posturas teológicas: la tradicionalista y la revisionista. Pero cuando se trata de aplicar uno de estos dos puntos de vista en una iglesia local —o intentar permitir que convivan en ella—, nos encontramos con toda una gama de opciones:

a. La opción «exclusionista» más o menos explícita

Tal como explica Gushee, algunas iglesias deciden prohibir la condición de miembro a toda persona gay o lesbiana. En su versión más extrema —muy poco frecuente— esto se aplicaría incluso a las

[356] Evidentemente, cualquier clasificación de este tipo tiene un punto de subjetividad. Hay que admitir que las opciones se solapan un poco, pero son útiles para intentar describir y analizar los diferentes planteamientos posibles.

personas que admiten o evidencian que su orientación sexual no es heterosexual, pero que han decidido quedarse solteras y abstenerse de relaciones sexuales (mantenerse en el celibato).

En España cualquier opción exclusionista es problemática por razones jurídicas, ya que los tribunales lo podrían entender fácilmente como un claro caso de discriminación. Pero seguramente en la mayoría de las iglesias donde hay esta tendencia, está allí como una postura encubierta, sin ningún reflejo claro en sus estatutos o declaraciones de fe.[357] No por ello es menos real, sobre todo a la hora de proponer, o no, a personas para el bautismo o para ser miembros —y no digamos para colaborar en algún ministerio o servicio—.

Es normal y razonable que una iglesia, al igual que cualquier otra entidad, valore la idoneidad de los miembros o asistentes para asumir tareas y responsabilidades. Pero si la forma de valorarlo tiene en cuenta, como aspecto decisorio, por encima de todas las otras cuestiones de carácter y comportamiento, la orientación sexual, a lo mejor sí que, realmente, resulta discriminatorio.

Hay que decir también que la opción exclusionista estricta se vuelve muy complicada cuando la hija o el hijo de un matrimonio de la iglesia descubre que es lesbiana o gay —sobre todo si lo descubre cuando ya es un miembro activo en aquella comunidad—. Es un quebradero de cabeza para el pastor y el liderazgo, y para la familia implicada. Y puede ser duro, durísimo, para el o la adolescente o joven en cuestión. La literatura evangélica sobre

---

[357] Ahora bien, me consta que en algunas iglesias españolas, para cubrirse las espaldas, por lo menos en la celebración de bodas, ha habido intentos de mantener opciones tradicionalistas a través de la estrategia de poner, preventivamente, afirmaciones doctrinales en los estatutos. No sé si la intención sería también plantear eventualmente que, para poder ser miembro, o continuar siéndolo, hay que aceptar y actuar en consonancia con los estatutos de la entidad. Tampoco sé si esas maniobras acabarán siendo eficaces jurídicamente (no soy experto y todo ello cae fuera del alcance de este libro), pero son cuestionables éticamente, en la medida en que se centran en un solo «pecado», con omisión de otros comportamientos, igual de censurables o más, que puedan darse entre la membresía.

la homosexualidad está llena de testimonios de personas gays y lesbianas, nacidas y educadas en el seno de la Iglesia, que explican lo mal que lo han pasado.

Por otro lado, si hay personas gays y lesbianas dentro de estas comunidades de fe —y son entornos que tampoco se escapan de esa estadística de un 3,5 % o más de la población—, lo más probable es que optarán por esconderlo completamente, con todo lo que eso comporta, en sentido negativo, para su crecimiento emocional y espiritual.

Cuando la política exclusionista no es explícita, sino disimulada, la experiencia para las personas lesbianas o gays que empiecen a venir a la iglesia será más o menos la que describe, muy elocuentemente, Runcorn:

> *Uno de los momentos más impactantes en un congreso de un día sobre el matrimonio y la sexualidad fue cuando una de las conferenciantes nos describió su experiencia, como lesbiana, de asistir a una iglesia nueva. Explicó cómo las personas gays y lesbianas han aprendido, con años de experiencia, que no pueden estar seguras de ser realmente bienvenidas. No pueden saber si este será un sitio seguro si se acaba sabiendo su tendencia sexual. Estarán constantemente buscando pistas sobre ello: el tablón de anuncios, las actividades en el boletín de noticias, la bienvenida de quien preside, los temas de los sermones, el contenido de las oraciones de intercesión. Pueden oír palabras cariñosas de bienvenida por doquier. Pero la sexualidad no se menciona para nada y la pregunta vital queda sin respuesta. Ahí está el problema. Como regla general, a menos que las personas se sientan* explícitamente *bienvenidas —sobre todo si tienen claros motivos para ponerlo en duda— tenderán a suponer todo lo contrario. Entonces el precio de su integración será el mantener en secreto quiénes son, disimularlo, aislarse.*

> *Las iglesias pueden acabar produciendo un fruto malo sin saber ni cómo ni por qué.*[358]

Cabe notar que lo que explica Runcorn también puede suceder con algunas de las otras opciones que analizaremos a continuación.

El último comentario que ofrezco respecto a la opción exclusionista tiene que ver con su aplicación más o menos encubierta —que probablemente será lo más habitual en el entorno español—. No sé qué opinarán mis lectores, pero yo personalmente encuentro que aplicar una política no declarada es ser un poco deshonesto con las personas. Es un sí, pero no. Un «bienvenidos todos», pero... «no vamos a explicar que en realidad a algunos no les dejaremos participar como los demás».

b. La opción de «no preguntar» o «no juzgar» y de apelar a la conciencia de cada uno

Esta es una opción de una cierta indefinición, podríamos decir, una que puede tomar diferentes formas.

Una expresión bastante extrema de esta opción la encontraríamos en aquellas iglesias —quizás serían iglesias protestantes de una tendencia más liberal— que opten por abrir sus puertas a personas gays y lesbianas, incluso aquellas que viven, más o menos abiertamente, en una relación estable de pareja, sin hacer comentarios o preguntas sobre su situación. No me refiero a iglesias que hayan adoptado, clara y públicamente, una postura teológica revisionista a favor del matrimonio gay y que estén dispuestas a tener a pastores y líderes gays o lesbianas. Más bien serían aquellas que hayan decidido, simplemente, aplicar una política de calurosa bienvenida, sin tratar por nada —ni desde el púlpito ni por cualquier

---

[358] Runcorn: *Love Means Love*, capítulo 13, páginas 108-109, traducción mía.

otra vía— cuestiones de sexualidad, y sin querer indagar sobre la situación de nadie.

Como dice Gushee, esta opción de «no preguntar nada» puede tener una cierta lógica:

> *Si la política global de la iglesia, respecto a sus miembros, no incluye una evaluación moral o tener que rendir cuentas a la comunidad, tendría muy poco sentido empezar a hacerlo únicamente con este colectivo y esta cuestión. (Ahora bien, eso es justamente lo que a menudo acaba pasando, dejando a la iglesia totalmente susceptible a ser criticada por estar aplicando una moralidad selectiva).*[359]

Otra manera, no tan extrema, de plantearlo sería valorar que «no somos nadie para juzgar». Así, la idea sería enseñar lo que dice la Biblia sobre la sexualidad —y sobre muchas otras cuestiones, claro—, pero sin insistir sobre ello en términos catastrofistas ni señalar a nadie. Significaría enfatizar, tal como oímos algunas veces, que la iglesia es una comunidad de pecadores y debemos poder acudir al Señor —y a la iglesia— tal como somos. También sería asumir que la iglesia no puede pretender controlar exactamente cómo —de qué modo y con qué prioridades— cada creyente da pasos hacia la madurez espiritual y la santidad, y que todos somos una «obra en progreso».

Gushee describe esta política así, haciendo notar que tiene un apoyo bíblico:

> *Esta sería la postura en que* cada uno evita juzgar a nadie, salvo a sí mismo. *«¿Quién eres tú para juzgar al siervo de otro?» (Romanos 14:4). Nos centramos, en todo momento,*

359 Gushee: *Changing Our Mind. Definitive 3rd Edition,* capítulo 7, opción 1, página 39, traducción mía.

en ir sacando la viga que tenemos en nuestro propio ojo, lo que nos deja demasiado ocupados para señalar la paja o astilla pequeña en el ojo del otro (Mateo 7:1-5).[360]

Y Shane Claiborne, citando al famoso predicador Billy Graham, lo expresa así:

Muy a menudo pensamos que es trabajo nuestro empujar a las personas a vivir de una determinada manera, que el Espíritu de Dios no puede darles un convencimiento en su corazón sin nuestra ayuda. Billy Graham, preguntado sobre el tema candente de la homosexualidad, dijo esto: «Es misión del Espíritu Santo convencer; juzgar es el trabajo de Dios, y mi tarea es amar».[361]

El problema de estas políticas de no preguntar o no juzgar, y de confiar en la conciencia de cada uno y en la obra del Espíritu, es que muchas veces acaban siendo opciones de silencio y ambigüedad, de no querer mojarse.

Son posturas cómodas mientras no venga nada para hacerlas tambalear. Pero pueden ser peligrosas, tal y como explica Runcorn, cuando relata el caso de Lizzie, una chica de catorce años, en la localidad de Didsbury, al norte de Inglaterra:

Lizzie formaba parte de una comunidad cristiana activa y amorosa, y tenía una fe personal profunda. Pero nadie sabía que estaba luchando con el hecho de que había descubierto que era lesbiana. Era incapaz de creer que Dios la podía amar. El 10 de septiembre de 2014, se suicidó. [...] La

[360] Gushee: *Changing Our Mind. Definitive 3rd Edition,* capítulo 7, opción 2, página 39, traducción mía (con cita bíblica de la NVI).

[361] Shane Claiborne, prólogo del libro de Tim Otto, *Oriented to Faith,* traducción mía.

> *iglesia de Lizzie se habría descrito como cariñosa, abierta y acogedora; pero no había planteado abiertamente el tema de la sexualidad. El pastor, Nick Bundock, lo rememora así: «Yo consideraba, erróneamente, que era mejor no agitar el avispero con el asunto de la sexualidad. Si no sacamos el tema, la gente puede tener su punto de vista progresista o tradicional, y está bien. No haremos nada para liar las cosas. Por lo tanto, no hablaremos de ello».*
>
> *[...] Bundock continúa, diciendo esto: «Solo después, con la investigación forense, descubrimos que, justamente, nuestra conspiración de silencio, si lo podemos llamar así, en torno a todo el tema de la sexualidad había sido la olla a presión en la que Lizzie se sentía atrapada en los meses previos a su muerte».*[362]

Podemos pensar que la historia que describe Runcorn es un caso extremo, pero otros acontecimientos de este tipo están bien documentados[363] y nos deberían hacer reflexionar. Si queremos evitar la «conspiración de silencio» que señala Bundock, si

---

362 Runcorn: *Love Means Love*, capítulo 13, páginas 109-110, traducción mía. La fuente completa que citó Runcorn actualmente no se encuentra en Internet. Quedan referencias más cortas, como este breve artículo y vídeo de la BBC, en https://www.bbc.com/news/av/uk-england-manchester-45615029 (consultado en marzo de 2024), que explica lo mismo que Runcorn: la iglesia de St. James, en Didsbury, y la iglesia hermana Emmanuel, a raíz del suceso, hicieron un replanteamiento profundo y ahora se han convertido, formalmente, en iglesias inclusivas, que dan la bienvenida a todo el mundo, sin tener en cuenta género, raza, capacidad o sexualidad. Para más información, ver su web: https://stjamesandemmanuel.org/.

363 Por ejemplo, tanto Keen (ver la nota al pie 308) como Vines (*God and the Gay Christian*, capítulo 9, apartado «Created to Be in Covenant», página 157) explican el caso de un chico gay de Seattle, Ryan, que acaba muriendo por sobredosis a los veinte años. Y McFerren, en *First Steps Out* (capítulo «Won't People Be Hurt By This Message?», posición 556), habla de las muchas personas que han luchado con su homosexualidad y han acabado suicidándose, y comenta que ella, más de una vez, estuvo a punto de dar ese paso.

entendemos que hay que huir de la indefinición, nos toca hablar de la sexualidad, y de la homosexualidad, en nuestras iglesias.

De hecho, son muchísimas las voces que advierten que, en nuestras iglesias, *tenemos que hablar* de la sexualidad. Entienden que hay que combatir el relativismo moral, el «todo se vale». Es necesario defender y poner en valor la familia y las relaciones estables. Y debemos ofrecer alternativas creíbles y viables para nuestros jóvenes, que están bombardeados con mensajes hedonistas en todos los ámbitos, pero particularmente en las relaciones sexuales. No hacerlo sería de una gran irresponsabilidad.

Por lo tanto, si decidimos «agarrar el toro por los cuernos», como se dice popularmente, y no nos vemos aplicando una política dura de exclusión y condena, ¿hacia dónde podemos ir?

c. La opción de «tolerancia pastoral» o «adaptación pastoral a las realidades personales»

Esta opción, identificada normalmente en inglés por el término *pastoral accommodation*,[364] significa no cambiar la norma o la doctrina —en el caso que nos ocupa, la postura tradicional de la Iglesia sobre las relaciones homosexuales—, pero sí asumir que hay que admitir excepciones como mal menor. De esto hemos hablado ya un poquito en el capítulo 21, sobre la soltería y el celibato.

Es una manera de reconocer que las situaciones personales pueden ser muy complejas y que una buena labor pastoral exige tratar a cada caso individualmente, en función de las realidades

[364] El verbo inglés *accommodate* significa literalmente «dar cabida a» estos casos. La tendencia es traducir *pastoral accommodation* al español con la expresión «tolerancia pastoral»; tal vez no sea muy exacta, pero no he encontrado ningún equivalente mejor (alternativas como «venia pastoral» o «contemporización pastoral» difícilmente se entenderían bien). He completado las explicaciones con otros términos como «excepción» y «adaptación» para que se comprenda bien de qué se trata.

que se presentan. Un ejemplo de tolerancia de esta clase sería cuando los pastores o equipos pastorales en nuestras iglesias asumen que hay situaciones de relación conyugal tan deterioradas que el matrimonio es inviable y el divorcio es la mejor opción, aunque la situación no encaje en ninguna de las dos posibles excepciones bíblicas más o menos claras para permitirlo (Mateo 5:32 y 19:9, y 1 Corintios 7:15). Este tipo de planteamiento pastoral no pretende, de ningún modo, cambiar la postura doctrinal sobre la permanencia del matrimonio.

Algunas excepciones son casi inevitables. En otros tiempos, los misioneros en países donde la poligamia era muy habitual tuvieron que decidir qué se tenía que hacer con los hombres que se convertían al cristianismo y tenían dos —o más— esposas. Rápidamente vieron que las consecuencias de obligarlos a expulsar a todas sus mujeres salvo la primera eran crueles e inhumanas para las otras, porque las condenaba a una situación insostenible social y económicamente. Por otro lado, la Iglesia católica, tan estricta en muchas de las cuestiones que tienen que ver con la vida matrimonial, reconoce una excepción para los sacerdotes anglicanos que se convierten al catolicismo: pueden continuar ejerciendo como sacerdotes de pleno derecho, aunque estén casados (con una mujer), lo que a menudo es el caso.[365]

Hecha esta breve explicación, con ejemplos de tolerancia relacionados con otras cuestiones de ética sexual, miremos la casuística de la homosexualidad.

En primer lugar, en el mundo occidental en el que vivimos, hay muchos motivos para considerar que la continuación de un matrimonio homosexual ya existente es un mal menor. El divorcio es objetivamente malo, tanto a nivel ético (representa el quebran-

[365] Existen unos cuantos artículos sobre esta política de la Iglesia católica en relación con los sacerdotes anglicanos, que se instauró en los años 50 del siglo pasado, en Internet. Uno de los más completos es: https://en.wikipedia.org/wiki/Pastoral_Provision.

tamiento de las promesas hechas por la pareja) como a nivel emocional (por la ruptura que implica). Y hoy en día, por lo menos en España, muchas de estas parejas también son padres o madres de criaturas. ¿Cómo podríamos plantear romper el hogar, el entorno familiar, donde viven —normalmente felizmente— estos niños o niñas? Si nos encontramos con personas lesbianas y gays casadas que llegan, con posterioridad, a la fe en Jesús, la instrucción del apóstol Pablo a los corintios parece totalmente apropiada:

> *[...] cada uno debe vivir conforme a la condición que el Señor le asignó y en la cual Dios lo ha llamado. Esta es la norma que establezco en todas las iglesias.*
>
> (1 Corintios 7:17, NVI)

Los ejemplos, podríamos decir, «extremos» son más fáciles. Pero, claro, la casuística es muy variada, y las preguntas, muchas. ¿Qué hay que hacer si un matrimonio gay o lesbiano que se convierte no tiene hijos? ¿También debería mantener su situación de pareja, como sugiere Pablo? Y si más adelante se plantean adoptar —o recurrir a técnicas de fecundación *in vitro*—, ¿habría que animarlos a hacerlo? ¿O desaconsejarlo? Y, en ese caso, ¿con qué pretexto?[366]

¿Y si no están jurídicamente casados, pero sí son pareja estable de hace bastante —o mucho— tiempo? ¿Habría que animarlos para que se casen, si el ordenamiento jurídico ahora lo permite? ¿O que se separen y opten por el celibato o un matrimonio de orientación mixta? ¿O que continúen como están?

Y ¿qué debe decir el pastor o líder de jóvenes si un adolescente o una persona joven le comparte que ha descubierto que es

---

[366] Digo «pretexto» porque argumentos claros no sé si los hay. Trato muy brevemente los estudios realizados sobre niños y niñas que se han criado en hogares de parejas gays y lesbianas en el capítulo 15, concretamente en la segunda parte del punto *f*.

gay o lesbiana en su orientación? ¿Le tiene que decir que, según la Biblia, la orientación no es pecado, pero la práctica sexual sí? ¿Qué más debería decirle? ¿Qué recomendaciones o directrices debería aplicar?

Expongo estas preguntas para que se vea el grado de complejidad y dificultad que hay en todo esto. Evidentemente, cualquier política de tolerancia pastoral también será compleja. ¿Puede ser justificada? Algunas voces claramente tradicionalistas están diciendo que sí. Es más, lo ven inevitable. Justamente en el libro *Two Views,* en el que cuatro expertos, dos tradicionalistas y dos revisionistas, exponen su criterio teológico y reciben, después, las respuestas de los otros participantes, tenemos un ejemplo. En el capítulo 4, el tradicionalista Stephen Holmes incluye en su exposición —para sorpresa de alguno de los demás— todo un apartado sobre la conveniencia de establecer un cierto nivel de tolerancia y adaptación pastoral a las realidades personales.[367]

Una de las justificaciones más claras para tener flexibilidad es considerar —con realismo— las alternativas. Una relación erótico-afectiva estable con una persona del mismo sexo, si la relación está caracterizada por amor, comprensión mutua, compromiso y fidelidad, puede ser un bien muy grande. Y aún lo será más si la alternativa es caer en la promiscuidad y las relaciones efímeras; o en una relación heterosexual forzada, destinada al fracaso, o en un estado de frustración permanente que lleva a la depresión y al suicidio. Es el argumento que hemos analizado en el capítulo 21, sobre la soltería y el celibato.

Ahora bien, aunque la iglesia, o el equipo pastoral, decida que se puede admitir como mal menor, al menos en ciertas circunstancias, que un miembro busque una relación homosexual estable,

[367] Holmes, Stephen R.: «Listening to the Past and Reflecting on the Present», artículo en *Two Views on Homosexuality, the Bible, and the Church* (capítulo 4). El apartado en cuestión se titula «What Space Is There for Pastoral Accommodation in This Area?», página 190.

no se acaban aquí las dificultades. Porque resulta que no todas las personas gays y lesbianas tienen por qué asumir una postura revisionista sobre sus opciones. Las hay que, aun reconociendo su atracción sexual únicamente hacia personas del mismo sexo, deciden que la voluntad de Dios en su caso es mantenerse en el celibato. Incluso pueden considerar que Dios los llama a un matrimonio de orientación mixta (casarse con alguien del sexo opuesto). Una buena labor pastoral implica discernir si la vocación es genuina y, si lo parece, animar a la iglesia a apoyar a estas personas y poner en valor el esfuerzo que hacen.

O sea, la tarea pastoral siempre hay que desempeñarla con mucho discernimiento. Consiste en ayudar a las personas a analizar, delante de Dios, las particularidades de su situación y sus opciones, a estar seguras de sus convicciones, a no autoengañarse ni tomar pasos de mala gana, presionadas por las expectativas de los demás.

d. La opción de admitir diferencias de opinión, y explorarlas

Ya hemos hablado, en el capítulo precedente, de la posibilidad de aceptar una pluralidad de posturas, dentro de la Iglesia, sobre el tema de la homosexualidad. Si entendemos que hay argumentos válidos, con base bíblica, a favor tanto del planteamiento tradicionalista como del revisionista, podemos asumir que es una materia discutible y aceptar, como hermanos en toda regla, a aquellos que piensen de forma diferente a nosotros. ¿Es posible hacer lo mismo en una iglesia local?

Si fuese un tema teórico, puramente doctrinal, no habría gran problema. Una iglesia puede organizar unas charlas sobre creacionismo/evolucionismo, para estudiar y comparar las diferentes maneras que existen para intentar encajar lo que dice la Biblia con lo que nos señala la ciencia sobre nuestros orígenes. A su conclusión, simplemente puede dejar a cada uno de los feligreses decidir libremente qué postura le parece más convincente y ya está. Por lo menos para el día a día de estas personas el tema no tiene más consecuencias. (Sí que puede tenerlas para las personas no creyentes que estén investigando la fe cristiana y leyendo la Biblia por primera vez).

El debate sobre la homosexualidad resulta más complicado que el de la Biblia y la ciencia. No por los argumentos en sí (pueden ser igual de rebuscados en las dos temáticas), sino porque el debate sobre la homosexualidad tiene que ver con cuestiones de comportamiento y moralidad. Afecta a personas. Es más, afecta de lleno a personas que habría que tratar con una sensibilidad especial, habida cuenta de todas las dificultades que afrontan a muchos niveles. Cuando hay personas gays o lesbianas dentro de la comunidad de fe, cualquier actuación debe pensarse muy bien. El tema puede ser muy delicado.

Me chocó el nombre que Gushee pone a esta opción. El apartado en cuestión empieza diciendo que hay que asumir que existe una opinión dividida en la comunidad cristiana; pero él lo titula la opción de un «diálogo para discernir». Pero a medida que iba reflexionando sobre ello, fui viendo que Gushee podría tener razón. No podemos simplemente decir, respecto a la homosexualidad, que no nos ponemos de acuerdo y pasar a hablar de otro tema. Si pretendemos que las diferentes posturas convivan bien en la iglesia local, sobre todo si estas posturas están ejemplificadas por personas de carne y hueso que asisten a las reuniones, debe haber comprensión y respeto hacia los exponentes de cada opción. Y eso se consigue dialogando: explicando con rigor y humildad tanto los argumentos de los tradicionalistas como los de los revisionistas, y analizando los pros y contras de cada postura. Por lo tanto, decidí cambiar el título de este punto: no se puede hablar simplemente de la opción de «admitir diferencias de opinión»; es necesario añadir «y explorarlas».

¿Qué forma puede tomar ese diálogo, esa exploración? Para iglesias que se lo estén planteando seriamente, no puedo más que recomendar el libro de Mark Wingfield *Why Churches Need to Talk about Sexuality. Lessons Learned from Hard Conversations about Sex, Gender, Identity, and the Bible* (Por qué las iglesias necesitan hablar de la sexualidad. Lecciones aprendidas de conversaciones difíciles sobre sexo, género, identidad y la Biblia). El libro describe todo el proceso de discernimiento que siguió la iglesia bautista de Wilshire, Dallas, Texas, para decidir qué postura debía adoptar hacia las personas del colectivo LGTB+ que estaban asistiendo a la iglesia.

Dejando claro que cada iglesia es diferente, y que lo que funcionó allí no tiene por qué funcionar en otros contextos, Wingfield explica el proceso seguido en su iglesia así: formaron un grupo de estudio,[368] con personas representativas de todos los sectores y edades de la iglesia, que estuvo muchos meses estudiando el tema. Después el grupo presentó sus conclusiones a los líderes y, posteriormente, a toda la membresía, con reuniones y encuentros en diferentes formatos. Cuando se ideó el proceso, quisieron ser muy equilibrados y respetuosos con todo el mundo, y no hacer nada que influenciara o predeterminara el resultado de las deliberaciones del grupo de estudio. Así optaron, curiosamente, por no incluir en el grupo a ninguna persona LGTB+ (el grupo sí leyó libros y escuchó testimonios de estas personas). También decidieron que

[368] Según explica Wingfield, en *Why Churches Need to Talk about Sexuality*, capítulo 3, página 18: «Concretamente, se pide al grupo estudiar (1) qué limitaciones, en su caso, deberían fijarse para el diaconado y otros papeles de liderazgo en la iglesia; (2) qué limitaciones, en su caso, deberían fijarse para la ordenación como ministro del evangelio; (3) qué limitaciones, en su caso, deberían fijarse para las bodas celebradas en Wilshire y/o oficiadas por miembros del equipo pastoral de Wilshire, y (4) qué limitaciones, en su caso, deberían fijarse para las ceremonias de dedicación de familias [presentación de bebés] en Wilshire» (traducción mía).

los pastores estuviesen presentes solo como asesores teológicos, con voz, pero sin voto.[369]

Hay que decir que este grupo de estudio tampoco llegó a un consenso. Algunos de sus miembros cambiaron de opinión. Todo el mundo acabó mucho más informado de las realidades vividas por las personas LGTB+, y también de los puntos clave en el debate teológico y las diferentes maneras de resolverlos. Después de un intento fracasado de producir un informe final, el grupo optó por hacer dos: uno de la opinión mayoritaria, otro de la opinión minoritaria. Eso sí, el grupo entero fue capaz —no sin dificultades— de debatir y pulir ambos informes, para evitar expresiones que pudiesen parecer un menosprecio a la posición contraria.

Más allá de la experiencia de esta iglesia en Dallas, lo que me parece obvio es que cualquier procedimiento de discernimiento será largo. Yo llevo años dándole vueltas a este tema, analizando y replanteando qué creo exactamente y por qué —y aún no tengo todas las respuestas, ni mucho menos—. Tal como escribió el pastor Ken Wilson, refiriéndose solamente a su tratamiento del pasaje de Romanos:

> *El nivel de detalle al que les he obligado es para marearse, y no es más que la punta de un iceberg enorme. Ni tan solo los puntos destacados de este breve resumen cabrían en un sermón de treinta y cinco minutos. [...] Pero este nivel de detalle es absolutamente necesario para hablar como pastor, con una seguridad bien fundada, a una persona gay.*[370]

---

369 Wingfield: *Why Churches Need to Talk about Sexuality*, capítulo 3, página 17. Quizás se decidió así en parte porque, cuando estaban haciendo los preparativos y definiendo cómo debía ser el grupo de estudio, descubrieron que el equipo pastoral de la iglesia en general, y el pastor principal en particular, ya habían llegado de forma personal e independiente a conclusiones bastante revisionistas (capítulo 1, página 6, y capítulo 5, páginas 24 y 25).

370 Wilson: *Letter to my Congregation (Second Edition)*, capítulo 3, página 75, traducción mía.

Por lo tanto, cualquier tipo de estudio o diálogo para el discernimiento no será fácil. Pero estoy convencido de que vale la pena hacer el intento. Se aprenderá muchísimo, sea cual sea el resultado final. Obliga a reflexionar en profundidad, algo que el autor John Piper nos exhorta a hacer, dedicando todo un libro al tema, traducido al español con el título *Piense. La vida intelectual y el amor de Dios*[371] (¡para que se note que también leo libros de autores tradicionalistas!).

Aún no he contestado realmente a la pregunta que he formulado en el primer párrafo de esta opción *d*. ¿Es posible que convivan, en una misma iglesia local, tanto la postura tradicionalista como la revisionista? Hay iglesias que lo quieren intentar. Es la línea que se ha propuesto seguir Archie Coates, nombrado en 2022 el nuevo pastor principal de Holy Trinity Brompton en Londres, en sustitución de Nicky Gumbel, que creó el curso Alpha. A Coates, eso le dio buenos resultados en Brighton, en la iglesia de St. Peter, donde era pastor antes. Preguntado, en una entrevista, por cuál era su posición respecto al matrimonio gay, ofreció esta respuesta:

> *[...] Yo normalmente explico esto: «Mira, la iglesia de St. Peter es un calidoscopio multicolor, y me encanta que seamos así. Podría dar mi opinión... pero lo que prefiero decir es: no voy a expresar mi opinión, porque... lo que deseo es que la gente pueda estar aquí y encontrar una unidad, aun teniendo puntos de vista diferentes».*[372]

[371] Piper, John: *Piense. La vida intelectual y el amor de Dios,* Tyndale House Publishers, Inc., 2011. Título original: *Think. The Life of the Mind and the Love of God,* Crossway Books.

[372] Véase: Cornwell, Megan: «Archie Coates. The new vicar of HTB on succeeding Nicky Gumbel, tackling LGBT issues and reaching the lost in our cities», *Premier Christianity,* Premier Christian Communications Ltd., septiembre de 2022.

La apuesta de Coates incluye, evidentemente, la idea de no juzgar y de apelar a la conciencia de cada uno. Pero es diferente de la opción *b*, que hemos analizado antes, porque pretende hacerlo dando visibilidad a la diversidad dentro de la iglesia, incluida la diversidad de orientación y género, y de las opciones personales.

En Estados Unidos, donde las cosas están muy polarizadas, cuesta imaginar una iglesia con la proyección de Holy Trinity Brompton que pudiera mantener la política que Coates se propone. La iglesia de Wilshire, Dallas, no tomó en consideración ese camino. Acabó decidiendo, por mayoría clara, cambiar sus normas, y pasar a ser una iglesia afirmadora de las personas LGTB+, abierta a tener personas de estas minorías sexuales entre sus pastores y líderes y a celebrar bodas de personas del mismo sexo. Unos cuantos miembros no pudieron asumirlo de ningún modo y acabaron yéndose.

En parte es lógico desear que un proceso de deliberación y discernimiento lleve a unas conclusiones más o menos firmes, que puedan traducirse en una política de iglesia clara, consensuada y votada en asamblea. Solo así los pastores y líderes, particularmente los líderes de jóvenes, dispondrán de unas pautas para su labor pastoral y de consejería; es una manera de asegurar que se sientan apoyados y que no acaben aplicando soluciones arbitrarias.

Pues bien, en cuanto a opciones o políticas de iglesia, ya hemos presentado unas cuantas. Hasta ahora, todas podrían encajar en una línea teológica tradicionalista. Eso sí, entre ellas podemos encontrar posturas más categóricas o más matizadas, más definidas o más vagas, seguidas por toda la iglesia o con presencia de otros puntos de vista. Nos falta la última opción, muy clara, que ahora exploraremos, y a la que fue a parar la iglesia de Wilshire, después de su proceso de discernimiento.

e. La opción «revisionista» o «aprobadora»[373]

Gushee describe esta opción como la opción de «replanteamiento normativo». Quiere decir que la iglesia ha estudiado los textos bíblicos, la tradición de la Iglesia y las realidades de la vida moderna y ha decidido que tiene que revisar su ética sexual para que no sea únicamente heterosexual. En principio esta opción se traduce en la plena aceptación del matrimonio gay y, por lo tanto, la celebración de bodas entre dos mujeres o dos hombres; conlleva también la celebración de actos de presentación —o bautismos, si la iglesia en cuestión mantiene la práctica del bautismo infantil— de los hijos[374] de estas parejas. Normalmente la iglesia estaría abierta también a la posibilidad de designar como pastor a una persona gay o lesbiana, pudiendo esa persona estar casada con alguien del mismo sexo.

En España, que yo sepa, las únicas iglesias evangélicas que más o menos han hecho este paso son las de la IEE (Iglesia Evangélica Española). Su proceso de replanteamiento se culminó en el año 2015 con la «Declaración de Mamré».[375] Pero hay que decir que esta declaración solo habla en términos generales de diálogo y respeto, de ser una iglesia inclusiva y plural, de hacer pedagogía contra la homofobia y de no discriminar ni estigmatizar a las personas por su sexualidad. No menciona específicamente el matrimonio homosexual, ni la posibilidad de que personas gays o lesbianas puedan

---

[373] Uso «aprobadora» para traducir el inglés *affirming*, aunque algunos prefieren aplicar el adjetivo «afirmadora» a esta opción.

[374] Hijos adoptados o concebidos por procedimientos de fertilización *in vitro* o, eventualmente, de un matrimonio anterior.

[375] Esta declaración se encuentra en: https://iee-protestante.org/declaracion-de-mamre-pastoral-iee-2015/ (consultado en marzo de 2024). Su nombre viene de la casa Mamré, en Jaca (Huesca), donde se elaboró durante el encuentro anual de los pastores de la IEE. Su promotor fue el pastor Juan Sánchez, que reproduce la declaración y explica más detalles al inicio de su libro *Ética teológica y homosexualidad*.

ser pastores. Y parece que el grado de implementación también es irregular, de manera que en algunas de las iglesias de la IEE la aceptación de la homosexualidad puede ser más teórica que otra cosa.[376] Una de las iglesias que sí que destaca por su postura inclusiva y afirmadora y en trabajar activamente para integrar a personas de colectivos LGTB+ es la iglesia de Sant Pau, en Barcelona.[377]

Tal como explica Wingfield, uno de los problemas que pueden surgir, cuando una iglesia plantee un cambio radical hacia la opción revisionista, es que otras consideraciones, más terrenales y materiales, interfieran en el proceso: ¿qué pasará con la organización misionera que actualmente paga parte del sueldo del pastor? ¿Y si gente se va? ¿Y si bajan las ofrendas y los diezmos? ¿Y si uno de los pastores actualmente contratados no está de acuerdo con la nueva línea de la iglesia? Por descontado, hay que mantener el debate centrado en la cuestión principal, si se quiere llegar a una decisión bien fundamentada.

Wingfield y Wilson explican que, en general, en todas las iglesias locales que dan este paso, hay gente que no puede asumir el cambio, y acaba marchándose. Evidentemente, si se van, alegarán que lo hacen por principios. Y será así, sin duda. Pero probablemente elementos emocionales o psicológicos habrán influido también. Como dice Wilson:

> *En las iglesias que adoptan una postura totalmente inclusiva, aquellos que tienen el punto de vista tradicional a menudo tienen el sentimiento de que ellos son las víctimas.*

---

[376] Hasta el punto de que algunas de estas iglesias quizás se situarían más en la opción *c*, de tolerancia pastoral.

[377] Su nombre completo es: Església Protestant Betel + Sant Pau. Hay más información en su página web, https://www.esglesiasantpau.org, que incluye un apartado específico sobre el acompañamiento de las personas LGTB: https://www.esglesiasantpau.org/jesus-inclusivo-2/ (consultado en marzo de 2024).

> *Es así incluso cuando tienen libertad para mantener sus convicciones, siempre que no insistan en la necesidad de prácticas exclusionistas. Este sentimiento de agravio es una reacción común cuando cualquier grupo minoritario consigue expresarse más y tener más poder.*[378]

En fin, una transición a la opción revisionista o aprobadora siempre será complicada, y puede ser bastante dolorosa. Wilson, de hecho, a pesar de conocer iglesias que lo han conseguido, cree que es más fácil fundar una iglesia nueva, comprometida con la inclusión, que intentar convertir una comunidad existente en inclusivista.[379]

Por otro lado, es importante dejar claro que una posición revisionista no es admitir como válido cualquier comportamiento sexual. Al contrario, ha de permitir marcar, para todo el mundo, unas líneas de ética sexual basadas en un ideal de matrimonio, caracterizado por el amor y el perdón, el compromiso y la fidelidad, la comunicación, el sacrificio y, en general, el fruto del Espíritu Santo en todas sus manifestaciones. Asimismo, debe propiciar que se pueda aconsejar a todo el mundo sobre lo que verdaderamente cuenta a la hora de buscar pareja y empezar a salir. También debería incluir, según el caso, pautas sobre cómo discernir y aceptar si Dios llama a alguien, al menos por ahora, a la soltería.

Hace quince años, cuando yo leía u oía hablar de iglesias que optaban por esta vía revisionista, lo consideraba casi una aberración. Por lo tanto, si algunos de mis lectores tienen esta opinión, lo entiendo perfectamente. Pero si han leído todo el libro hasta llegar a este punto, sabrán que justificaciones para esta opción revisionista hay unas cuantas. Justificaciones bíblicas y lógicas. Si

---

378 Wilson: *Letter to my Congregation,* sección final «A. Afterword: What Happened Next», página 170, traducción mía.

379 Wilson: *Letter to my Congregation,* sección final «A. Afterword: What Happened Next», página 173.

son suficientes, o no, para dejar de lado la línea teológica tradicional de dos milenios, le toca a cada uno valorar.

Acabo este capítulo con una cita de Tim Otto, para hacernos reflexionar a todos, tanto si somos tradicionalistas como revisionistas:

> *Tal y como están las cosas actualmente, las dos corrientes en la Iglesia continúan declamando su retórica, sobre cómo las personas homosexuales deberían vivir su situación, mientras que las prácticas reales de nuestras iglesias hacen bien poco para hacer posible esa retórica. ¿Acaso hacen algo, la mayoría de nuestras iglesias conservadoras, para poner en valor la soltería y para ofrecer una vida en comunidad, sana y activa, que permita a las personas gays y lesbianas ver factible el celibato? Si no, somos hipócritas. ¿Acaso hacen algo, la mayoría de nuestras iglesias liberales, para ofrecer el apoyo y seguimiento necesarios para hacer más realizable la fidelidad mutua, durante toda la vida, para las parejas gays y lesbianas? Si no, somos hipócritas. Siendo que la mayoría de nuestras iglesias no se comportan de una forma que haga posible la ética que pregonan, estamos pidiendo a estas personas que naden en el aire, en vez de ofrecer una piscina donde la natación sea posible.*[380]

[380] Otto: *Oriented to Faith*, capítulo 8, página 50, traducción mía.

27. A MODO DE CONCLUSIÓN

Si tú eres de las personas a las que les gusta repasar las conclusiones de un libro antes de decidir si vale la pena leerlo de principio a fin —o simplemente comprarlo—, creo que quedarás decepcionado con este capítulo. Me veo incapaz de hacer un resumen global de los argumentos de unos y otros, en el debate sobre la homosexualidad, en pocas páginas. De hecho, debo confesar que en un inicio este libro iba a ser simplemente un artículo de diez o doce páginas, pero cuando empecé a redactarlo, enseguida vi que un tratamiento mínimamente decente del tema requeriría muchas más páginas.

Si has llegado hasta aquí a través de todos los capítulos, enhorabuena. Espero que consideres que he explicado lo suficientemente bien, y de forma más o menos equilibrada y respetuosa, los postulados tanto de los tradicionalistas como de los revisionistas. Pero también estoy seguro de que habrás visto hacia qué lado me decanto. Aun así, a veces tengo dudas respecto a algunas de las conclusiones a las que más o menos he llegado. Por lo tanto, las observaciones y los análisis que he incluido en este libro en cierto modo se presentan como provisionales, y con mucha humildad y cautela. Quien busque «la solución» o «el enfoque definitivo» a la homosexualidad no lo hallará fácilmente en este libro.

Eso sí, espero haber proporcionado material abundante para ayudar a los cristianos evangélicos o protestantes del mundo hispano a reflexionar sobre cómo afrontar mejor la realidad sociológica con la que nos encontramos. Si este ha sido tu caso, estaré encantado de saberlo. Y si no, o si ha sido más bien lo contrario, también.[381]

[381] Mi correo electrónico para cuestiones relacionadas con el libro es este: cnash.bcn@gmail.com.

Algo que sí que tengo muy claro, a raíz de todo lo que he leído y visto, es esto: en nuestra sociedad en general las personas lesbianas y gays siguen pasándolo muy mal. Y desgraciadamente en muchas de nuestras iglesias sufren igual o más. Se topan con mucha ignorancia e insensibilidad respecto a las problemáticas que afrontan. Y a veces también con unas enseñanzas supuestamente bíblicas mal planteadas y muy simplistas. Si este libro ayuda un poco a elevar el debate, me daré por satisfecho. Y si permite tener más en cuenta a la diversidad humana, saberla tratar mejor y vigilar más qué decimos y cómo lo decimos, mejor todavía. Si tú eres gay o lesbiana, espero que puedas encontrar la ayuda y el acompañamiento que necesites para tirar adelante y para experimentar el amor de Dios en tu vida, en alguna de nuestras iglesias o grupos de fe. Perdónanos por todas las veces que no hemos hecho bien las cosas, y cuando no hemos estado a la altura de tus circunstancias.

Lo que acabo de decir, respecto a las personas lesbianas y gays, lo quisiera hacer extensivo también a todas las otras minorías sexuales y de género que se están haciendo visibles en nuestra sociedad. Si tú te incluyes en alguno de estos colectivos, lo único que puedo decirte es que te tengo también en el corazón. No me he visto preparado para tratar también, en estas páginas, situaciones como la tuya, pero deseo que tú también puedas encontrar tu lugar en nuestras comunidades de fe.

Por otro lado, en un aspecto he cambiado radicalmente de opinión en estos últimos años. Yo antes infravaloraba —y si soy honesto, hasta menospreciaba— la postura revisionista. Aun queriendo ser respetuoso con todo el mundo, mentalmente yo tildaba de poco coherentes y poco bíblicos a aquellos que estaban dispuestos a celebrar o bendecir matrimonios gays. Y me era chocante (¡para decirlo suavemente!) la idea de abrir el liderazgo y el ministerio pastoral de nuestras iglesias a personas abiertamente gays o lesbianas, sobre todo si estaban casadas —o en una relación estable y permanente— con alguien del mismo sexo. Ya no. Después de todo lo que he leído y analizado, tengo un profundo respeto por todos los que se han pasado al campo revisionista. He perdido completamente la noción de que son personas que han claudicado ante el embate de la modernidad. Ahora veo que pueden tener argumentos muy sólidos —y bíblicos— para su postura. Espero que eso, al menos, lo haya podido transmitir bien en este libro.

Veo pequeñas señales que me hacen pensar que otras personas en la Iglesia están haciendo un camino similar al mío respecto a la homosexualidad. No en todas partes, pero sí en ciertos ámbitos por lo menos. Uno de los últimos en cuestionar la línea teológica tradicional, sin llegar de momento a conclusiones firmes, es el reconocido autor David Instone-Brewer, experto en estudios rabínicos.[382] Y si la Comunión Anglicana ha podido hasta ahora, pese a todos los malos presagios, evitar un cisma irreparable por culpa de las enormes divergencias de opinión y de praxis que hay en sus diferentes provincias, repartidas por casi todos los continentes, por algo será. Parece que unas personas con mucho más conocimiento bíblico y muchísima más formación teológica que yo, unos dirigentes eclesiásticos que han celebrado encuentros de muy alto nivel en los que han podido escuchar y analizar los razonamientos de unos y otros, por ahora siguen dispuestas a continuar el debate sobre la homosexualidad y a respetar, o al menos tolerar, posturas diferentes a las suyas. Me encantaría que pudiera ser así también en nuestro pequeño mundo evangélico español, y también en los demás países de habla hispana, donde la Iglesia evangélica o protestante tiene mucha más presencia.

Que Dios nos ilumine a todos en el camino a seguir, en particular a aquellos que tienen actualmente la responsabilidad de liderar y guiar a nuestras iglesias locales y, más aún, a los que

---

[382] Ver Instone-Brewer, David: «Did Paul condemn all homosexuality?», *Premier Christianity*, febrero de 2023, páginas 56 a 59.

ayudan y acompañan a nuestros jóvenes y adolescentes, muchos de los cuales se encuentran a diario con la realidad de las minorías sexuales.

NOTA SOBRE CRITERIOS ORTOGRÁFICOS, TERMINOLÓGICOS Y BIBLIOGRÁFICOS

Lo primero que tuve que hacer, cuando me dispuse a realizar esta versión española de mi libro, era decidir si iba a seguir, o no, la ortografía «gais» que me indicaba el *Diccionario de la lengua española* de la Real Academia Española (RAE) como plural del singular «gay».[383] Hice un análisis de la prevalencia de «gays» y «gais» en páginas web en español, para concluir que se usaba muchísimo más el plural «gays» con «y».[384] En otras cuestiones ortográficas, sin embargo, sí que he procurado seguir las indicaciones de la RAE, por ejemplo, respecto a las tildes diacríticas consideradas actualmente innecesarias.

En cuanto a los nombres propios bíblicos, traducidos del hebreo o del griego, cuando me he dado cuenta de que distintas versiones bíblicas usaban formas diferentes en español, por ejemplo «Abrahán» o «Abraham», y «Elisabet» o «Isabel», he intentado hacer mención de ambas opciones.

Por otro lado, los lectores conocedores del griego antiguo verán que he usado un sistema muy simple de transliteración de los términos griegos, sin distinguir entre vocales cortas y largas; asimismo he seguido los criterios habituales de transliteración al

---

383 La entrada «gay» en la actualización de 2022 del *Diccionario* de la RAE (https://dle.rae.es/gay?m=form, consultado en varias ocasiones en 2023), indica como forma plural «gais», escrito, igual que el singular, sin cursiva. La explicación —para mí, no muy convincente— del cambio de letra, de *y* a *i*, entre el singular y el plural que ofrece la RAE se encuentra en el punto 1.d. de la entrada «plural» de su *Diccionario panhispánico de dudas* (https://www.rae.es/dpd/plural, consultado en noviembre de 2023).

384 Las consultas hechas con Google, en septiembre de 2023, de expresiones exactas, entre comillas, me dieron estos resultados aproximados: por un lado, "hombres gais", 141 000; "hombres gays", 1 860 000; y, por otro, "gais y lesbianas", 194 000, y "gays y lesbianas", 839 000.

inglés, a pesar de la existencia de alternativas quizás más genuinas para el español, como podría ser *fysis*, en vez de *physis*. Y si de griego koiné sé bien poco, mis conocimientos de hebreo son inexistentes. Las (pocas) transliteraciones de palabras hebreas que he usado se han copiado, tal cual, de los libros o artículos —normalmente en inglés— consultados.

En inglés, el idioma de la mayoría de las fuentes que he empleado, la tendencia actual es evitar hablar de individuos «homosexuales» para describir a las personas que sienten atracción por otras personas del mismo sexo. Eso es muy comprensible porque, en inglés por lo menos, *homosexual* se ha usado demasiado como un insulto, con un tono tan despectivo que en algunos ámbitos ha llegado a sonar prácticamente como el español «maricón», con perdón de la expresión. En español, «homosexual» quizás no tenga tanta carga negativa, pero hoy en día igualmente se habla mucho más, en los medios de comunicación y en general, de «gays» y «lesbianas» que de «homosexuales», y yo he procurado hacer lo mismo en este libro.

Una diferencia importante entre el inglés y el español es que en inglés *gay* se aplica, muy habitualmente, tanto a hombres como a mujeres. Es decir, aplicado a una chica es sinónimo de «lesbiana». Eso queda muy evidente, por ejemplo, con el libro de Jackie Perry titulado *Gay Girl, Good God*. Es cierto que aquel libro se ha publicado en español justamente con el título *Chica gay, Dios bueno*, pero yo no lo veo muy acertado: «chicas gays» aparece muchísimo menos en internet que «chicas lesbianas»[385] y la RAE también señala para el vocablo «gay» que se trata «especialmente de un hombre».[386] Así pues, en general en este libro he aplicado el apelativo «gay»

[385] La diferencia es abismal. Las consultas con Google, en noviembre de 2023, de expresiones exactas, entre comillas, dieron estos resultados aproximados: «chicas gais», 4 250; «chicas gays», 59 000; y «chicas lesbianas», 4 260 000.

[386] Entrada «gay» del *Diccionario de la lengua española* en https://dle.rae.es/gay?m=form (consultada en varias ocasiones en 2023).

únicamente a los hombres, y si he tenido que traducir del inglés expresiones como *gay Christians,* he optado por «cristianos gays y lesbianas». Solo me he atrevido a emplear, a veces, el término «matrimonio gay», en lugar de «matrimonio homosexual» si ya quedaba bien claro, por el contexto, que se refería a cualquier unión de dos personas del mismo sexo, fuesen dos hombres o dos mujeres.

Me he encontrado también con otra diferencia con el inglés, no tan obvia quizás, pero igual de importante: en el mundo anglosajón, si una persona se describe como *gay,* eso no implica, necesariamente, que mantiene relaciones sexuales con personas del mismo sexo, sino simplemente que siente atracción erótico-emocional hacia ellas. O sea, el inglés *gay* se refiere a la orientación, no necesariamente al comportamiento. Con los primeros borradores de mi libro original[387] noté rápidamente que esa distinción no estaría presente en la mente de mis lectores, por lo menos en España, donde vivo; desconozco lo que pueda pasar en otros países de habla hispana, en Latinoamérica. Por lo tanto, he intentado dejar muy claro, en cada momento, si mi comentario —o la cita que traducía— se refería a la atracción hacia personas del mismo sexo o si incluía los encuentros sexuales entre esas personas. Quien tenga un buen nivel de inglés, y decida leer alguno de los libros que he recomendado y citado, deberá tenerlo en cuenta: el ejemplo que he mencionado antes, *gay Christians,* normalmente quiere decir «hombres y mujeres cristianos que son gays y lesbianas en su orientación».

Con los ejemplos que he dado, supongo que queda evidente que, aunque he procurado usar un lenguaje inclusivo, he seguido el uso lingüístico habitual del español, en el que los adjetivos y pronombres concuerdan en género con el sexo de las personas a las que hacen referencia y los colectivos en masculino plural

[387] Mi libro original fue escrito y publicado en catalán: Nash, Chris, *L'homosexualitat a debat en la comunitat protestant,* C.P.N.P. Autor-Editor, Sant Just Desvern, España, 2023.

—como «cristianos»— se entienden referidos tanto a los hombres como a las mujeres. Si alguien considera que con esto he sido sexista o patriarcal, lo lamento. Lo único que puedo hacer es ofrecer mis más sinceras disculpas y decir que esa no ha sido, para nada, mi intención.

Respecto a la multiplicidad de siglas que se usan hoy en día para describir a las minorías sexuales, he optado simplemente por «LGTB+», con la intención de que el signo «+» cubra todas las otras identidades sexuales y de género que pueda haber. Lo he hecho para simplificar y homogeneizar, y también porque mi libro se ciñe básicamente a la situación de las personas identificadas con las dos primeras letras. Ahora bien, en las citas —reproducidas directamente o, en la mayoría de los casos, traducidas— he procurado respetar la sigla usada por la autora o autor en cuestión. Nuevamente, espero no haber ofendido a nadie.

En cuanto a los términos «protestante» y «evangélico», tal como explico en la nota al pie 3, en España estos adjetivos, aplicados a los creyentes y a las iglesias, son prácticamente sinónimos, seguramente por razones históricas ligadas a la implantación y desarrollo del movimiento protestante en la península ibérica. No es así en todas partes.

En el mundo de habla inglesa, por ejemplo, existe una cierta diferenciación, podríamos decir teológica. Dentro de todo el campo protestante, los evangélicos se han distinguido, históricamente, por su afán de dar primacía absoluta a la Biblia para resolver todas las cuestiones doctrinales, en contraposición al protestantismo liberal, que ha sido más flexible con su aplicación de la Biblia y ha dado un cierto peso a la tradición eclesial y a la ciencia y el conocimiento. Siendo que yo daba mucho énfasis, en todo el libro, a los razonamientos bíblicos usados en el debate sobre la homosexualidad, tenía un buen motivo para hablar de «círculos evangélicos» en el título.

Para esta versión española del libro, la elección de «evangélico» en el título quedaba reforzada por lo que me aconsejaban personas que conocen el panorama eclesial en Latinoamérica. Allí, al margen de posibles matices teológicos, según me han explicado, el adjetivo «protestante» se asocia bien poco con la multitud de iglesias no católicas que hay en todas partes. Y a nivel popular «protestante» simplemente hace pensar en las iglesias del Viejo Continente (Europa), donde nació la reforma protestante del siglo XVI.

Pero, aun así, la decisión sobre el título no fue fácil, porque el adjetivo «evangélico» empieza a asociarse en algunos medios de comunicación —por lo menos aquí en España— con un sector de iglesias, del continente americano sobre todo, que van derivando hacia interpretaciones muy literalistas y fundamentalistas de la Biblia, que poco tienen que ver con el evangelicalismo tradicional de hace medio siglo, algo que comento más ampliamente en la nota al pie 352.

En fin, para el título, tenía que escoger un término, pero en el cuerpo del libro he utilizado tanto «protestante» como «evangélico». Eso sí, he procurado tener en cuenta si eran sinónimos, o no, en el ámbito geográfico-lingüístico —español o latinoamericano, norteamericano o británico— y el contexto eclesial o teológico al cual me refería en cada momento.

Por otro lado, también tuve que decidir qué versión o versiones de la Biblia iba a citar, dado el gran número de buenas ediciones disponibles en español. Fueron muchas las que consulté —informáticamente, siempre que podía—, sobre todo para los versículos «críticos» que hablan de la homosexualidad. Pero opté por citar normalmente dos que gozan de mucha aceptación en el mundo evangélico: la Nueva Versión Internacional, mi opción por defecto, y la Reina Valera, como alternativa. De esta última he dado preferencia a la revisión más reciente, la RV2020, excepto cuando aspectos de literalidad —respecto al original griego o hebreo— o familiaridad —para mis probables lectores— aconsejaban el uso de una versión anterior, la RVR1960 o la RVR1995. Cuando era así, he procurado explicarlo en las notas al pie o, a veces, en el propio texto del libro.

Para las referencias bíblicas he usado el separador «:» entre capítulo y versículo. Es el sistema usado mayormente en los libros protestantes en español, quizás porque muchos son traducciones del inglés, donde el separador «:» es casi omnipresente. Sé que muchos libros cristianos católicos separan los capítulos y los versículos bíblicos con una coma, y si he optado por los dos puntos no es porque lo considero mejor, sino simplemente porque será lo más normal para la mayoría de mis probables lectores.

Para el resto de las fuentes bibliográficas citadas o consultadas, he procurado indicar en las notas al pie no solamente el número de página, sino también el capítulo o apartado, porque soy consciente de que con los libros electrónicos el número de página es de dudosa utilidad; no todos los libros electrónicos o programas de lectura marcan las páginas y, cuando lo hacen, no tengo claro si son exactamente equivalentes a las páginas de la edición en papel.

En la bibliografía al final, he indicado, para todas las publicaciones consultadas —casi todas de mi biblioteca personal—, si se trata de un libro en papel o un libro electrónico, de Kindle. En el caso de los artículos hallados en Internet, he indicado también el mes y el año de la consulta.

BIBLIOGRAFÍA

Obras de referencia consultadas

Diccionario de la lengua española, vigesimotercera edición (actualización de 2022), Real Academia Española, Madrid (España). Consultado a través de: https://www.rae.es/ (entre 2023 y 2024).

Diccionario de la lengua española, vigésima primera edición, Real Academia Española, Madrid (España), 1992. Libro en papel (dos tomos).

Diccionario panhispánico de dudas, Real Academia Española y Asociación de Academias de la Lengua Española, Madrid (España), 2.ª edición (versión provisional). Consultado a través de: https://www.rae.es/ (en 2023).

Gingrich, F. Wilbur: *Shorter Lexicon of the Greek New Testament,* University of Chicago Press, Chicago (USA), 1965. Libro en papel.

Goodrick, Edward W. & Kohlenberger, John R. III: *The NIV Exhaustive Concordance,* Zondervan Publishing House, Grand Rapids, Michigan (USA), 1990. Libro en papel.

Illustrated Bible Dictionary, The, Inter-Varsity Press, organising editor: Douglas, J. D., Leicester (GB), 1980. Libro en papel, tres volúmenes.

International Standard Bible Encyclopedia, The, general editor: Bromiley, Geoffrey William, William B. Eerdmans Publishing Co., Grand Rapids, Michigan (USA), 1986. Libro en papel, cuatro volúmenes.

Liddell, Henry George & Scott, Robert: *A Greek-English Lexicon, Kindle Version by HandHeldClassics.com,* Perseus Project (Creative Commons) & Lighthouse Digital Publishing, 2012. Kindle.

Nuevo comentario bíblico; editores generales de la edición inglesa: Guthrie, D. & Motyer, J. A.; editores consultores de la edición inglesa: Stibbs, A. M. & Wiseman, D. J.; editores responsables de la edición española: Fafasuli, Tito, Mariotti, Federico A. P., Mora, Abdías, Poe, José Tomás; Casa Bautista de Publicaciones, El Paso, Texas (USA), séptima edición, 1987 (primera edición en español: 1977). Título original: *The New Bible Commentary – Revised* (Inter-Varsity Press, London, GB, 1970). Libro en papel.

Strong, James: *Strong's Greek Dictionary of the Bible (with beautiful Greek, transliteration, and superior navigation) (Strong's Dictionary)*, Miklal Software Solutions, Inc., Kindle.

Viquipèdia. L'enciclopèdia lliure (versión catalana de *Wikipedia*), Wikimedia Foundation, Inc.: https://ca.wikipedia.org/wiki/Portada.

Wikipedia. La enciclopedia libre, Wikimedia Foundation, Inc.: https://es.wikipedia.org/wiki/Wikipedia:Portada.

Wikipedia. The Free Encyclopedia, Wikimedia Foundation, Inc.: https://en.wikipedia.org/wiki/Main_Page.

Biblias consultadas[388]

BCdB: *La Biblia,* Casa de la Biblia (coeditan: Ediciones Sígueme, Salamanca; Sociedad de Educación Atenas, Madrid; Promoción Popular Cristiana, Madrid; Editorial Verbo Divino, Pamplona), Madrid (España), 1992. Libro en papel.

[388] En este apartado las biblias que solamente se han consultado para estadísticas y comparativas, es decir, para ver la existencia y prevalencia de diferentes maneras de traducir ciertos vocablos o expresiones del original griego o hebreo, se señalan con la expresión: «Texto consultado únicamente para estadísticas a través de BibleGateway (https://www.biblegateway.com/)».

BCEE: *Sagrada Biblia. Versión oficial de la Conferencia Episcopal Española*, edición popular, Biblioteca de Autores Cristianos, Madrid (España), 2011. Kindle.

BCI: *Bíblia Catalana Interconfessional*, Associació Bíblica de Catalunya, Editorial Claret i Societat Bíblica (membre de Societats Bíbliques Unides). Libro en papel y texto consultado a través de YouVersion (https://www.bible.com/es).

BEC: *Bíblia Evangèlica Catalana (La Bíblia. La Sagrada Escriptura en llengua catalana). Traducció dels textos hebreus i grecs a càrrec de Pau Sais i Samuel Sais*, Institució Bíblica Evangèlica de Catalunya, 1.ª edición, 2007. Libro en papel y texto consultado a través de YouVersion (https://www.bible.com/es).

BLP: *La Palabra (La Palabra. El mensaje de Dios para mí)*, edición española, Sociedad Bíblica de España, Las Rozas (Madrid), España, 2010 y 2011. Libro en papel y texto consultado a través de YouVersion (https://www.bible.com/es) y BibleGateway (https://www.biblegateway.com/).

BLPH: La Palabra (versión hispanoamericana), © 2010 Sociedad Bíblica de España. Texto consultado únicamente para estadísticas a través de BibleGateway (https://www.biblegateway.com/).

Brenton, Sir Lancelot C. L.: *Septuagint. Complete Greek and English Edition (Illustrated)*, Delphi Classics, Delphi Publishing Ltd., Hastings (UK), 2016 (la traducción al inglés de Brenton fue publicada originalmente en el año 1851). Kindle.

BTI: *La Biblia, Traducción Interconfesional*, versión española, © Sociedad Bíblica de España, 2008. Texto consultado a través de YouVersion (https://www.bible.com/es).

BUN: *Sagrada Biblia*, Universidad de Navarra, Facultad de Teología, Ediciones Universidad de Navarra, SA (EUNSA), Pamplona (España), 1997-2016. Kindle.

DHH: Dios Habla Hoy®, © 1966, 1970, 1979, 1983, 1996 Sociedades Bíblicas Unidas. Texto consultado únicamente para estadísticas a través de BibleGateway (https://www.biblegateway.com/).

JBS: *Biblia del Jubileo, Biblia del Jubileo 2000 (JUS)*, © 2000, 2001, 2010, 2014, 2017, 2020, Ransom Press International. Texto consultado a través de BibleGateway (https://www.biblegateway.com/).

LBLA: *La Biblia de las Américas*, © 1986, 1995, 1997 The Lockman Foundation. Texto consultado únicamente para estadísticas a través de BibleGateway (https://www.biblegateway.com/).

NBLA: *Nueva Biblia de las Américas*™, © 2005 The Lockman Foundation. Texto consultado únicamente para estadísticas a través de BibleGateway (https://www.biblegateway.com/).

NBV: *Nueva Biblia Viva*, © 2006, 2008 Biblica, Inc.®. Texto consultado únicamente para estadísticas a través de BibleGateway (https://www.biblegateway.com/).

New Greek-English Interlinear New Testament, The (A new interlinear translation of the *Greek New Testament, United Bible Societies' Fourth, Corrected Edition* with *The New Revised Standard Version, New Testament*); traductores: Brown, Robert K. & Comfort, Philip W.; coordinador: Douglas, J. D.; Tyndale House Publishers, Inc., Carol Stream, Illinois (USA), 1990. Libro en papel.

NIV: *The Holy Bible, New International (Anglicised edition)*, Hodder & Stoughton, GB, 2011 (© 1979, 1984, 2011 Biblica, formerly International Bible Society). Kindle.

NTV: *Nueva Traducción Viviente* (*La Santa Biblia, Nueva Traducción Viviente*), © 2010 Tyndale House Foundation. Texto consultado únicamente para estadísticas a través de BibleGateway (https://www.biblegateway.com/).

NVI: *La Santa Biblia, Nueva Versión Internacional* ® (NVI ®), versión castellana (España), © 1999 Biblica, Inc. Texto consultado a través de YouVersion (https://www.bible.com/es) y BibleGateway (https://www.biblegateway.com/).[389]

[389] La NVI es la primera de las Biblias que se han usado, por defecto, a lo largo del libro para las citas bíblicas. Las otras son la RV2020, la RVR1960 y la RVR1995. Hay más información en la «Nota sobre criterios ortográficos, terminológicos y bibliográficos», antes de esta bibliografía.

PDT: *Palabra de Dios para Todos*, © 2005, 2008, 2012, 2015 Centro Mundial de Traducción de la Biblia y Bible League International. Texto consultado únicamente para estadísticas a través de BibleGateway (https://www.biblegateway.com/).

RV2020: *Santa Biblia. Traducción de Casiodoro de Reina, 1569. Revisada por Cipriano de Valera, 1602* (texto bíblico «Reina Valera 2020»), © Sociedad Bíblica de España, Madrid (España), 2020 (revisiones anteriores con la participación de Sociedad Bíblica de España, 1862, 1909, 1960 y 1995). Libro en papel y texto consultado a través de YouVersion (https://www.bible.com/es).[390]

RVA: *Reina Valera Antigua*, dominio público. Texto consultado únicamente para estadísticas a través de BibleGateway (https://www.biblegateway.com/).

RVA2015: *Reina Valera Actualizada*, © 2015 Editorial Mundo Hispano. Texto consultado únicamente para estadísticas a través de BibleGateway (https://www.biblegateway.com/).

RVC: *Reina Valera Contemporánea*, © 2009, 2011 Sociedades Bíblicas Unidas. Texto consultado únicamente para estadísticas a través de BibleGateway (https://www.biblegateway.com/).

RVR (sin especificar el año): palabras o expresiones idénticas en las versiones RVR1960, RVR1977 y RVR1995 (ver a continuación).

RVR1960: *La Santa Biblia. Antiguo y Nuevo Testamento (Antigua versión de Casiodoro de Reina (1569), revisada por Cipriano de Valera (1602), otras revisiones: 1862, 1909 y 1960)*, © Sociedades Bíblicas en América Latina, 1960, renovado © Sociedades Bíblicas Unidas, 1988 (edición para España). Libro en papel y texto consultado a través de YouVersion (https://www.bible.com/es) y BibleGateway (https://www.biblegateway.com/).

[390] Por ahora (última consulta en abril de 2024), la RV2020 está disponible en internet únicamente a través de la web y la *app* de YouVersion, y solo aparece con el idioma «Español (España)», no con «Español (América Latina)». No está incluida entre las biblias consultables a través de BibleGateway.

RVR1977: *Reina Valera Revisada* (*La Santa Biblia, Reina Valera Revisada*®), © 2017 HarperCollins Christian Publishing. Texto consultado únicamente para estadísticas a través de BibleGateway (https://www.biblegateway.com/).

RVR1995: Texto Reina-Valera 95®, © Sociedades Bíblicas Unidas, 1995. Texto consultado a través de YouVersion (https://www.bible.com/es) y BibleGateway (https://www.biblegateway.com/).

SRV-BRG: *Spanish Blue Red and Gold Letter Edition*, © 2012-2015 BRG Bible Ministries. Texto consultado únicamente para estadísticas a través de BibleGateway (https://www.biblegateway.com/).

TLA: *La Biblia. Traducción en lenguaje actual*, © 2000 Sociedades Bíblicas Unidas. Texto consultado únicamente para estadísticas a través de BibleGateway (https://www.biblegateway.com/).

Libros y artículos[391]

20minutos, 29 de octubre de 2016: «España, segundo país europeo con más población LGTB»: https://www.20minutos.es/noticia/2875500/0/espana-pais-europeo-poblacion-lgtb/ (consultado en julio de 2022).

Allberry, Sam: *Is God Anti-Gay? And Other Questions about Homosexuality, the Bible and Same-Sex Attraction* (según la cubierta y la portada; pero a veces se identifica así: *Is God Anti-Gay? Questions Christians Ask)*, The Good Book Company, 2013, USA (y otros países), Kindle. Se ha publicado también en español: *¿Está Dios en contra de los gays? Y otras preguntas sobre homosexualidad,*

[391] Los artículos no firmados figuran bajo el nombre del periódico, revista, organización o web donde se han leído. En cambio, los artículos que indicaban el autor figuran bajo el apellido de este.

la Biblia y atracción hacia personas del mismo sexo (Preguntas que hacen los cristianos), Editorial Portavoz, 2019.

Blocher, Henri: *In the Beginning. The Opening Chapters of Genesis,* Inter-Varsity Press, Nottingham (GB) y Illinois (USA), 1984 (traducción de *Révélation des origines,* 1979). Libro en papel.

Brookshire, Gail: «Appendix E: Genetics and Sexuality», en *Why Churches Need to Talk about Sexuality.* Véase Wingfield, Mark.

Brownson, James V.: *Bible, Gender, Sexuality. Reframing the Church's Debate on Same-Sex Relationships,* William B. Eerdmans Publishing Company, Grand Rapids, Michigan (USA) y Cambridge (UK), 2013. Kindle.

Cannon, Justin R.: *The Bible, Christianity & Homosexuality,* CreateSpace Independent Publishing Platform, USA, 2008 (en papel) y 2012 (en formato electrónico).

Catari, Carlos: *Inexplicable* (Spanish Edition), Editorial Pan-House, Bogotá (Colombia), 2021. Kindle.

Chaffey, Tim: «Was Jesus Married?», 2012: https://answersingenesis.org/jesus/was-jesus-married/ (consultado en enero de 2023).

Chalke, Steve: «A Matter of Integrity. The Church, sexuality, inclusion and an open conversation», 2013. Consultado en marzo de 2021 en: http://www.oasiswaterloo.org/wp-content/uploads/2020/10/A-MATTER-OF-INTEGRITY.pdf. Actualmente se encuentra en: https://www.oasisuk.org/wp-content/uploads/2020/10/A-MATTER-OF-INTEGRITY.pdf

Church of Scotland: «Same-sex marriage», https://www.churchofscotland.org.uk/about-us/our-views/same-sex-marriage (consultado en diciembre de 2022).

Claiborne, Shane: *The Irresistible Revolution, Updated and Expanded. Living as an Ordinary Radical (10th Anniversary Edition),* Zondervan, Grand Rapids, Michigan (USA), 2006 y 2016 (y 2015 la edición electrónica). Kindle.

Collier, Winn: *A Burning In My Bones. The Authorized Biography of Eugene H. Peterson, Translator of* The Message, 2021, Waterbrook (Penguin Random House), Colorado Springs, Colorado (USA). Kindle.

Coontz, Stephanie: *Marriage, a History. From Obedience to Intimacy or How Love Conquered Marriage,* Viking Penguin (Penguin Publishing Group), New York (USA), 2005. Kindle.

Coren, Michael: «Priest: My conversion on LGBTQ rights tells an important story», CNN (Cable News Network), USA, 2023: https://edition.cnn.com/2023/08/12/opinions/priest-conversion-lgbt-rights-coren/index.html (consultado en septiembre de 2023).

Cornwell, Megan: «Archie Coates. The new vicar of HTB on succeeding Nicky Gumbel, tackling LGBT issues and reaching the lost in our cities», *Premier Christianity,* Premier Christian Communications Ltd., UK, septiembre de 2022. Revista en papel.

DeFranza, Megan K.: «Journeying from the Bible to Christian Ethics in Search of Common Ground», capítulo 2 de *Two Views on Homosexuality, the Bible, and the Church* (más detalles de esta publicación en la T, en *Two Views*...).

DeYoung, Kevin: *What Does the Bible Really Teach about Homosexuality?,* Crossway, Wheaton, Illinois (USA), 2015. Kindle. (Se ha publicado también en español: *¿Qué enseña la Biblia realmente acerca de la homosexualidad?,* Poiema Publicaciones, 2016).

Distefano, Matthew J.: *Heretic! An LGBTQ-Affirming, Divine Violence-Denying, Christian Universalist's Responses to Some of Evangelical Christianity's Most Pressing Concerns,* Quoir, Orange, California (USA), 2018. Kindle.

Drescher, Jack: «Out of DSM: Depathologizing Homosexuality», National Library of Medicine, National Center for Biotechnology Information: https://www.ncbi.nlm.nih.gov/pmc/articles/PMC4695779/ (consultado en septiembre de 2022).

Escribano Cárcel, Montserrat y Vilà i Lanao, Enric: *El reconocimiento de las personas LGTBIQ+ en la Iglesia* (prólogo de Martin,

James), Cristianisme i Justícia, Barcelona (España), 2022. Libro en papel.

Gushee, David P.: *Changing Our Mind. Definitive Edition of the Landmark Call for Inclusion of LGBT Christians With Response to Critics*, Read the Spirit Books, 2017. Kindle.

Haley, Mike: *101 preguntas frecuentes sobre la homosexualidad*, Casa Creación (una compañía de Strang Communications), Lake Mary, Florida (USA), 2005 (título original en inglés: *101 Frequently Asked Questions About Homosexuality*). Libro en papel.

Harper, Kyle: *From Shame to Sin. The Christian Transformation of Sexual Morality in Late Antiquity*, Harvard University Press, Cambridge, Massachusetts & London, England, 2013 (colección «Revealing Antiquity», núm. 20). Kindle.

Hill, Wesley: «Christ, Scripture and Spiritual Friendship», capítulo 3 de *Two Views on Homosexuality, the Bible, and the Church* (más detalles de esta publicación en la T, en *Two Views...*).

Hill, Wesley: *Washed and Waiting. Reflections on Christian Faithfulness and Homosexuality*, Zondervan, Grand Rapids, Michigan (USA), 2010. Kindle.[392]

Holmes, Stephen R.: «Listening to the Past and Reflecting on the Present», capítulo 4 de *Two Views on Homosexuality, the Bible, and the Church* (más detalles de esta publicación en la T, en *Two Views...*).

Howard, Jeanette: *Dwelling in the Land. Bringing Same-Sex Attraction Under the Lordship of Christ*, Monarch Books (Lion Hudson PLC), Oxford (GB) & Grand Rapids (USA), 2015. Kindle.

[392] Esta edición de 2010 en formato Kindle no se identifica fácilmente porque el campo «autor» se dejó en blanco. En 2016, se publicó una nueva edición (con prefacios de Kathryn Greene-McCreight y Eve Tushnet), que es la que suele aparecer en primer lugar en las búsquedas en amazon.com, tanto si se busca en formato papel como en formato electrónico.

Hubbard, Thomas K. (compilador): *Homosexuality in Greece and Rome. A Sourcebook of Basic Documents,* University of California Press, Berkely & Los Angeles, California (USA), 2003.

Huckaby, William: *The Acceptable Sin: Confronting the Cultural Imperative of Homosexuality and the 21st Century Church,* autoedición, USA, 2019. Kindle.

Instone-Brewer, David: «Did Paul condemn all homosexuality?», *Premier Christianity,* Premier Christian Communications Ltd., UK, febrero 2023, página 56 y siguientes. Revista en papel.

Instone-Brewer, David: *Divorce and Remarriage in the Bible. The Social and Literary Context,* William B. Eerdmans Publishing Company, Grand Rapids, Michigan (USA), 2002. Libro en papel.

Keen, Karen R.: *Scripture, Ethics, and the Possibility of Same-Sex Relationships,* Wm. B. Eerdmans Publishing Co., Grand Rapids, Michigan (USA), 2018. Kindle.

Khalaf, David & Khalaf, Constantino: *Modern Kinship. A Queer Guide to Christian Marriage,* Westminster John Knox Press, Louisville, Kentucky (USA), 2019. Kindle.

Krieg, Laurie & Krieg, Matt: *An Impossible Marriage. What Our Mixed-Orientation Marriage Has Taught Us About Love and the Gospel,* IVP InterVarsity Press, Downers Grove, Illinois (USA), 2020. Kindle.

Larson, Jennifer: *Greek and Roman Sexualities. A Sourcebook* (colección «Bloomsbury Sources in Ancient History»), Bloomsbury Publishing PLC, London (UK), 2012. Kindle.

Lee, Justin: *Unconditional. Rescuing the Gospel from the Gays-vs-Christians Debate,* Hodder & Stoughton, London (UK), 2013. Kindle.

LeVay, Simon: *Gay, Straight, and the Reason Why. The Science of Sexual Orientation,* Oxford University Press, New York (USA), 2017 (2.ª edición). Kindle.

Lligades, Josep: «¿Què vol dir que el matrimoni és un sagrament?», 2018: https://www.catalunyareligio.cat/ca/blog/font-raja-sempre/vol-dir-matrimoni-es-sagrament-227342 (consultado en enero de 2023).

Loader, William: *Sexuality in the New Testament. Understanding the Key Texts,* Westminster John Knox Press, Louisville, Kentucky (USA) / Society for Promoting Christian Knowledge, London (UK), 2010. Kindle.

Loader, William: «Homosexuality and the Bible», capítulo 1 de *Two Views on Homosexuality, the Bible, and the Church* (más detalles de esta publicación en la T, en *Two Views...*).

Long, Kimberly Bracken: *From This Day Forward. Rethinking the Christian Wedding,* Westminster John Knox Press, Louisville, Kentucky (USA), 2016. Kindle.

Marin, Andrew: *Love Is an Orientation. Elevating the Conversation with the Gay Community,* InterVarsity Press, Downers Grove, Illinois (USA), 2009. Kindle.

Martin, Dale B.: *Sex and the Single Savior. Gender and Sexuality in Biblical Interpretation,* Westminster John Knox Press, Louisville, Kentucky (USA), 2006. Libro en papel.

McDowell, Sean, & Stonestreet, John: *Same-Sex Marriage. A Thoughtful Approach to God's Design for Marriage* (Thoughtful Response series), Baker Books, Baker Publishing Group, Grand Rapids, Michigan (USA), 2014. Kindle.

McFerren, Christy (con colaboraciones de Honea, Mike y Honea, Sharon): *First Steps Out. How Christians Can Respond to A Loved One Coming Out,* Thoughtful Revolution Press, USA, 2012. Kindle.

McLaughlin, Rebecca: *Confronting Christianity. 12 Hard Questions for the World's Largest Religion,* Crossway (Good News Publishers), Wheaton, Illinois (USA), 2019. Kindle.

McNeill, John J.: *The Church and the Homosexual* (Fourth Edition), Beacon Press, Boston, Massachusetts (USA), 1993. Kindle.

Moore, Gareth: *A Question of Truth: Christianity and Homosexuality,* Continuum, London (UK), 2003. Libro en papel.

Myers, David G.: «Accepting What Cannot Be Changed», capítulo 7 de *Homosexuality and Christian Faith*. Véase Wink, Walter.

Osma, Carlos: «Las terapias de conversión son un camino a ninguna parte» (entrevista a Alberto Pérez), 2020: https://homoprotestantes.blogspot.com/2020/08/las-terapias-de-conversion-son-un.html (consultado en mayo de 2024).

Otto, Tim: *Oriented to Faith. Transforming the Conflict over Gay Relationships* (foreword by Claiborne, Shane), Cascade Books, Eugene, Oregon (USA), 2014. Kindle.

Paris, Jenell Williams: *The End of Sexual Identity. Why Sex is Too Important to Define Who We Are,* InterVarsity Press, Downers Grove, Illinois (USA), 2011. Kindle.

Perry, Jackie Hill: *Gay Girl, Good God. The Story of What I Was and Who God Has Always Been,* B&H Publishing Group, Nashville, Tennessee (USA), 2018. Kindle. (Se ha publicado también en español: *Chica gay, Dios bueno. La historia de lo que fui y de lo que Dios siempre ha sido,* B&H Español, 2019).

Presència evangèlica, número 311 (marzo de 2022): «Ex trans impacta a milions a través de TikTok», páginas 10 y 11. Revista en papel.

Rogers, Jack: *Jesus, the Bible, and Homosexuality, Revised and Expanded Edition. Explode the Myths, Heal the Church,* Westminster John Knox Press, Louisville, Kentucky (USA), 2009. Kindle.

Ruden, Sarah: *Paul Among The People. The Apostle Reinterpreted and Reimagined in His Own Time,* Image Books (Crown Publishing Group, Random House, Inc.), New York (USA), 2010. Kindle.[393]

[393] La edición en formato Kindle puede ser difícil de localizar en Amazon porque, por lo menos cuando yo lo adquirí, el campo «autor» se dejó en blanco.

Runcorn, David: *Love Means Love. Same-sex Relationships and the Bible*, Society for Promoting Christian Knowledge, London (GB), 2020. Kindle.

Sánchez Núñez, Juan: *Ética Teológica y Homosexualidad*, Bubok Publishing SL (https://www.bubok.es/libros/247002/etica-teologica-y-homosexualidad),[394] Madrid (España), 2016. Archivo PDF.

Sanders, Richard: «Are paedophiles' brains wired differently?», BBC, 2015, https://www.bbc.com/news/magazine-34858350 (consultado en diciembre de 2022).

Schmidt, Thomas E.: *Straight and Narrow? Compassion and Clarity in the Homosexuality Debate*, InterVarsity Press, Downers Grove, Illinois (USA), 1995. Libro en papel. (Se ha publicado también en español: *Homosexualidad: compasión y claridad en el debate*, Editorial CLIE, 2008, Colección Teológica Contemporánea).

Smedes, Lewis B.: «Exploring the Morality of Homosexuality», capítulo 9 de *Homosexuality and Christian Faith*. Véase Wink, Walter.

Sprinkle, Preston: véase *Two Views*... (en la T).

Stott, John: *Issues Facing Christians Today*, Marshall Morgan & Scott, Basingstoke, Hampshire (UK), 1984. Libro en papel. (Se ha publicado también en español: *La fe cristiana frente a los desafíos contemporáneos*. Más información en la siguiente entrada).[395]

Stott, John: *La fe cristiana frente a los desafíos contemporáneos*, Nueva Creación, Buenos Aires (Argentina) (filial de Wm. B.

394 Pongo el vínculo de la editorial, a través del cual aparentemente se puede adquirir tanto el libro en papel (pagando) como en PDF (gratis). Yo conseguí el PDF (también gratuitamente) a través de este otro sitio web: https://www.academia.edu/33067999/Etica_teologica_y_homosexualidad_Juan_Sanchez_libro.

395 El libro de Stott es el único que he consultado en dos ediciones: la inglesa y la española. Por ese motivo tiene dos entradas en la bibliografía. En las notas al pie he procurado especificar la ubicación (las referencias al capítulo y página) en cada una de las versiones.

Eerdmans Publishing Co., Grand Rapids, Michigan, USA), 1991. Libro en papel.

Two Views on Homosexuality, the Bible, and the Church, Zondervan, Grand Rapids, Michigan (USA), 2016. Contributors: Loader, William; DeFranza, Megan K.; Hill, Wesley; Holmes, Stephen R. General editor: Sprinkle, Preston; series «Counterpoints: Bible and Theology» (series editor: Gundry, Stanley N.). Kindle.

Varela, Juan: *La homosexualidad. Pastoral de la atracción al mismo sexo (Comprensión — Prevención — Intervención)*, Editorial CLIE, Viladecavalls (Barcelona), España, 2016. Kindle.

Vila i Lanao, Enric: *Cristian*s rar*s. Senders per repensar les experiències LGTBIQ+*, Editorial Claret, Barcelona (España), 2024. Libro en papel. (Se ha publicado también en español: *Cristian*s rar*s. Senderos para repensar las experiencias LGTBIQ+*, Universitat de Lleida, 2024).

Vines, Matthew: *God and the Gay Christian. The Biblical Case in Support of Same-Sex Relationships*, Convergent Books (Crown Publishing Group, Random House), New York (USA), 2014. Kindle.

Walton, Rhonda: «Appendix F: Adolescent Sexuality» en *Why Churches Need to Talk about Sexuality*. Véase Wingfield, Mark.

Webb, William J.: *Slaves, Women & Homosexuals: Exploring the Hermeneutics of Cultural Analysis*, InterVarsity Press, Downers Grove, Illinois (USA), 2001. Kindle.

Wilson, Ken (con Gushee, David P., Tickle, Phyllis, & Luhrmann, Tanya): *Letter to My Congregation (Second Edition). An Evangelical Pastor's Path to Embracing People Who Are Gay, Lesbian, Bisexual, and Transgender into the Company of Jesus*, Read the Spirit Books (David Crumm Media) / Front Edge Publishing, 2016. Kindle.

Wingfield, Mark: *Why Churches Need to Talk about Sexuality. Lessons Learned from Hard Conversations about Sex, Gender, Identity, and the Bible*, Fortress Press, Minneapolis (USA), 2019. Kindle.

Wink, Walter (coordinador): *Homosexuality and Christian Faith. Questions of Conscience for the Churches*, Augsburg Fortress Press, Minneapolis (USA), 1999. Libro en papel.

SOBRE EL AUTOR

Chris Nash, de origen británico, vive desde hace mucho tiempo en Cataluña. Aquí ha trabajado durante más de treinta años en un organismo público, desarrollando labores de traducción y edición, pero actualmente está jubilado. Está casado y tiene tres hijos y varios nietos.

Ha sido miembro de diferentes iglesias, entre ellas una anglicana evangélica en su país natal, así como una iglesia bautista y una asamblea de hermanos en Barcelona. También ha colaborado activamente con el curso Alpha.

Hay más información sobre su vida y sobre los motivos que lo llevaron a escribir este libro en su web: www.chrisnash.es.

www.ingramcontent.com/pod-product-compliance
Lightning Source LLC
LaVergne TN
LVHW010419230826
846092LV00003BA/981
* 9 7 8 8 4 1 9 5 1 9 2 8 3 *